KB268111

치유의 복음과 치유실제

―A Study of Evangelical Healing Ministry and Practice―

최인걸 지음

UNITED THEOLOGICAL SEMINARY

June 1999

국학자료원

서 문

나는 10대 후반부터 불타는 정열과 낭만으로 젊음을 불태우신 청년 예수에게 미쳐 있었습니다. 어느덧 중년의 나이가 되어버린 목사로서 나 자신을 보면서 어린 그 시절 뜨거운 피가 용솟음칠 때 두 손 모아 기도하며 예수를 닮은 삶을 살겠노라고 불붙는 심장으로 울부짖던 그때를 생각할 때면 아직도 여전히 내 마음에는 여운의 설렘이 있습니다.

참으로 단 한 번밖에 없는 고귀한 인생인데……, 주님께서는 숱한 풍상 속에서도 생명을 살리는 목회를 하셨는데……, 고뇌하는 목사로서 모름지기 주님의 목회를 닮아 가고자 흉내라도 내야 되지 않을까! 하고 순수한 다짐으로 나 자신에게 물어봅니다만 이것 또한 쉽지 않음을 고백합니다.

사랑하는 모든 이들이 하나님 나라의 행복에 찬 환희의 복음을 체험하며 별빛보다 찬란하고 영롱한 주님의 은총의 빛으로 심혼에 가득하기를 기원하면서, 저마다 삶의 향기를 물씬 풍기는 밝고 맑은 삶의 자리가 되기를 앙망합니다.

바라옵건대, 이 땅위에 흩어진 주님의 교회들이 가식적인 종교의 틀이나 성전주의나 교권주의나 성공주의나 율법주의에서 벗어나 상한 심령들을 위로하고 치유하는 복음에로의 회귀를 주저하지 말아야 할 것입니다.

이 책은 이러한 복음목회 정립이라는 정신에 입각하여 필자가 주님으로부터 받은 치유의 은사를 목회현장에서 수천 명의 환자들을 치유해 오면서 그 임상경험을 성서적인 이론과 실제를 통합하여 다룬 박사학위 논문입니다. 그래서 이 논문을 주님의 복음치유목회를 지양하는 목회동역자 분들과 주님의 삶을 사랑하는 모든 이들과 함께 공유하고자 하는 심정으로 인쇄한 것입니다.

본 논문의 원명은 A STUDY OF EVANGELICAL HEALING MINISTRY AND PRACTICE(복음적인 치유목회와 실제연구)입니다.

또한 이 책 속에 치유의 실제(PRACTICE)는 앞서 밝힌바와 같이 필자가 치유목회현장을 통하여 수천 명의 환자들을 치유하면서 얻은 산 증거이며, 이를 정립하여 명명(命名)하기를 "창조생기수비요법(創造生氣手秘療法)"이라 했습니다.

그 이유는 하나님께서 인간을 창조하실 때 그 코에 생기를 불어넣었으며, 이러한 창조생기는 우리 인간의 생명에 있어서 원천일 뿐만 아니라 영혼과 마음과 육체가 건강하도록 유지하며 조화를 이루어 모든 병을 치유하는 근원이 되기 때문입니다.

이 책을 내게 된 또 한가지 이유는 필자가 서점을 찾을 때마다 항상 아쉬움이 있었던 것은 지금까지 치유에 관한 많은 책들이 서점에 나왔지만 진정 목회현장에 필요한 그야말로 전인치유를 위한 책이 없었다는 아쉬움이 있었기 때문입니다.

모쪼록 이 책을 읽게 되면 예수께서 행하신 복음목회를 이해할 수 있으며, 생명을 살리는 전인적 목회에로의 도전을 받을 것입니다. 그리고 목회현장에서도 크게 도움이 될 것입니다.

우리가 바쁘게 살아가는 현 사회는 다원사회입니다. 우리는 그 다원화된 사회 속에서 저마다의 행복과 삶의 의미를 추구하며 분주하지만 조화롭게 살아갑니다. 복잡하게 살아가는 것 같지만 단조롭게 살아가는 현실입니다. 그러기에 눈물도 웃음도 정감도 없는 삭막한 세상이 되고 말았습니다. 이제 교회도 기성화된 체질을 탈기성화하지 않으면 생명을 잃을 수밖에 없게 될 것은 서구교회를 보듯이 자명한 일입니다.

이 말은 더 늦기 전에 예수께서 행하신 복음목회로 회귀하자는 말입니다. 이러한 목회갱신운동이 확산될 때 생동감이 넘치는 매력적인 목회가 될 것이며 더불어 목회자가 살고 주의 백성들이 살고 교회가 살고 민족이 살고 전세계 민족이 살아날 줄을 저는 확신합니다.

모쪼록 저를 믿음의 환경에서 자라게 해 주신 나의 어머님과 나의 배필을 허락하시고 항상 기도해 주시는 장모님과 숱한 풍상 속에서도 끝까지 용기와 사랑의 격려로 함께 한 영원한 동역자이자 동지인 사랑하는 나의 아내 송경희 님께 이 책을 드립니다.

아울러 한국복음치유연구원을 위하여 지도와 기도로 애써 주신 차관영, 인명진, 김천수, 최복상, 김병렬, 김태수, 손병호, 차선각, 이춘수, 윤성호, 권찬은, 김상훈, 박은일, 박진석, 현재식 목사님, 그리고 현대신학연구회 선후배 목사님과 원명순, 이정섭, 오 성 교수님, 멀리 경주에 계시는 이규호, 김호수 목사님, 나자레원 송미호 원장님과 주안에서 치유를 통하여 사랑의 인연이 되어 끊임없이 사랑의 기도를 쉬지 않으시는 사랑의 식구들에게도 이 지면을 통하여 감사를 드립니다.

무엇보다 이 책이 나올 수 있도록 수고를 아끼지 않으신 국학자료원 정찬용 사장님과 도서출판 새미의 김성달 본부장님과 모든 임직원 여러분들께 감사를 드립니다.

끝으로 이 책을 대하시는 모든 분들에게 주님의 치유하심의 은사가 풍성하시기를 기도 드립니다.

2001년 제56회 광복절 날 연구원에서
최 인 걸

제 I 장 서 론(序論)

제1절 문제의 제기와 연구의 목적

마태복음 16:26에 예수께서 말씀하시기를 "사람이 만일 온 천하를 얻고
도 제 목숨을 잃으면 무엇이 유익하리요 사람이 무엇을 주고 제 목숨을 바
꾸겠느냐"라고 하셨다. 실지로 예수께서는 복음전파와 함께 병고침의 활
동과 가르치는 사역을 동일하게 어느 쪽도 기우려짐이 없이 열심히 하셨
다.[1] 이것이 예수께서 활동하시던 원초적인 목회활동이었음을 부인할 수
없는 사실로 복음서들이 증명해주고 있다. 그러나 현대교회에서 이러한 목
회사역의 활동을 찾기란 매우 어려우며 오히려 교회 속에서도 냉소적이다.
그렇다면 예수의 목회사역을 모범(Sample)으로 본다면 치유목회(Healing
Ministry)가 없는 목회사역이 진정한 목회인가 하는 문제를 제기할 수 있다.
목회가 무엇인가? 라고 할 때 목회는 예수 그리스도의 복음으로 하나님
의 주권을 세우는 것이며 아울러 생명을 살리는 운동이라고 말할 수 있다.

---

1) James S. Stewart, The Life and Teaching of Jesus Christ, 김득중 역, 『예수 그리스
   도의 생애와 교훈』, 도서출판 컨콜디아사, 1991, p.143.

예수 그리스도께서는 전인적 구원을 위하여 자신을 십자가에 내놓지 않았는가.

그렇다면 천하보다 귀한 인간의 생명의 존엄에 엄숙히 다가가야 하는 것이 목회자의 소명(Calling)에 응답하는 행위임을 부인할 수 없을 것이다. 그럼에도 불구하고 현대교회가 병들어 고통하는 자들에게는 관심도 없이 강단에서 외치는 설교만을 고집한다면 이 또한 예수 당시의 거룩만을 외치다 주님으로부터 외식하는 자들이라고 경책받은 율법주의자들일 수밖에 없을 것이다.2)

주님은 마태복음 10:5~8절을 보면 분명 열 두 제자들에게 전도하려 보내실 때 주님의 이름으로 병을 고칠 것을 명하셨다는 것을 명심해야 할 것이다. 이처럼 예수께서 제자 열둘을 세우신 목적도 바로 복음치유에 있다는 것을 알아야 할 것이다.3) 뿐만 아니라 누가복음 10:9에는 예수께서 70명의 제자들을 파송하시면서 병자들을 고치고 하나님의 나라를 선포하실 것을 당부하셨다. 이것은 이방세계에 대한 선교를 위한 복음치유를 명한 것이다.4) 이처럼 하나님 나라의 선포와 복음의 치유는 예수 그리스도의 목회 사역의 양 축이었으며 이것이 행동하는 예수 그리스도의 복음인 것이다.

본 논문의 연구 목적은 바로 현대교회에서 상실되고 있는 치유적 목회사역을 회복함에 있으며 수적인 교회성장이라는 강박관념에서 벗어나 진정한 복음목회인 사람을 위한 전인목회에 정열을 쏟아 복음목회에 새로운 활력을 얻게 하고 동시에 당신의 양 무리들이 복음치유(전인건강)를 통하여 강건함으로 매사에 하나님의 사랑의 힘으로 도전하여 행복한 삶을 영위할 수 있도록 하는 데 목적이 있다.

질문을 해보자. 현실적으로 세상에서 가장 고통을 당하고 있는 사람이 누구인가? 그것은 두말할 필요 없이 신체적 질병을 가지고 고통받는 사람

---

2) 마 23:13.
3) 손병호, 『복음신학 원론』, (도서출판 그리인, 1992), p.87.
4) 서중석, 『복음서해석』, (대한기독교서회, 1991), p.227.

일 것이다. 사람은 영, 혼, 육으로 구성되어 있기 때문에 어느 한쪽이라도
상처를 입게 되면 현실적으로 행복한 생활을 영위하기란 매우 어렵다. 그
러므로 육체적 고통을 받고 있다면 정신적으로나 생활현실로도 정상인들
이 느낄 수 없는 엄청난 고통을 받고 있다는 것을 알아야 할 것이다.

예수 당시의 사람들은 '병은 죄로 말미암아 하나님으로부터 저주받은
것' 으로 간주했다.[5] 그러나 예수께서는 오히려 그들의 고통에 참여하시고
그들을 위로하시며 그들에게 손을 얹어 기도하시고 치유해 주셨다.[6] 그래
서 주님은 죄인의 친구가 되셨고[7] 고통당하는 자에게는 위로자가 되셨고[8]
든 자에게 치유자가 되셨다.[9]

주님의 치유사역은 행동하는 복음이요 행동하는 사랑의 메시지였다. 진
정한 주의 종은 전인적 복음목회 치유사라는 생각을 항상 심장에 두어야
할 것이다.[10] 예수 그리스도의 복음 안에서 사랑으로 행하는 치유야말로
그리스도의 복음에 응답하는 행위이며 이것이 또한 예수께서 당신의 복음
사역자들을 향한 엄숙한 요구인 것이다.

제2절 연구의 동기

본 논문의 연구의 동기는 어느 목회현장이든 마찬가지지만 지병을 갖고
괴로워하는 환자를 대할 때마다 그들의 고통에 "나는 아무 것도 할 수 없
다"는 무기력한 내 모습과 말로 형언할 수 없는 허탈감에 빠지기도 했다.

---

5) 요 9:2.
6) 눅 4:40.
7) 마 11:19, 눅 7:34.
8) 마 4:24, 눅7:21.
9) 마 9:12.
10) 마 10:8.

그러면서도 환자들 앞에서는 예수의 복음이니 예수 치유의 기적을 큰 소리로 설교를 하기도 했다. 오직 믿기만 하라고……, 조금도 의심하지 말라고……, 오직 주님만은 할 수 있다고…… 말이다. 치유의 은혜를 바라고 기도하는 사람들은 그 얼마나 스스로 믿음이 없다는 자괴감에 빠졌을까! 부흥회 인도를 할 때는 치유의 역사가 강하게 일어나기도 했다. 그러나 진작 필자가 목회 하는 교회 교인들은 인체 골격계통의 질환이나 신경 및 순환계 질환을 앓고 있는 사람은 기도만으로 낫지 않았다. 사랑이 부족했을까? 기도가 부족했을까? 믿음이 부족했을까?

그 후 아픈 부위를 세밀히 관찰하며 관절이면 만지고 주무르면서 기도하며 마음속으로는 몸부림을 쳤다. 확실한 효과가 있었고 그때부터 인체 구조에 대해 관심을 가지게 되었고 '하나님은 고치시고 나는 손으로 봉사하면 된다' 는 확신을 갖게 되었고 지금까지 수천명의 많은 환자들이 거쳐갔다.

본 논문을 쓰게 된 가장 중요한 동기는 예수 그리스도의 복음신학을 연구하면서부터 더 큰 도전을 받았다. 우리 주님 예수 그리스도께 있어서의 치유는 곧 그분의 생활이었고 또한 행동으로 보여주신 복음의 메시지였을 뿐 아니라 그분께서 참으로 사람을 사랑하셔서 사람이 당하는 현실적 고통에 함께 하는 목회활동이었음을 가슴으로 느끼게 되었다. 그러나 한국교회는 아직도 예수 그리스도의 복음적 목회활동인 치유목회사역에는 관심을 갖지 못하고 있는 실정이다.

더군다나 병들어 고통 당하고 누구보다도 절실한 위로가 필요한 그들과 함께 해야할 교회가 오히려 그들을 골치 아픈 존재로 귀찮은 존재로 여겨 아무런 신학적 지식이 없는 현대판 베데스다인 기도원에 방치되어 그곳에서 그들은 영적으로도 갈등과 자기비관에 이중적 고통을 당하고 있는 실정이다.

또한 한국교회는 치유의 복음신학이 없다. 한국교회는 지금까지 서구의 수많은 신학을 도입하여 답습해왔다. 이제는 모든 신학이 신학의 근본이 되는 예수 그리스도의 복음 신학에 기초를 두어야 하는 당위성에서[11] 그 간의 실제적인 임상경험을 토대로 치유의 복음신학과 실제를 연구하게 되었다.

줄곧 손병호 학장의 지칠 줄 모르는『복음신학』의 열강을 어언 5년 동안의 긴 세월을 마무리 짓는 1994년 늦은 가을! 그분의 강의는 본 필자의 심장에 전율을 느끼게 했다. "복음은 개인의 독점물이 아니라 예수 그리스도의 것을 모든 인류가 나누는 것" 이라고[12]…… 그리고 자신의 것을 내놓으라고 했다.

예수 그리스도의 복음인 마태복음 10:8에는 "병든 자를 고치며 죽은 자를 살리며 문둥이를 깨끗하게 하며 귀신을 쫓아내되 너희가 거저 받았으니 거저 주어라"고 했다. 그 동안 배우고 익힌 예수 그리스도의 복음신학과 목회현장에서 쌓은 치유의 실제를 임상적으로 경험한 것을 접목하여 본 논문을 쓰게 되었다.

제3절 연구의 범위와 연구방법

본 논문의 연구 범위와 연구방법은 전인적인 치유라는 관점에서 복음신학을 기초로 하였다. 그리고 지금까지 목회상담학적 측면에서만 시도된 내적인 치유를 넘어서 예수 그리스도께서 몸으로 보여주신 실천목회적인 복음 즉, 사랑의 행동으로 표현된 외적인 치유까지를 접목한다는 의미에서 실제적인 필자의 임상적 경험과 치유사례를 근거로 하여 외적인 치유까지를 다루는 그야말로 전인적인 치유목회의 실제를 다루고자 한다.

우리가 알거니와 우리 주변에는 많은 민간요법이 있고 고도로 발달된 첨

---

11) 손병호,『복음신학』, (도서출판 유한겔리온, 1994), p.13.
12) Ibid., pp. 17~19.

단과학의술이 도입되어 의료장비나 의료술이 최고의 수준에 와있다. 그럼에도 불구하고 질병으로 많은 사람들이 고통과 괴로움을 당하고 있는 실정이지만 첨단의료기구와 특수검진으로도 병명을 찾아내지 못하는 병들이 얼마나 많은가. 이런 답답한 심정으로 병명이라도 알기 위하여 수많은 의료기관을 다니다 소문을 듣고 필자를 찾아온 환자들이 부지기수임을 볼 때 예수 그리스도의 피로 값 주고 싼 존귀한 생명을 다루는 목회자로서 안타깝기 그지없다.

본 필자를 찾아오는 환자들의 대부분은 의료기관에서 불치병이라는 판정을 받은 사람들이나 아니면 질병의 원인도 모르고 많은 고생을 하다 뒤늦게 찾아온 사람들이다. 그러므로 이들은 모두 하나같이 정신적으로나 육체적으로 극도로 탈진한 상태이다. 그런데 놀라운 것은 대개가 순환계 계통에 질병을 갖고 있는 사람들이었다. 그러기에 첨단의료기구인 M.R.I(자기공명영상시스템)장비로도 나타나지 않는 것이다.

더 신비로운 것은 이러한 환자들에게 하나같이 맨손으로 하나님의 "창조생기수비요법"을 시술을 한 결과 아무런 부작용이 없이 완쾌되었다는 점이다. 이 얼마나 행복한 일인가. 하나님으로부터 소명을 받은 목사로서 하나님의 귀한 생명이 행복해 하는 몸짓을 보면 이보다 더 큰 행복감은 없을 것이다.

목사라는 성직(聖職)을 수행함에 있어서 예수 그리스도께서 은사(Talent)로 주신 치유를 복음으로 활용할 때 치유의 역사는 놀랍게도 우리의 눈으로 발견할 수 있으며 손으로 느낄 수 있도록 더욱 구체화되며 현실화되는 것임을 체험할 수 있는 것이다. 그러나 과학의 기술이 발전되면 발전될수록 인간의 질병은 더욱 심각할 정도로 만연해 질 것이다. 그러기에 오늘의 복음목회는 이러한 은사의 적극적인 활용을 통하여 행동하는 복음이 되며 창조적인 목회로 성화되어야 할 것이다.

본 논문의 범위와 연구방법은 다음과 같다.

제Ⅰ장 "서론"에서는 본 논문에 대한 문제의 제기와 연구 목적, 그리고 동기와 연구의 범위와 연구방법을 소개하고자 한다.

제Ⅱ장 "치유의 본질적 개념"에서는 치유의 일반적, 성서학적 개념과 치유의 어의를 살펴봄으로서 복음신학적 개념을 검토하고자 한다.

제Ⅲ장 "질병과 치유의 성서적 고찰"에서는 질병의 어의의 고찰과 창세 이후로 인간에게 미친 질병의 발단과 원인 그리고 질병의 전이(轉移)과정을 살펴보며 이어서 하나님의 치유의 단계를 검토하고자 한다.

제Ⅳ장 "예수 그리스도의 치유 사역"에서는 예수 그리스도의 행동의 메시지인 치유사역을 중심으로 예수께서 인간을 향한 그 열정적인 애정과 이 사랑의 치유를 사도들에게서 교회로 그리고 영원히 당신의 사랑의 치유와 함께 하시는 치유의 주관자이신 예수 그리스도를 고찰하고자 한다.

제Ⅴ장 "복음치유와 교회와의 연관성"에서는 복음치유와 신학과 목회와 선교와의 관계적 연관성에 대하여 고찰해 보고자 하며, 여기에서는 복음적 치유가 신학적, 목회적, 선교적 입장에서 신속히 회복되어 활성화되어야 하는 당위성을 지적하고자 한다.

제Ⅵ장에서는 복음치유의 전인적치유의 실제로서 복음치유의 상담기법과 복음치유의 기도법, 그리고 복음치유를 위한 신앙요법과 외적 질병의 치유의 실제로서 인체의 상관관계의 이해와 그리고 복음치유를 위한 일반요법에 대한 이해와 복음치유를 위한 창조생기 수비요법 등을 필자의 임상경험에서 얻은 것을 토대로 제언코자한다. 그리고 본 논문은 예수 그리스도께서 사랑의 행위로서 인격적으로 보여주신 계시적 행위의 복음인 복음치유 목회사역을 배경을 삼아, 필자의 실제적인 임상경험에서 얻은 외적 치유를 통한 전인적 복음치유의 실제를 제시하고자 한다. 복음적인 치유목회와 실제는 전인적인 복음치유를 지향하기 때문에 지속적으로 연구 발전되어져야함은 물론이며, 본 논문을 연구함에 있어서 다소 표현과 전달에 있어서는 한계가 있음을 먼저 밝혀두고자 한다.

제Ⅶ장 "복음치유사로서의 자격요건"에서는 전인적인 생명을 다루는 복음치유 목회자로서 그리고 복음치유 선교사들이 기본적으로 갖추어야 할 자격요건에 대해서 간략하게 제시하고자 한다.

제Ⅷ장 "결론"에서는 본 논문이 연구 검토한 복음적인 치유목회와 실제의 핵심을 정리하는 것으로 결론을 짓고자 한다.

아울러 미리 밝히는 것은 본 논문은 모든 신학의 근본이 되시는 예수 그리스도의 복음신학을 기초로 하였으며, 그리고 치유의 복음신학은 전인적 치유를 그 목적으로 하고 있기 때문에 복음치유의 실제에 들어가서는 필자의 임상경험을 기초했음을 밝힌다.

제Ⅱ장 치유의 본질적 개념

보편적으로 만성질환에 걸린 사람들이 필자를 찾아와서 질문을 할 때 자신이 앓고 있는 질병은 죄 때문에 걸렸다고 생각하는 사람들이 많다. 그래서 그 죄 때문에 하나님께서 벌을 주신 것이라고 의식적으로 또는 무의식적으로 생각하는 사람들이 많다. 자기를 위해서 많은 사람들이 기도를 해주고 자신도 기도를 하지만 병의 차도가 없는 것을 보면 자기는 하나님으로부터 버림받은 존재라고 눈물을 글썽인다. 분명한 것은 예수 그리스도께서는 이러한 견해를 분명하게 배격하셨다.[1] 그러나 질병을 가진 환자들은 이처럼 육신의 질병이 영적으로는 두려움과 공포와 억눌린 분노, 그리고 정신적으로는 불안과 고독으로 이미 깊은 상처를 가지고 있음을 알 수 있다.

치유의 본질적 개념은 이러한 영적, 심적, 육체적으로 상처 입은 자들이 치유사(목회자)를 통하여 복음으로 전인건강(Well Being = 사랑을 중심으로 영성을 개발하는 힘)을 입고 전인성(삶 속에서 사랑과 건강한 영성의 힘)을 가지고 행복과 가치 있는 삶을 위하여 스스로 움직여 계속 나아가는 과정을 말한다.

---

1) 눅 13:3-4, 요 9:3.

제1절 일반적 개념

우리 국어대사전에는 치유를 "치료를 받고 병이 낫는 것"으로 되어 있다.[2] 그리고 치료를 "병이나 상처를 잘 다스려 낫게 하는 것" 이라고 했다.[3] 이 말은 "온전하게 한다"는 말이다. 그러므로 치유는 손상된 어떤 기능이 완전히 작용하도록 원상 회복시켜 주는 것을 말한다.

또한 백주석의 박사 학위 논문을 인용하여 보면

> 힐트너는 '그 방향이나 스케줄에 있어서 훼손된 기능의 완전성을 회복시키는 것'이며 스펜스는 '생의 방향전환'이라고 주장하면서 생의 의미적, 정신적 상태까지 확대 적용시켰다. 존 윔버(J. Wimber)는 '사탄의 세력으로부터 성령의 능력으로 하나님의 차원의 온전함과 안녕의 상태로 회복되는 것'이며, 영국의 치유 사역의 선구자인 레슬리 웨더헤드(Leslie D. Weatherhead)는 '치유란 인간으로 하여금 그 육체가 물질적 세계에서, 그리고 정신이 참된 이상의 세계에서 온전히 작용할 수 없게 된 왜곡된 상태로부터 벗어나 조화로운 삶을 되찾을 수 있도록 해주는 과정을 의미한다.'고 했다. 또 버나드 마틴(Bernard Martin)은 '치유란 영원한 삶으로 이어지는 인격의 완전한 성숙을 저해하는 육체적, 정신적, 영적인 속박으로부터 자유롭게 되는 것이며, 삶의 모든 영역에서 정상적인 상태로 회복하는데 그의 인격이 활짝 꽃 필 수 있는 기회를 마련해 주는 것이다' 라고 정의한다.[4]

제2절 성서학적 개념

하나님은 당신의 백성을 치료하시는 하나님이시다. 그 하나님의 이름은

---

2) 『국어대사전』, (금성출판사, 1993), p.3023.

3) Ibid., p.3020.

4) 백주석, 『복음적 치유목회 연구』, 복음신학연구원, 박사학위논문, pp.104~105.

"여호와 라파"이었다.5) 그리고 구약 성서를 보면 하나님께서는 당신의 선지자나 제사장을 통하여 치유사역을 행하셨으며,6) 질병의 예방도 가르치셨다.7) 하나님은 치유사역을 통하여 하나님의 임재와 권능을 표현하셨다. 또한 당신의 종들과 함께 하신다는 임마누엘의 표적이었다.

신약 성경은 치유의 복음이라고 해도 될 정도로 광범위하다. 예수께서 행하신 치유의 복음사역은 복음서에 다 기록할 수 없을 정도로 많았다.8) 예수의 제자들인 사도들도 예수의 분부대로 치유의 복음사역을 감당했다. 우리는 지금까지 예수가 입으로 선포한 말씀만 복음인 것으로 생각해 왔다. 다시 말해서 예수의 복음의 행위인 치유의 행위를 복음과 달리 생각해 온 오류를 범했다. 주님은 치유의 행위를 선포된 복음과 동일선상에서 보았다.9) 아무리 찬란한 어휘력을 구사하고 감언이설(甘言利說)로 설득을 해도 행동으로 보여주는 것보다 약하다. 그래서 백문이 불여일견 (百聞— 不如—見)이라 하지 않았던가! 그러므로 예수의 치유사역은 말보다 강한 행위의 복음(福音)인 것이었다.

마태복음 11:2-6을 예로 보자.

「2) 요한이 옥에서 그리스도의 하신 일을 듣고 제자들을 보내어, 3) 예수께 여짜오되 오실 그이가 당신이오니이까 우리가 다른 이를 기다리오리이까, 4) 예수께서 대답하여 가라사대 너희가 가서 듣고 보는 것을 요한에게 고하되, 5) 소경이 보며 앉은뱅이가 걸으며 문둥이가 깨끗함을 받으며 귀머거리가 들으며 죽은 자가 살아나며 가난한 자에게 복음이 전파된다 하라, 6) 누구든지 나를 인하여 실족하지 아니하는 자는 복이 있도다 하시니라」

복음(ευαγγελιον : 유앙게리온)이란 무엇인가? 기쁜 소식이 아닌가? 그렇

---

5) 출 15:26.
6) 왕하 5:14.
7) 신 23:12-13.
8) 요 20:30.
9) 마 11:5.

다면 소경에게 복음은 보는 것일 것이다. 절름발이에게 있어서의 복음은 제대로 걷는 것일 것이며, 나병 환자에게 복음은 누가 뭐라도 깨끗해지는 것일 것이다. 그리고 귀머거리에게 복음은 소리를 듣는 것일 것이다. 죽은 사람에게의 복음은 살아나는 것일 것이며 가난한 사람들에게 복음은 천국(하나님 나라)을 소유하는 전인적으로 거부라는 확신적 체험일 것이다.[10] 예수 그리스도께서 선포하신 복음의 핵심이 하나님의 나라(η $\beta\alpha\sigma\iota\lambda\epsilon\iota\alpha$ $\tau o\hat{\upsilon}$ $\theta\epsilon o\hat{\upsilon}$: Kingdom of God)에 있다면 주님은 "내가 하나님의 성령을 힘입어 귀신을 쫓아내는 것이면 하나님의 나라가 이미 너희에게 임하였느니라"고 말씀하셨다.[11]

이러한 예를 보아도 예수의 치유는 그 자체가 사랑인 동시에 복음인 것이다. 예수는 이처럼 당신의 말씀과 치유사역을 이분법적으로 구분하여 복음이라고 하시지 않으셨다. 그런데 예수께서 행하신 치유사역을 복음(하나님 나라)을 믿게 하기 위한 하나의 방법이나 수단이나 목적으로 평가하는 사람들이 있는데[12] 이것은 매우 잘못된 생각이요, 예수의 복음행위를 오해한 것이다. 요한복음 20:30~31은 요한복음서를 기록한 목적을 말하는 것이지 예수의 치유행위에 대한 목적을 말하는 것이 아니다.[13]

예수의 치유의 복음사역은 하나님의 나라에서는 필연적으로 회복될 수밖에 없는 온전함, 깨끗함, 기쁨과 환희, 그리고 사랑 자체인 하나님 나라를 행동으로 보여주신 가장 강력한 메시야적 복음의 행위인 것이다.[14]

그러기에 예수께서는 사도들에게도 치유를 명하셨고, 사도들도 복음치유사역을 통하여 복음선교에 최선을 다했다.[15] 그러므로 현대교회는 치유

---

10) 눅 17:21.

11) 마 12:28.

12) 김영덕, 『복음목회연구』, (복음신학연구원 박사논문, 1994), p.183.

13) 요 20:30~31 「예수께서 제자들 앞에서 이 책에 기록되지 아니한 다른 표적도 많이 행하셨으나 / 오직 이것을 기록함은 너희로 예수께서 하나님의 아들 그리스도이심을 믿게 하려 함이요 또 너희로 믿고 그 이름을 힘입어 생명을 얻게 하려 함이니라.」

14) 계 21:4.

의 복음사역을 회복해야 한다.

1. 치유의 어의(語意)

하나님은 인간의 복지와 건강이 침해를 당했을 때 언제나 적극적으로 온전한 회복을 위하여 관여하셨다. 그러기 때문에 치유의 어의를 고찰해 보면 치유의 범위와 치유를 이해하는 데 도움이 될 것이기 때문에 치유의 어의를 살펴보는 것도 매우 중요하다. 그런데 성경에는 '치유'라는 말이 없다. 다만 동의어로 사용되는 '치료'라는 단어가 있다.

1) 히브리어의 치유의 의미

히브리어에서 치유(치료)라는 의미로 사용되는 단어로는 명사로서는 께하(חֵהָה)와[16] 아룩하(אֲרוּכָה)와 마르페(מַרְפֵּא)가 있으며, 동사로서는 할람(חָלַם)과 라파(רָתָא)와 삼마하(רָמָה)가 있다.[17]

- ● 께하(חֵהָה)는 고침, 치유, 치료, 라는 뜻으로 사용되었다.
- ● 아룩하(אֲרוּכָה)는 치료, 건강, 회복, 복구, 복원의 뜻을 담고 있으며 '건강이 회복되다'는 뜻으로 온전한 치료의 의미가 들어있다.[18]
- ● 마르페(מַרְפֵּא)는 치료, 회복, 고침, 만회, 도움, 건강, 양약 등의 의미를 가지고 있으며 '원기회복'이라는 뜻을 상징하기도 한다.[19]
- ● 할람(חָלַם)은 '회복케 하다','강하게 하다', '치료하다'라는 뜻으로 사용되었다.[20]

---

15) 막 6:13, 눅 10:17, 행 3:6-7, 5:14-16,
16) 김성혜, 『설교파트너 102』, (도서출판 예인, 1997), p.318.
17) 고영민, 『성서원어대사전』, (기독교문사, 1984), p.360.
18) 렘 8:22.
19) 대하 21:18.
20) 사 38:16.

● 라파(רָפָא)는 성경에서 가장 많이 65회나 사용되었는데[21], ‘상처를 고친다’, ‘치료하다’[22], ‘본래 상태로 회복시키다’[23], ‘위로하다’[24], ‘수선되다’[25] 등으로 사용되었다. 이 라파의 의미는 ‘꿰매어서 병을 고치다’[26], ‘치료하다’, ‘병이나 상처를 낫게 하다’는 정상적으로의 회복을 의미하며 개인의 질병뿐 아니라 국가적인 회복의 의미도 담고 있다.[27]

● 삼마하(צָמַח)는 ‘치료하다’, ‘솟아나다’, ‘자라다’ 라는 의미의 뜻으로 사용되었다.[28]

2) 헬라어의 치유의 의미

헬라어에서 치유(치료)라는 의미로 사용되는 단어로는 데라퓨오(θεραπεύω)와 이아오마이(ἰάομαι), 그리고 휘기에스(ὑγιής)라는 단어가 있다.

● 데라퓨오(θεραπεύω)는 육체적 혹은 정신적인 병을 회복시킨다는 개념으로 신약성경에 43회나 자주 사용된 단어는 “데라퓨오”는 고치다(heal), 치료하다(cure)의 뜻으로 사용되었다. 이 단어는 의료적 처치나 치유를 포함하는 의미로서 ‘고치다’, ‘치료하다’, ‘건강을 회복하다’, ‘봉사하다’는 의미를 가지고 있다. 이 단어는 예수님과 제자들에 의하여 행해진 기적적인 치유를 묘사하는데 사용되었다.[29]

● 이아오마이(ἰάομαι)는 치료하다(cure), 회복시키다(Restore)는 뜻을 가

---

21) 이기문,『구약원어해설사전』, (성서연구사, 1986), p.358.
22) 창 22:17.
23) 대하 7:15, 시 30:3.
24) 렘 8:11, 겔 34:4.
25) 렘 19:1.
26) 렘 30:17.
27) 시 62:2, 렘 17:14, 호 6:1, 렘 51:8~9.
28) 사 58:8.
29) 이병철,『신약성서신학사전Ⅲ』, (브니엘출판사, 1987), p.640.

지고 신약성서에 26회가 나오는데 히브리어의 라파(רָפָא)의 역으로
나온다.30)

● 휘기에스(ὑγιής)는 문자적으로 몸이 건강하고 튼튼한(Healthy, Well)
그리고 강한(Strong), 활동적인(Active), 건전한(Sound)의 의미를 가지고
있으며 다시 건강하게 하다(Make well again), 치료하다(Cure)는 의미로
사용되었다.31)

치유의 어의를 종합해 보면 영적, 정신적, 환경적, 육체적으로 상처받은
비정상적인 요소, 즉 질병을 정상적으로 회복하는 것을 말하며, 이 치유의
과정은 하나님의 은혜와 자비와 권능과 사랑이다. 그러나 치유는 단지 질
병의 회복의 단계에서 끝나는 것이 아니라 온전해진 건강한 몸으로 하나
님의 은혜를 입은 행복한 자로서 섬김과 봉사와 헌신에로의 삶으로 계속
증진해 나가는 것을 완전한 치유로 보고 있다.

제3절 복음신학적 치유의 개념

지금까지 치유의 일반적인 개념과 성서학적 개념을 치유의 어의와 함께
의미를 살펴보았다. 그러면 복음신학적 치유의 개념이 무엇인지 고찰하고
자 한다.

1. 복음의 어의(語意)

복음이란 무엇인가? 복음(福音)이란 말은 헬라어 유앙게리온(εὐαγγελιο
ν)이라고 하는 '유' 와 '앙게리온'의 복합어인데 'εὐ'는 '좋은'(Good)이라는

---

30) 왕하 5:7.
31) Ibid., pp.642-645.

뜻이고 'αγγελιον'은 '소식, 뉴스'(Tidings, News, Message)를 말한다. 그래서 성경을 Good news라고도 한다. 이 "유 앙게리온"을 영어로는 Gospel(가스펠)이라고 번역을 했는데 이는 God에 Spell을 더한 말로서 "하나님에 관한 이야기"가 된다. 이 "유 앙게리온"은 신약에서 77회나 나온다.[32]

그럼 인류에게 가장 기쁜 소식이 무엇인가? 그것은 하나님께서 이 땅에 오신 것이다.[33] 즉 예수 그리스도의 성육신(成育身: Incarnation) 사건이다.[34] 그리고 죄악된 세상에 하나님 나라의 도래(구원)에 대한 예수 그리스도의 복음선포이다.[35]

2. 복음의 본질

기독교 복음의 본질은 예수 그리스도의 말씀과 삶의 행적까지 총체적으로 보아야 한다. 예수 그리스도의 복음을 지금까지 예수께서 전하신 말씀만으로 국한되어졌다. 그러나 이것은 매우 단순한 생각이다. 예수의 공생애 동안 복음서에 기록된 말씀만 하셨겠는가? 그것도 복음서는 예수께서 승천하시고 많은 세월(30년 이상)이 지나서 기록된 말씀이 아닌가? 복음서의 저자들이 하나 빠짐없이 편집상 다 기록했을까!

필자가 제언코자 하는 것은 "예수 그리스도의 삶 자체가 복음이다"라는 것이다. 예를 들어 십자가상의 칠언(七言)을 생각해 보자. 예수의 입술로 나온 말씀만 복음인가? 십자가 지신 그 자체가 복음인 것이다. 그는 분명 고난의 종이었다.[36] 예수께서 십자가를 지시고 골고다를 향하여 가시는 모습 그 자체가 이미 삶으로 보여 주시는 복음이요 도저히 어떠한 단어로도

---

32) 손병호, 『복음신학원론』, op.cit., pp.17~18.
33) 눅 2:14.
34) 요 1:14.
35) 막 1:15.
36) 사 42:1-4, 49:1-6, 50:4-9, 52:13-53.

표현 할 수 없는 복음(The Gospel of The Life)인 것이다.

삶이 영어로 무엇인가? Life 즉, 생명이 아닌가? 예수 그리스도는 당신의 삶을 통하여 형식과 가식으로 가득찬 이 세상의 생명을 구원하시려 온 것이다. 즉 인류를 구원하려 오신 것이다.[37]

예수의 삶은 행동하는 사랑의 복음이었다.[38] 그래서 예수께서는 당신의 삶의 자리를 천상에서 지상으로 내려오신 것이다. 모든 것을 함께 하고자 오신 것이다.[39] 오늘날 예수 그리스도의 복음은 말하면서도 진정한 예수 그리스도의 복음이 무엇인지도 모른 채 복음이란 미명하에 율법을 고취시키고 교리화시키며 단절화시키고 있다. 설교로 흘러나와야 할 기쁨과 감격과 소망과 희열의 복음이 언어의 폭력으로 어휘의 장난으로 비복음적으로 전해지고 있는 현실이 안타깝다. 예수는 생명의 떡이요[40], 부활의 생명이며[41], 길과 진리와 생명 본체이시다.[42] 그러므로 복음의 본질은 예수 그리스도의 삶(생명) 그 자체이다.

3. 복음적 치유의 개념

복음적 치유의 개념은 복음의 본질에서 찾아야 하는데 복음의 본체이신 예수 그리스도의 이름에서 찾아야 한다. 그 이름 속에는 그 분의 메시야적 존재의 의미와 사역의 목적이 들어 있기 때문이다.

누구보다도 '복음'이라는 말을 가장 많이 사용한 사도 바울은 예수에 대한 표현을 "우리 주 예수"라는 표현으로 40회나 사용했다.[43] "예수(헬:Ιησο

---

37) 마 1:21.
38) 요 3:16-17.
39) 마 1:23., 12:30.
40) 요 6:48.
41) 요 11:25.
42) 요 14:6.
43) 이종성, 『그리스도론』, (대한기독교출판사, 1986), p.58.

υς, 히: יְהוֹשׁוּעַ)”라는 이름의 뜻은 ‘여호와는 구원이시다’ 혹은 ‘여호와의 구원’이라는 뜻을 지니고 있는 예수아 혹은 여호수아란 히브리어의 헬라어형 명칭이며 참구원자라는 뜻을 가지고 있다.[44] 그리고 “그리스도(헬:Χριστος, 히:מָשִׁיחַ - 메시야)”라는 뜻은 ‘기름부음을 받은 자’ 또는 ‘보내심을 받은 자’라는 의미를 가지고 있다. 이를 종합해 보면 구원을 위하여 보냄을 받은 자 곧, 인류의 구원자이신 메시야라는 것이다. 이점에서 귀신들까지도 그를 나사렛 예수[45], 혹은 지극히 높으신 하나님의 아들 예수로 불렀다.[46] 그리고 예수께 도움을 간청했던 자들은 주 예수[47], 혹은 다윗의 자손 예수로 불렀다.[48] 이처럼 예수 그리스도는 우리의 영혼뿐만 아니라 정신적, 환경적, 육체적 다시 말해서 전인적 구원자이시며 치유자이심을 알 수 있다. 그러므로 예수 그리스도의 부름을 받은 목회자들은 전인적인 복음치유사임을 잊어서는 안 된다. 주님은 치유의 주관자시며 목회자는 그리스도의 복음사역을 돕는 봉사자이다.[49]

이처럼 복음적 치유의 개념은 인간의 외적 질병까지도 총망라한다. 주님께서 그렇게 하셨기 때문이다.[50] 물론 목회자가 예수 그리스도께서 행한 메시야적 치유의 권능에는 미치지 못할지라도 분명 예수께서는 치유를 위한 권능을 분명하게 제자들에게 주셨다는 것을 명심해야 할 것이다.[51] 그러므로 목회자는 가장 존귀한 전인적인 생명을 다루는 자로서 치유의 은사를 목회사역에서 회복해야 할 것이다. 예수께서 사람을 위해 오셨고 그래서 사람을 사랑하셨듯이 목회자 역시 주님의 사랑의 전달자임이 분명하

---

44) 손병호, Ibid., p.72.
45) 막 1:24.
46) 막 5:7.
47) 눅 17:13.
48) 막 10:47.
49) 고전 3:9.
50) 마 9:35. 「예수께서 모든 성과 촌에 두루 다니사 저희 회당에서 가르치시며 천국 복음을 전파하시며 모든 병과 모든 약한 것을 고치시니라」
51) 마 10:1. 「예수께서 그 열두 제자를 부르사 더러운 귀신을 쫓아내며 모든 병과 모든 약한 것을 고치는 권능을 주시니라」

다. 오늘의 교회는 선한 사마리아인이 되어야 한다. 그러나 만약 교회가 그리스도의 사랑을 전제로 한 복음치유를 사장시킨다면 이 또한 복음사역을 역행하는 것이다.[52]

복음적 치유의 개념은 정신적인 것 뿐만 아니라 육체적, 영적인 모든 면에서의 완전성을 의미하지만 인간을 모든 질병으로부터의 완치를 목적으로 하지는 않는다. 오직 인간이 하나님의 형상대로 회복되도록[53] 병든 인간을 사랑으로 돌봄으로서 아픔의 고통이 감소되고 상처받은 마음이 아물어지고 예수 그리스도의 충만하신 위로로 희망과 행복한 창조적인 헌신의 생활로 나아가게 하는 것이다.

---

52) 눅 10:30-37.
53) 창1:16

제Ⅲ장 질병과 치유의 성서적 고찰

질병(疾病: Disease)은 "심신의 전체 또는 일부가 일차적 또는 계속적으로 장애를 일으켜서 정상적인 기능을 할 수 없는 상태"라고 말한다.[1] 질병의 의미를 영어로서 본다면 'Dis(아니다)'와 'Ease(평안)'의 합성어임을 알 수 있는데 이를 종합해 보면 '평안하지 않는 상태'라는 것을 알 수 있다.

질병을 크게 감염성 질환과 비감염성 질환으로 나눌 수 있다. 감염성 질환 중 세균에 의한 질환은 항생제의 발달로 대부분 치료가 가능해졌으나, 바이러스(virus)[2]성 질환은 아직 해결할 수 없다. 비감염성 질환은 대표적 성인병으로는 고혈압, 당뇨와 같이 병원체 없이 일어날 수 있는 질환을 말한다. 비감염성 질환의 원인은 명확히 밝혀지지 않은 경우가 많으며 여러 가지 위험인자가 복합적으로 질환을 유발시키는 데 관여하는 것으로 알려져 있다. 이제는 질병이 발생하기 전 환경개선과 운동 등으로 육체의 저항성 강화를 강조하고 있다.

질병은 왜 생기는가? 이렇게 물음을 던지면 한 마디로 답변하기란 어렵

---

1) 김현식, 『동아원색세계대백과사전 26』, 동아출판사, 1989, p.159.
2) 보통 현미경으로 볼 수 없는 극히 미세한 미생물로서, 천연두, 홍역, 유행성 감기, 소아마비 등을 일으키는 여과성(濾過性) 병원체. 형태는 대체로 구형이 많으며 그 외 정이십면체·벽돌형·탄알형·섬유상 등도 있다.

다. 우리들은 항상 병을 일으키는 여러 가지 바이러스나 세균(Bacillus)[3] 등
에 둘러싸여 생활하고 있다. 바이러스는 강력한 전자 현미경으로만 볼 수
있는 생물도 아니며 무생물도 아닌 기묘한 것이며 일단 우리 몸에 들어오
면 반나절 동안에 무려 7만 배로 늘어나는데, 바이러스의 크기는 사람을
지구의 크기로 본다면 지구에 사는 한 마리의 쥐 정도의 것이라고 한다.
그 종류로도 감기를 일으키는 바이러스만도 200여종 이상이 있다.[4] 이러
한 바이러스에 의한 질병의 종류는 셀 수 없이 많으며, 일단 바이러스에
감염된 세포는 정상세포와 달리 각기 다른 현상으로 인하여 질병을 유발
시키며 나중에는 인체에 치명적인 손상을 입힌다. 바이러스에 의한 질병은
아래를 참고하면 도움이 되겠다.[5]

바이러스에 의한 병의 종류는 많고, 감염의 방법이나 발병하기까지
의 경위 등이 종류에 따라 다양하다. 동물 바이러스에 의한 병으로는
일본뇌염·유행성출혈열·간염·광견병·인플루엔자·홍역·풍진·
두창·우두 등이 있고, 식물 바이러스에 의한 병으로는 감자·콩·사
탕수수·사탕무와 과수작물 등에 모자이크병·위축병·괴사·반점·
변색 등을 유발하는 대부분의 질병이 있다. 사람의 바이러스에 의한
병은 한 번 걸리면 재발하지 않으나(small pox) 몇 번이나 걸리는 인플
루엔자 등 사람과의 복잡한 인자의 조합에 의하여 병에도 여러 가지
다른 유형이 나타난다. 이들 바이러스병 치료에는 특효약이 없으므로
백신이나 항혈청에 의하여 예상접종에 중점을 두며, 발병 후는 대중
요법과 합병증의 예방을 하는 것이 최선이다. 따라서, 인터페론
(interferon)과 같은 항바이러스제(antiviral agent)의 개발에 대한 연구는
바이러스병 치료를 위한 중요한 과제이다. 바이러스에 의해 감염되어
변형된 정상세포는 여러 면에서 세포와 다른 현상이 나타나는데, 가
장 중요한 차이점은 다음과 같다. ① 생체 외에서 쉽게 생장할 수 있
다. ② 접촉억제현상이 상실되어 세포가 여러 층으로 자랄 수 있으며,

---

3) 현미경으로만 통해서만 볼 수 있는, 아주 미세한 단세포 미생물.
4) 정남숙, 『家庭醫學大典』, (교육출판공사, 1979), p.57.
5) 양성모, 『두산세계대백과사전』, ((주)두산동아멀티미디어사업본부, 1996),
　　바이러스 .

세포가 생장해 가는 방향이 다양해진다. 따라서 세포가 정상세포보다 훨씬 빨리 자란다. ③ 세포 표면에 여러 변화가 생긴다(이온들의 통과능력 증가, 독소 호르몬 결합능력 상실, 새로운 항원생성 등). ④ 염색체 이상이 일어난다. ⑤ 인터페론이라는 항바이러스제가 생성된다. ⑥ 세포의 노화현상이 일어나지 않는다. ⑦ cyclic AMP 증가로 정상세포 생성순환을 중지시키고 변형된 세포생성순환으로 유도한다.

이처럼 우리가 바이러스와 세균의 온상에 살지만 아직까지도 인류가 발명한 약 중에는 바이러스를 죽일 수 있는 약은 없다. 그런데 우리가 어떻게 건강을 유지하고 살 수 있을까! 그것은 신비하게도 하나님께서는 우리 인간을 창조하실 때 건강을 유지할 수 있도록 만들었는데 바이러스가 침입하면 우리 몸 속에서는 「인터페론」이라는 항(抗) 바이러스 물질이 나와서 자연적으로 방위력을 가지게 되는데 이를 흔히 '몸의 저항력'이라 말한다.

필자는 아직도 현대의학으로 발견하지 못한 항체(抗體)들이 우리 인체 속에는 건강을 유지하기 위하여 신비한 작용을 하고 있다는 것을 임상실험(병명도 없는 환자들)을 통하여 확신을 갖게 되었다. 물론 이 항체는 볼 수 없지만 하나님께서 인간을 창조하실 때 그 코에 생기를 불어넣어 생령이 되게 하셨다는 데 근거하여[6] 이를 "창조생기항체" 혹은 "창조항체"라고 명명한다.[7] 창조생기항체에 대해서는 본 논문 「제6장, 복음치유의 실제」에서 다루기로 하겠다.

어쨌든 인간의 질병은 오염된 환경에 의해서 감염으로 오는 것도 있고 잘못된 습관과 상처 입은 마음과 선천적으로 오는 것도 있다. 선천적인 질환도 따지고 보면 대다수가 부모들이 임신을 했을 때 태아의 건강 상태를 고려하지 않고 무분별한 생활에서 비롯된 것이며, 특수한 경우(기형아)도 그 부모들이 환경오염이나 약물중독으로 인한 변형된 수정체가 착상되어 태어나기 때문인 것이다.

---

6) 창 2:7.
7) "창조생기항체" 혹은 "창조항체"는 하나님의 창조에 의한 인간에게 주어진 원초적인 생명의 힘 그 자체이다.

성경이 말하는 질병을 간략하게 보면 인간의 범죄로 말미암은 질병과[8] 염려와 불안에서 오는 질병[9], 마귀의 시험으로 인한 질병[10], 하나님의 영광을 들어내기 위한 질병도 있다.[11] 그리고 하나님의 징계로 인한 질병도 있으며[12], 하나님께서 인간의 교만을 꺾으시기 위한 질병도 있으며[13], 과로 때문에 오는 질병도 있다.[14]

이제 질병을 지금까지 나열한 것을 종합하여 한마디로 정의를 내린다면, 질병은 "전인적으로 저항력이 결여되어 균형과 조화를 잃고 고통하는 상태"라고 말할 수 있다.

제1절 질병의 어의(語意)

1. 구약성서의 히브리어의 어의

구약성서에서 질병으로 표기되는 단어는 '마할라(מַחֲלָה)'[15]와 홀리(חֳלִי)[16]가 나오는데 이 단어들은 할라(חָלָה)에서 파생된 말이다.

'할라'라는 동사의 의미는 병들거나 혹은 병들게 되다(Be or Become sick), 약해지다(Weak), 병에 걸리다(Diseased), 슬픔에 젖다(Grieved), 슬프다(Sorry), 등의 의미를 가지고 있으며 구약에 59회 사용되었다.[17]

---

8) 엡 2:1-2, 계2:21.

9) 잠 15:13.

10) 막 1:25, 9:22, 눅 9:42.

11) 요 9:1-3.

12) 출 12:29, 레 10:1-2, 롬 2:9-10.

13) 히 12:5-8, 대하 32:26, 고후12:7.

14) 시 38:8, 겔 7:17.

15) 출 15:26, 신 28:60, 왕상 8:37, 대하 6:28.

16) 신 7:15, 28:59, 28:61, 29:22, 렘 6:7.

17) 이병철, 『구약성서신학사전 I 』, (브니엘출판사, 1987), p.525.

홀리(־ךֲ)라는 동사 '할라'에서 유래된 명사로서 약 23회 나온다.[18] '홀리'는 병(Sickness), 질병(Disease), 일반적인 병(Illness)등의 의미를 가지고 있다.

2. 신약성서의 헬라어의 어의

신약성서에서 질병으로 표기되는 단어로는 기본어 '노소스(νόσος)가 있는 데 아픔, 병, 질병(Disease, Illness) 보편적으로 병 걸림의 의미가 있다. 이 '노소스'에 유래 된'노소이스(νόσοις)'[19] 가 있는데 일반적인 몸의 병(Disease, Illness)을 뜻한다. 역시 '노소스'에서 유래된 '노세오(νοσέω)'[20]는 아프다, 앓다(To be sick) , 병에 걸리다, 어떤 것에 대해 병적인 욕망과 강한 열망을 가지다, 등의 의미를 가지고 있다.

또 '노세오'에서 유래 된 '노세마(νόσημα)'[21]는 병에 걸림, 병(Sickness)이라는 의미를 가지고 있다. 또 '말라키아(μάλκια)'[22]라는 단어는 국부적인 질병을 의미한다.[23] 또한 명사로서 '아스튜에이아(ἀσθευέια)'는 일반적으로 연약함을 의미하는, 병 또는 질병(Disease, Sickness, Ailment) 혹은 쇠약한 상태(Weakness)를 말하기도 한다.[24] 그리고 하나의 구(句)로써 단일 동사로 '병'이라는 의미를 갖고 있는 '에초우(ΕΧω)'[25]가 있는데, 예를 들어 '병들다(Καλῶς ΕΧω)', 혹은 '앓고 있다(μαμῶς ΕΧω)', '죽어 간다(Εσχατως ΕΧω)' 등이 있다.[26]

---

18) 이기문, *Ibid.*, p.173.
19) 마 4:24. 눅 4:40, 눅 7:21.
20) 딤전 6:4.
21) 요 5:4.
22) 마 9:35, 10:1.
23) 이순한, 『신약원어 핸드북』, (신학사, 1985), p.9.
24) 마 8:17, 눅 5:15, 8:2. 13:12.
25) 막 3:10, 눅 4:33.

이상과 같이 성경은 인간의 질병 상태를 육체적, 정신적, 영적, 환경적 요인까지를 광범위하게 포괄하고 있음을 알 수 있다.

제2절 질병의 성서적 고찰

질병(Disease)은 언제, 어떻게 해서 생기게 되었을까! 에 대해서는 일반 의학자들은 분명하게 그 답변을 주지 못하는데 비해 성경은 명확하게 질병의 기원과 발병의 원인을 제시해주고 있다. 그러나 성경 전체를 논하기는 너무 광범위하게 때문에 인간의 타락을 기술한 창세기 3장을 중심으로 해서 질병의 발단과 전이과정을 살펴보며 이어서 치유의 기원과 과정을 살펴보고자 한다.

1. 질병의 발단 1단계 - 영적인 질병(Spiritopathy)

성경은 사람의 본질에 대해서 분명하게 말해주고 있다. 창세기 2:7로 "여호와 하나님이 흙으로 사람을 지으시고 생기(生氣)를 그 코에 불어넣으시니 사람이 생령(生靈)이 된지라"했다. 이처럼 사람의 본질은 '흙'과 '하나님의 생기'의 조화로 하나님의 형상(形像)을 닮은 최고의 영화로운 피조물[27] 임을 알 수 있다.[28] 하나님의 형상이라고 할 때, 이 형상의 의미는 하나님과 인간과의 관계를 나타내는 것이다.[29]

---

26) 막 16:18, 5:23. 마 4;24, 8:16, 9:12.

27) L. Berkhof, *Systematic Theology*, 고영민 역, (기독교문사, 1985), p.66.

28) 창 1:26-27, 5:1.

29) Robert E. Webber, *God Still Speaks*, 정장복 역, 『크리스트교 커뮤니케이션』, (대한기독교출판사, 1991), p.105.

하나님은 에덴 동산을 창설하시고 그 지으신 사람을 거기 두시었다.[30] 사람은 행복했고 하나님 보시기에도 심히 아름답고 좋았다.[31] 그곳에는 오직 하나님의 말씀의 권능과 임자와 사랑으로 감격과 감탄과 희열과 행복 그 자체뿐이었다.[32] 모든 것이 아름다웠고, 모든 것이 좋았고, 모든 것이 하나님의 거룩하신 선(善) 앞에 그 어떤 부정적인 요소는 존재할 수 없었다. 그야말로 복음의 세계였으며[33] 진리 안에서 참 자유의 세상이었다.[34] 선악을 알게 하는 실과까지도 인간의 자유의지에 맡겨주시는 파격적인 은혜를 하나님은 부여하셨다.[35] 이 얼마나 하나님의 축복인가! 그런데 인간은 불행하게도 사탄의 꾀임에 빠지게 되었고[36], 하나님의 축복과 하나님의 창조 목적에 역행하는 인류의 돌이킬 수 없는 사건을 유발시키고 말았다.[37] 그것이 선악을 알게 하는 나무의 실과를 먹음이었다. 인간의 이런 반역 행위는 인간이 하나님과의 관계를 붕괴시키는 것으로서 인간이 자기 삶을 주관하는 하나님의 주권을 사실상 거부하는 종교적인 의미[38]이다. 이것을 금상도 박사는 인간의 타락으로 보았다.[39] 아무튼 인간은 이 선택의 결과로 모든 (본인과 본인[40], 인간과 인간[41], 인간과 자연[42], 인간과 하나님[43])것으로부터의 케뮤니케이션이 상실하게 되었다.[44] 항상 하나님과 동

---

30) 창 2:8-9.
31) 창 1:31.
32) 창 2:23-25.
33) 요 1:1.
34) 요 8:32, 8:36.
35) 창 2:16-17.
36) 창 3:1-5.
37) 창 3:6-7.
38) Robert E. Webber, *Ibid.*, p.112.
39) 김상도, 『생명의 복음신학연구』, (복음신학연구원, 1997), p.28.
40) 창 3:7.
41) 창 3:12.
42) 창 3:17.
43) 창 3:24.
44) *Ibid.*

거했던 아담과 이브는 이 사건 후에 이제 하나님의 낯을 피하여 숨어버렸다.[45]

필자는 이 아담과 이브의 행위를 곧 신앙의 질병으로, 이 말을 바꾸어 말하면 영적인 질병으로 보며 이것이 인간질병의 기원이자 발단인 것으로 정의한다. 그리고 그렇게 정의하는 것이 올바른 것으로 본다. 여기에서 하나님의 형상으로서의 생기, 즉 면역(免疫: immunity)을 상실하게 된 것이다.[46] 이 영적인 질병에 감염이 되자 인간의 참 행복은 무참하게 깨어지고 숨어 버리고 도피하는 존재가 되고 말았다. 그리고 두려움(Fear: Afraid)이라는 제 2의 질병으로 전이(轉移)하게 되는 과정을 보게 되었다.[47] 이처럼 질병은 어느 특정한 한 부분에 계속 머무는 것이 아니라 계속적으로 진행되고 인간의 내외적인 광범위한 분야로 전이되는 것이다.

2. 질병의 전이(轉移) 2단계 - 심적인 질병(Pscychopathy)

아담과 이브는 범죄하기 전에는 두려움이 없었다. 오직 마음에 평화와 감격과 희열과 안식뿐이었다. 하나님과도 우호적인 관계였으며, 그들은 부부간에도 다툼이 없었다. 잡초가 없는 에덴동산은 아름답고 식량은 풍부했다.[48] 삶 그 자체가 행복이었고 의미의 도가니였고, 미래에 대한 찬란하고 영롱한 빛의 세계였다.

그런데 아담과 이브는 자신들의 그릇된 행위로 말미암아 심적인 질병을 가져오게 되는데, 그 첫 번째가 두려움(Afraid)이었다. 이 두려움이라는 감정적 압박은 그야말로 처참한 것이었다. 하나님과의 단절, 곧 미래에 대한

---

45) 창 3:8.

46) 창 3:16-19, 3:23.

47) 창 3:10.

48) L.J.Crabb · D.B.Allender, The Key to Caring, 오현미 · 이용복 공역, 『격려를 통한 상담』, (도서출판 나침반사, 1992), p.33.

암흑 그 자체 그 맛이었다.[49]

그런데 우리는 여기서 중요한 것을 발견하게 되는데 두려움의 원인을 말하는 아담의 대답이다. 아담은 자기의 두려움의 원인을 창세기 3:10 하로 "내가 벗었음으로 두려워하여 숨었나이다"라고 했다. 이 말이 정녕 자신을 속이지 않고 솔직하게 고백하는 대답인가 말이다. 아담이 두려워한 것은 벗었기 때문이 아니라(계속 벌거벗고 살았지 않은가) 분명 하나님의 법을 위배했다는 '불법자'로서 자기의 모습을 보았기 때문이며, 하나님의 말씀을 거역한 '반역한 자'로서 하나님께로부터 버림받을 것을 궁극적으로 생각했기 때문이다.

이처럼 자기 자신도 용납할 수 없는 깨어진 처참한 자신의 모습이 전능자에게 비칠 때, 그 자체만 해도 불안하고 두려웠다. 아담의 두려운 마음이 무의식 세계에서 자기 방어수단이 형성되었고 자신의 실존이 아닌 또 하나의 거짓되고 비진실적인 자신을 만들어낸 것이다.

사람은 항상 자신의 심적 약점에 대해 방어벽을 가지고 있다. 이것 또한 심적 질병에서 온 원인임에 틀림없다. 두려움은 공포(Fear)와 불안(Uneasy)과 절망(Despair)을 동반한다. 그러기 때문에 극도의 불안심리로 인하여 심리적 안정을 잃게 되고 소심하게 되고 도피하게 되는 것이다. 그리고 자신이 처음 맛본 절망감이라는 상처로 인하여 정서적인 불안과 고독감과 무력감에 휩싸인다. 미래에 대한 염려와 걱정으로 모든 일에 적극적이지 못할 뿐 아니라 자기 책임을 전가시키고 자기 자신을 비하시키게 된다.[50]

이처럼 심리적인 문제와 영적인 문제를 구분해서는 안 된다. 성경에서도 구분한 것을 찾아내지 못했기 때문이다.[51] 모든 사람들은 자신들이 완전한 사람이 못 된다는 것을 알고 있다. 그러면서도 또 자신을 변명하고 정당화시키고 합리화시키며 자신을 스스로의 가면(假面) 안으로 숨기려고 한다.

---

49) 창 2:17.

50) 창 3:12.

51) Erwin W. Lutzer, *Pastor to Pastor*, 유재성 역, 『목사가 목사에게』, (나침반사, 1989), p117.

이것이 얼마나 옹졸하고 추한 줄을 알면서도, 그리고 자신에게 하나도 도움이 되지 않다는 것도 너무도 잘 알면서도 그야말로 매력 없이 살아간다.

이러한 예(Case)가 신약에도 나타나는데 요한복음 4장에 기록된 사마리아 수가성에 있는 우물가에서 예수께서 만난 다섯 남편으로부터 버림받은 여인이다.[52] 그리고 현재 여섯 번째 남자를 남편으로 삼아 살고 있는 형편이었다.[53] 여인은 언제 또 버림받을지도 모른다는 불안과 초조함에서 하루하루를 살고 있는 것이다. 그런데 예수께서는 그 여인에게 남편을 불러오라고 했다. 그러나 그 여인은 분명하게 "남편이 없나이다"라고 했다. 예수께서는 그 여인이 그토록 감추고 싶었던 상처난 마음을 건드린 것이다.

또한 경우를 보면, 요한복음 5장에 기록된 베데스다 연못가에 있던 38년 된 병자이다.[54] 그에게도 예수께서 "네가 낫고자 하느냐?"라고 물었다. 그에게는 38년이라는 긴 세월이 한 많은 시간이었고, 상처밖에 없는 시간이었다. 그는 분명하게 예수께 "주여 물이 동할 때에 나를 못에 넣어 줄 사람이 없어 내가 가는 동안에 다른 사람이 먼저 내려가나이다"라고 답변했다.

그는 낫기를 원하여 38년이라는 세월을 그곳에서 보냈다. 낫고 싶다는 것은 분명한 사실인데 그는 모든 원인을 '다른 사람'에게 돌리는 피해의식(피해망상증)으로 가득찬 모습을 볼 수 있다.[55] 이것이 인간 실존 그대로의 모습인 것이다. 그러나 예수께서는 이들을 치유하셨던 것이다. 그러므로 인간은 어디까지나 전인적인 관점에서 치유되어져야 할 것이다.

---

52) 요 4:1-22.
53) 중동은 결혼제도가 일부다처제이다. 여자는 남자(남편)를 고를 수 있는 선택권이 없다. 오직 여자는 재산의 한 부분일 뿐이다. 구약성서에서도 볼 수 있는데, 라멕(창4:7), 아브라함(창16:3), 에서(창26:34; 창28:9), 야곱(창29:30), 기드온(삿8:30), 엘가나(삼상1:1-2), 다윗(삼상25:39.44; 삼하3:2-5; 삼하5:13), 솔로몬(왕상11:1-8), 르호보암(대하11:18-23), 아비야(대하1:21), 여호람(대하21:11,14), 요아스(대하24:3), 아합(왕하10:1), 여호야긴(왕하24:15), 벨사살(단5:2), 호세아(호3:1-2) 등을 볼 수 있다.
54) 요 5:2-8.
55) 요 5:7.

3. 질병의 전이 3단계 – 생활의 질병(Environmentopathy)

질병의 전이 제3단계는 생활의 질병이다. 이 생활의 질병은 전환경적 질병까지 포함한다. 하나님과 바른 관계가 깨어진 인간은 과거에 행복한 생활(패러다이스)을 누릴 수 없었다. 그들은 하나님의 낯을 피하여 도피하는 생활을 하게 되었다.[56] 이것이 행복을 상실한 처참한 인간실존의 모습인 동시에 생활의 질병인 것이다.

여기에는 진실이 존재하지 않는다. 아담은 자신의 잘못된 행위를 뉘우치기는커녕 오히려 정당화시키고 자신의 행위를 합리화시키기 위하여 변명을 하게 된다. 아담은 결국 "하나님이 주셔서 나와 함께 하게 하신 여자 그가 그 나무 실과를 내게 주므로 내가 먹었나이다"라고, 하나님께서 주신 모든 축복을 문제화시켜 버린다. 그리고 모든 문제의 원인을 하나님께로 돌렸다.[57]

인간생활의 질병은 여기서 끝나지 않고 심각한 고통을 앓게 되는데 이브에게는 해산의 고통과 수고, 그리고 남편으로부터 다스림을 받게 되었다.[58] 그리고 아담에게는 삶을 위하여 수고의 땀을 흘려야 하고 결국은 죽음이라는 형벌을 받게 되었다. 뿐만 아니라 이로 인하여 인간 삶의 전 환경까지 저주를 받게 되어 가시덤불과 엉겅퀴를 내게 되었다.[59] 그리고 에덴에서 쫓김을 받게 되었다.[60]

오늘날도 생활을 위하여 수고의 땀을 흘려야 한다. 그리고 나만 더 많이 가져야 하겠다는 이기주의적 욕심 때문에 인간의 몸은 무너지고 있다.[61] 사별이라는 충격으로 불안과 절망과 심리적 불안도 대단하다. 이제 자연환

---

56) 창 3:8.
57) 창 3:12.
58) 창 3:16.
59) 창 3:17-19.
60) 창 3:24.
61) 약 1:15.

경의 오염도 심각하여 생태계도 엄청나게 파괴되어 가고 있다.[62] 생활 폐
수나 산업 폐수로 인하여 식수도 오염되고, 농수산물에는 중금속과 과다한
독성 발암물질이 검출되는 등, 인간의 건강은 날이 갈수록 더욱 심각하다.

4. 질병의 전이 4단계 - 육체적 질병(Somatic Disease)

질병의 전이 4 단계는 육체적인 질병이다. 성경은 영적인 질병(하나님의
형상 파괴)에서 심리적인 질병(두려움의 심리상태)으로 이어서 생활(도피
와 변명)과 인간의 환경(땅의 저주[63]: 생태계 파괴)까지 파괴되고, 자연적
으로 인체의 질병으로까지 전이되어 죽음의 과정을 겪게 되는 것을 암시
하고 있다.[64] 물론 육체적인 질병이 환자의 생활과 심리적, 그리고 신앙적
인 요인에도 문제가 일어나게 된다. 이것은 우리 몸이 서로 상관성을 가지
고 있기 때문이다.

이처럼 신체적 질병의 원인은 주관적이든지 객관적이든지 신체적으로
면역체계의 둔화로 인하여 저항력이 떨어짐으로 해서 신체적 균형과 조화
를 잃게 되는 것이다. 육체적 질병은 선천적 질환(태여날 때부터 보유한 질
병), 감염성 질환(바이러스나 세균에 의한 질병), 순환기계통 질환(심장병과
중풍, 뇌일혈 등 혈관질환), 신경계통 질환(뇌·척수·말초신경의 염증, 혈
행장애·종양·변성, 원인 적으로는 유전성인 것, 감염·외상·중독 등에
서 원인 불명인 것까지 상당히 많은 병이 있다),[65] 외상성 질환(Wound)[66],
내분비선 질환(이에 속하는 것은 갑상선, 부갑상선(상피소체), 흉선(胸腺),
뇌하수체, 송과체(松果體), 부신, 태반, 정소의 간세포(間細胞), 난소의 황체

---

62) 오영근, 『생명운동을 위한 생명공동체의 역할에 관한 연구』, (한국기독교장로
　　회 총회 교육원, 석사학위논문,1995), pp.40~41.

63) 창 3:17.

64) 창 3:19.

65) 김현식, 『동아원색세계대백과사전 18』, *Ibid.*, p.640.

66) 골절이나 타박상, 생체(生體)의 손상. 창상(創傷)이라고도 한다.

및 여포 등이다. 그 밖에 소장·위·침샘·비장 등도 호르몬을 분비한다
),67) 퇴행성 질환(노화현상으로 인한 질병) 등이 있다.

5. 질병의 전이 5단계 - 육체적 죽음(death of personality)

　질병의 전이 마지막 단계로서 육체적 죽음이다.68) 성서는 죽음의 기원을
하나님의 계명을 어긴 인간 아담의 반역적 죄(원죄: Original Sin)의 결과에
서 비롯된 것으로 보았다. 그래서 칼 바르트(Karl Barth)의 견해도 죽음이
세상에 들어오게 된 원인은 아담의 원죄로 인한 것이며, 죄악을 범한 인간
은 죽음이라는 형벌을 받게 된다는 것이다.69) 제날드 코리(Gerald Corey)는
인간의 죽음은 인간의 삶과 동일한 선의 양끝으로 보았다.70) 그렇다, 죽음
은 우리의 실존에서 분리될 수 없는 것이며 삶이라는 한 연속선상에 놓여
있는 것이 사실이다.

　죽음은 남녀노소 빈부귀천의 구별 없이 좋든지 싫든지 우리 모두에게 한
번은 찾아온다.71) 모든 인간은 삶의 종국에 가서는 죽도록 예정되어 있다.
그러기에 사람들은 일반적으로 죽음을 경험할 수 없는 공포의 대상이며,
죽음의 세력 앞에서는 속수무책일 수밖에 없다. 그래서 죽음에 대한 태도
는 증오적이며, 냉소적이며, 배타적이며, 회피적이다. 이로서 사람들은 죽
음에 대하여 누구나 두려움을 가지고 있으며 죽음을 현실 앞에서 정직하
게 받아들이지 않는 편이다.

---

67) 김현식, 『동아원색세계대백과사전 7』, *Ibid.*, p.640.

68) 창 2:17, 3:19.

69) Karl Barth, The Epistle to the Romans, Edwyn C. Hoskyne, (London: Oxford
　　univ.press, 1972), p.64.

70) Gerald Corey, *Theory and practice of Counseling and Psychotherapy*, 오성춘 역, 『상담학
　　개론』, (장로회신학대학출판부, 1987), p.83.

71) 히 9:27.

제3절 치유의 성서적 고찰

하나님은 인간을 하나님의 형상대로 만물의 으뜸으로 창조하셨다.[72] 그리고 참 행복을 주셨다. 그런데 인류의 시조인 아담이 타락함으로서 하나님의 형상도, 행복도, 모든 것이 파괴되고 말았다. 이 파괴된 질병들을 하나님은 어떻게 치유하시고 계시는가! 하나님과 깨어진 영적인 단절과 이로 인한 심리적인 두려움의 질병과 생활의 질병 그리고 신체적인 질병과 궁극적으로 인간의 죽음을 어떻게 치유하시고 계시는가! 치유의 기원은 언제이며 그 과정은 어떻게 전개되고 있는가를 여기서 고찰해보고자 한다.

1. 치유의 1단계 - 영적인 질병에서의 치유

인간 아담은 사단의 꾀임으로 하나님과 같은 존재가 되겠다는 생각으로 범죄했다.[73] 이것이 영적인 질병이며 하나님에 대한 신앙의 질병이며 인간 타락의 본질적 모습임을 앞에서 밝힌 바 있다(제3장 2절 1항). 인간은 그 순간 영원히 죽어야 했다. 그것이 창조주께서 아담에게 일러준 언약이었다.[74]

하나님의 치유의 복음은 여기에 있다. 영원히 죽어야할 인간임에도 불구하고 인간이 죄를 뉘우치고 살려달라고 애원하지 않고, 오히려 도피해 버린 구제불능인 아담을 야훼 하나님께서 먼저 찾아 주신 것이다.[75] 이것은 창조주께서 피조물에게 다가간 것이며 거룩함이 속된 것에게 찾아 주신 것이다. 이것이 복음인 것이다. 그리고 하나님은 죄악된 인간을 치유하시

---

72) 황의영, 『목회상담원리』, (생명의 말씀사, 1976), p.68.
73) 창 3:5-6.
74) 창 2:17.
75) 창 3:9.

기를 계획하셨다.[76] 이 얼마나 놀라운 치유의 복음인가!

신앙의 불신으로 죽음의 절망 속에 있는 아담과 이브에게는 새 희망이요, 위로이며, 감사이며, 축복이었다. 야훼 하나님께서 먼저 아담을 찾아주심으로 아담의 영적, 신앙적 질병에서 치유를 받게 되었으며 그 감사함의 신앙심이 그의 마음속에 영원히 존재하게 되었다. 이것을 증명할 수 있는 것은 아담이 가인을 낳고 감사의 표현을 보면 알 수 있는데, 아담은 "내가 여호와로 말미암아 득남하였다"고 했다. 이처럼 아담의 중심에는 '여호와' 신앙이 자리잡고 있었다.

목회 사역에서의 심방이 바로 하나님께서 인간을 찾아가는 치유 행위에서 근거를 찾을 수 있다. 심방(Episkeptomai)의 뜻은 '방문하다', '돌아보다', '권고하다',의 뜻을 지니고 있는데[77], 사람이 하나님을 찾아가는 것이 아니라 하나님이 사람을 찾으시고, 권고하시고, 죄인 된 인간을 구원하기 위하여 찾아오신다는 넓은 범위의 성서적 뒷받침을 받고 있는 것이다.[78]

2. 치유의 2단계 – 심적인 질병에서의 치유

아담은 두려움과 불안과 공포와 수치감에 도피하고 있었다. 이 도피의 상태는 극도의 심리적인 불안 때문이었다. 그런데 하나님은 그를 찾아 주실 뿐만 아니라, 그가 저지른 현실적인 문제를 두고 대화를 나누신 것이다.[79] 여기서 아담은 자신의 정체성(Identity = Original form)을 찾게 되고 위로를 받게 되고 미래에 대한 창조적인 생활로 나아가게 된 것이다. 도피는 해결책이 못된다. 오히려 문제만 야기될 뿐이다. 아담은 하나님께서 대화해 주심으로 치유될 수 있었다. 그리고 창세기 3:15 같이 확실한 보증을

---

76) 창 3:15.
77) 하해룡, 『목회현장론』, (기독교서회, 1992), p.238.
78) 창 3:9, 4:6, 16:8-9, 21:1, 50:24, 출 3:16, 마 25:36, 눅 10:38.
79) 창 3:11.

받게된 것이다.

인간은 심적 두려움을 스스로 해결하지 못한다. 인류의 조상 아담도 그랬으며, 믿음의 조상 아브라함도 이 두려움을 해결하지 못했다. 그래서 하나님의 확실한 대화의 보증으로 해결되었다.[80] 하나님은 당신의 자녀들이 두려워함을 원치 않으신다.[81] 마음에 평강을 원하신다.[82] 하나님은 평강의 하나님이시다.[83]

그래서 예수는 평강의 왕으로 오셨으며,[84] 평안을 주시려고 오셨다고 말씀하셨다.[85] 그래서 사도 바울은 "그리스도의 평강이 너희 마음을 주장하게 하라 평강을 위하여 너희가 한 몸으로 부르심을 받았나니 또한 너희는 감사하는 자가 되라"고 골로새 교인들에게 교훈한 것이다.[86] 진정 하나님의 나라는 먹는 것과 마시는 것이 아니며 오직 성령 안에서 의와 평강과 희락의 나라인 것이다.[87] 그래서 예수께서 하나님 나라의 도래에 대해서 질문하는 바리새인들에게 "하나님의 나라는 볼 수 있게 임하는 것이 아니요 또 여기 있다 저기 있다고도 못하리니 하나님의 나라는 너희 안에 있느니라" 말씀하셨다.[88]

인간의 심적 질병의 치유는 하나님과의 만남과 인격적 대화로서 가능해진다. 아담과 하와는 자신들의 부끄러움을 가리기 위하여 무화과나무 잎으로 옷을 만들어 입었다. 그러나 심적인 두려움은 가릴 수 없었다. 하나님은 그들에게 인간이 만든 옷을 벗겨내고 분명하게 "아담과 그 아내를 위하여 가죽옷을 지어 입히시니라"[89] 고 하셨다. 이 얼마나 놀라운 하나님의 사랑

---

80) 창 15:1.
81) 욜 2:21, 마 10:31.
82) 민 6:26, 삼상 25:6, 시 116:7.
83) 롬 15:33; 16:20, 고후 13:11, 빌 4:9, 살전 5:23, 히 13:20.
84) 사 9:6, 눅 1:79.
85) 요 14:27.
86) 골 3:15.
87) 롬 14:17.
88) 눅 17:20-21.
89) 창 3:21.

인가! 그들이 배반하고, 도피하고, 변명하고, 책임증가를 했음에도 불구하고 하나님은 타락한 그들을 위하여 가죽옷을 지여 입히신 것이다. 중요한 사실은 이것이 하나님께서 행하시는(The Holy Movement) 거룩한 치유의 복음인 것이다.

3. 치유의 3단계 – 생활의 질병에서의 치유

인류의 시조 아담과 하와는 영적인 질병과 심적인 질병으로 인하여 더 이상 본래의 생활을 영위할 수 없었다. 그들은 도피의 생활을 해야 했고 괴리적인 변명을 했다. 그들의 범죄로 말미암아 그렇게 아름다웠던 모든 환경도 바뀌었다.[90] 그들의 생활 현실은 처참한 탈진의 상태였다. 그러나 하나님은 그들에게 새 삶의 자리로 복귀시켰다. 수고하면 소산을 얻을 수 있는 자리로 복귀시켰던 것이다.[91] 이러한 하나님의 선처는 더할 나위 없는 행복한 새 꿈과 소망을 주신 것이다.

하나님은 그들에게 일용할 양식을 주셨으며[92] 일거리를 주셨다.[93] 그리고 삶의 자리도 주셨다.[94] 이것은 삶의 의미를 부여해 주신 것이다. 하나님과의 관계가 끝난 것도 아니었다.[95] 수고하고 노력하는 것만큼 보상의 대가가 있었다. 다복한 가정을 이루어 주셨다.[96] 행복이 현실로 이루어진 것이다. 그들은 새 생활의 활력을 입게 되었으며 삶에 대한 진정한 가치를 알게된 것이다.

---

90) 창 3:18.
91) 창 3:17.
92) 창 3:18하.
93) 창 3:19.
94) 창 3:23.
95) 창 4:25-26.
96) 창 4:1-2, 25-26.

4. 치유의 4단계 – 육체적 질병에서의 치유

인류를 괴롭히고 있는 각종 질병의 종류는 모두 몇 가지나 되는 것일까. 세계보건기구(WHO)가 밝힌 바에 따르면 1954년 기준으로 7천여 종이 된다고 한다. 그후의 공식통계는 아직 나와있지 않지만 비공식통계로는 현재 세계에 퍼져 있는 질병은 최소한 8천 가지가 넘는 것으로 알려지고 있다.[97]

성경에 나타난 질병의 종류도 다양하다. 간질(마4:24), 개창(신28:27), 고창병(눅14:2), 괴혈병(레21:20;22:22), 문둥병(레13:1-15), 비루먹은 것(레22:22)[98] 상사병(아2:5), 상한(신28:22), 열병(레26:16;신28:22;눅4:38;행28:8), 종기(레22:22;신28:35), 중풍(마4:24;막2:3), 폐병(레26:16;신28:22), 학질(신28:22,27),혈루병(마9:20) 등이 있다.

현대를 가리켜 질병의 온상이라고 한다. 그러나 하나님은 스스로를 "질병을 치료하시는 여호와임이니라"고 소개하셨다.[99] 그리고 예수께서도 만병의 의사로서 수많은 환자들을 치유해 주셨을 뿐 아니라 그렇게 삶을 사셨다는 것을 복음서가 말해주고 있다.[100] 마태복음 4:23~24절을 보면 "예수께서 온 갈릴리에 두루 다니사 저희 회당에서 가르치시며 천국 복음을 전파하시며 백성 중에 모든 병과 모든 약한 것을 고치시니, 그의 소문이 온 수리아에 퍼진지라 사람들이 모든 앓는 자 곧 각색 병과 고통에 걸린 자, 귀신들린 자, 간질하는 자, 중풍병자들을 데려오니 저희를 고치시더라" 했다. 손병호 박사는 이를 곧 「복음의 사명」이라 했다.[101]

---

97) 전남일보, 1995. 7. 29.

98) 일종의 피부병이다.

99) 출 15:26 「가라사대 너희가 너희 하나님 나 여호와의 말을 청종하고 나의 보기에 의를 행하며 내 계명에 귀를 기울이며 내 모든 규례를 지키면 내가 애굽 사람에게 내린 모든 질병의 하나도 너희에게 내리지 아니하리니 나는 너희를 치료하는 여호와임이니라」

100) 눅 7:21.

하나님은 또한 치유의 사역을 당신이 택하신 지도자들(선지자나 제사장)을 통하여 역사를 하셨는데, 최초의 치유의 유래를 보면 아브라함이 아비멜렉과 그 아내와 여종을 치료하여 생산케 하신 것이다.[102] 그리고 모세가 미리암의 문둥병을 치유한 것을 볼 수 있으며,[103] 그 밖의 사건들을 보면, 아론이 백성들의 염병을 고침(민16:48), 모세의 놋뱀 사건(민21:9), 여로보암 왕의 손이 치료됨(왕상13:6), 엘리야가 사르밧 과부의 아들을 살리심(왕상17:22), 엘리사가 수넴 여인의 아들을 살리심(왕하4:35), 엘리사가 사마리아에서 나아만의 문둥병을 고침[104] 등이 있다. 신약의 경우에는 매우 많은데 다음 장에서 살펴보기로 하겠다.

아무튼 사람은 영과 마음과 육체가 서로 상관관계를 가지고 있는 신비로운 유기체로서, 하나님의 자연법칙을 따라 살아야 하는 과학적이고 조직적으로 창조되었기 때문에 전인적인 치유가 불가피한 것이다. 예를 들어 심리적으로 압박(Stress)을 받는 사람은 불안심리가 조성이 된다. 이 사람은 강박신경증이나 불안신경증 증세를 보일 수밖에 없으며 내과적인 병으로 소화기 계통에 질병을 가지게 된다. 이와 같이 정신의 세계에서만 일어나는 현상이 신체적으로도 반응이 일어나는 밀접한 상관성을 가지고 있다는 것을 알 수 있다.

또한 예로서 어느 젊은 여인이 두통이 너무 너무 심해서 이제 진통제를 먹어도 소용이 없다는 것이었다. 병원에 가보니 신경성이라는 진단이 나왔다고 했다. 병원에서는 마음을 편안히 가지면 문제가 없다고 하는데 사실 가정에 신경 쓸 문제는 전혀 없는데 본인이 너무 머리가 아파서 이제 진통제도 3~4배로 늘여서 먹지 않고는 견딜 수 없는 실정이며, 아픈 자신이 미워져서 매사가 짜증스럽고 식구들에게까지 감정을 조절하지 못하고 폭언도 한다고…… 자신의 신경성 질병으로 인하여 기도도 많이 했다며 눈

---

101) 손병호, 『복음신학 원론』, p.98.
102) 창 20:17.
103) 민 12:13.
104) 왕하 5:1-14.

물을 보이며 도움을 요청해 왔다.

필자가 수비(手秘)를 실시한 결과 변비가 몹시 심했으며 약물 과용으로
인한 인체세포들이 부은 상태(Swelling)여서 피부까지 심한 반응을 일으키
고 있었다. 그래서 변비를 풀어주고 창조생기를 극대화하는 수비를 해주었
더니 두통이 순식간에 없어지고 "세상에 처음 맛보는 상쾌함"이라며 돌아
갔다. 이 여인은 3번의 수비요법을 실시했고 변비는 물론 그렇게 고통을
주던 두통도, 체중도, 몸매도, 얼굴에도 윤기가 돌았다.

5. 치유의 5단계 - 육체적 죽음에서의 치유

치유의 마지막 단계로서 육체적 죽음에서의 치유이다. 구약에서는 이미
살펴 본바와 같이 하나님께서 인류의 시조인 아담과 하와를 살리셨다. 구
약 출애굽시대의 사건들은 온통 육체적 죽음에서의 구원(치유)의 사건임을
알 수 있는데, 장자의 죽음에서 구원[105], 홍해의 바다를 가르시고 구원하신
사건[106], 신 광야에서 하늘로부터 메추라기와 만나를 주신 이적[107], 등 하
나님의 이적 사건들은 모두 육체적 죽음에서의 치유를 말하고 있다. 그리
고 엘리야가 사르밧 과부의 아들을 살린 일이나[108], 엘리사가 수넴 여인의
아들을 살린 이적이나[109], 히스기야의 생명을 연장하신 일도[110] 동일한 맥
락에서 볼 수 있다.

구약성서 역시 묵시문학에 이르러서는 죽은 자들의 부활을 믿는 신앙으
로 나타나고 있다.[111] 묵시로서 기록된 에스겔 37장의 에스겔의 환상은 인

---

105) 출 12:27.
106) 출 14:21.
107) 출 16:13-14.
108) 왕상 17:22.
 109) 왕하 4:35.
110) 왕하 20:5.
111) 사 25:8,26:19, 단 12:1-2.

간의 육체적 죽음에서의 치유를 다이내믹(Dynamic)하게 표현한 장이다. 이러한 묘사가 예수 재림시에 있을 바울의 견해와 비슷함을 본다.[112]

예수께서도 죽은 자를 살리신 이적이 세 번 있다. 나인성 과부의 아들을 살리신 것과[113] 가버나움에서 야이로의 딸을 살리신 것과[114] 마지막으로 베다니에서 나사로를 무덤에서 살리신 일이다.[115] 사도 베드로도 욥바에서 죽은 다비다를 살렸으며[116], 사도 바울도 드로아에서 유두고를 살렸다.[117] 하나님께서는 인간의 육체적 치유의 결정적인 표현을 예수 그리스도의 부활에 두었으며[118], 궁극적으로 하나님의 나라에서는 사망도 없으며 아픈 것이 존재하지 않는다는 것을 분명하게 말씀하셨다.[119] 이것이 치유의 복음인 것이다. 사도 바울은 "죄의 삯은 사망이요 하나님의 은사는 그리스도 예수 우리 주안에 있는 영생"[120]이라는 견해를 밝히면서 인간의 육체적 죽음은 끝이 아님을 피력했다.

이와 같이 신약성서는 죽음에 대한 새로운 의미를 부여함으로서 죽음이

---

112) 살전 4:13-17; 형제들아 자는 자들에 관하여는 너희가 알지 못함을 우리가 원치 아니하노니 이는 소망 없는 다른 이와 같이 슬퍼하지 않게 하려 함이라/ 우리가 예수의 죽었다가 다시 사심을 믿을진대 이와 같이 예수 안에서 자는 자들도 하나님이 저와 함께 데리고 오시리라 / 우리가 주의 말씀으로 너희에게 이것을 말하노니 주 강림하실 때까지 우리 살아 남아 있는 자도 자는 자보다 결단코 앞서지 못하리라 / 주께서 호령과 천사장의 소리와 하나님의 나팔로 친히 하늘로 좇아 강림하시리니 그리스도 안에서 죽은 자들이 먼저 일어나고 / 그 후에 우리 살아남은 자도 저희와 함께 구름 속으로 끌어올려 공중에서 주를 영접하게 하시리니 그리하여 우리가 항상 주와 함께 있으리라.

113) 눅 7:15.

114) 마 9:25, 막 5:41, 눅 8:54.

115) 요 11:43.

116) 행 9:42.

117) 행 20:9-10.

118) 요 11:25; 예수께서 가라사대 나는 부활이요 생명이니 나를 믿는 자는 죽어도 살겠고

119) 계 21:4; 모든 눈물을 그 눈에서 씻기시매 다시 사망이 없고 애통하는 것이나 곡하는 것이나 아픈 것이 다시 있지 아니하리니 처음 것들이 다 지나갔음이러라.

120) 롬 6:23.

숙명적인 절망이나 저주가 아니며 삶의 동일선상에 있는 참된 행복의 대상이며, 예수 그리스도를 구주로 믿는 자들에겐 진정한 평화와 영원한 안식과 생명으로 들어가는 하나의 과정임을 분명히 했다.121) 이처럼 죽음에 대한 성서적인 개념은 잠에 비유를 했고122), 하나님 나라에로의 이동임을 말하고 있다.123) "내 말을 잘 지키는 사람은 영원히 죽지 않을 것이다"124) 라는 예수의 말씀을 믿는 이상, 그리스도인은 더 이상 죽음을 두려워할 필요가 없다. 오히려 이 땅에서 나그네의 삶을 청산하기 앞서 하늘의 영원한 집, 곧 지금 여기 육신의 장막에서 전인적인 구원을 덧입기를 바라며 예수 그리스도의 복음으로 외쳐진 하나님 나라에로의 아름다운 희망으로 수놓으며 찬미하며 살아야 할 것이다.

예수께서는 "내가 너희에게 분부한 모든 것을 가르쳐 지키게 하라 볼지어다 내가 세상 끝날까지 너희와 항상 함께 있으리라"125) 고 약속하셨다. 그러므로 믿음의 자녀들은 믿음의 주요 또 온전케 하시는 이인 예수를 바라보며126), "내가 사망의 음침한 골짜기로 다닐지라도 해를 두려워하지 않을 것은 주께서 나와 함께 하심이라 주의 지팡이와 막대기가 나를 안위하시나이다127)"라는 믿음의 용장 다윗의 삶의 신앙고백처럼 예수 그리스도의 복음의 신앙으로 승리의 삶을 살아야 할 것이다. 그러므로 목회 사역자들은 죽음에 대한 새로운 복음적 시각을 가지고 하나님의 자녀들이 죽음 앞에서 비굴하지 않도록 가르쳐 지키게 해야 할 것이다. 이것이 바로 예수 그리스도의 치유의 복음인 것이다.

---

121) 계 3:20.
122) 요 11:11.
123) 요 5:24.
124) 요 8:51.
125) 마 28:20.
126) 히 12:2상.
127) 시 23:4.

제Ⅳ장 예수 그리스도의 치유 사역

예수 그리스도의 치유사역은 이미 하나님의 예언으로 명시된 사역이었
다.1) 예수 그리스도의 공생애의 시작을 자세하게 기록하고 있는 마가복음
1장을 보면, "하나님의 아들 예수 그리스도 복음의 시작이라"고 1절로 밝

---

1) 사 35:1-10;「1) 광야와 메마른 땅이 기뻐하며 사막이 백합화같이 피어 즐거
  워하며, 2) 무성하게 피어 기쁜 노래로 즐거워하며 레바논의 영광과 갈멜과
  사론의 아름다움을 얻을 것이라 그것들이 여호와의 영광 곧 우리 하나님의
  아름다움을 보리로다, 3) 너희는 약한 손을 강하게 하여 주며 떨리는 무릎을
  굳게 하여 주며, 4) 겁내는 자에게 이르기를 너는 굳세게 하라, 두려워 말라,
  보라 너희 하나님이 오사 보수하시며 보복하여 주실 것이라 그가 오사 너희
  를 구하시리라 하라, 5) 그 때에 소경의 눈이 밝을 것이며 귀머거리의 귀가
  열릴 것이며, 6) 그 때에 저는 자는 사슴같이 뛸 것이며 벙어리의 혀는 노래
  하리니 이는 광야에서 물이 솟겠고 사막에서 시내가 흐를 것임이라, 7) 뜨거
  운 사막이 변하여 못이 될 것이며 메마른 땅이 변하여 원천이 될 것이며 시
  랑의 눕던 곳에 풀과 갈대와 부들이 날 것이며, 8) 거기 대로가 있어 그 길
  을 거룩한 길이라 일컫는 바 되리니 깨끗지 못한 자는 지나지 못하겠고 오
  직 구속함을 입은 자들을 위하 있게 된 것이라 우매한 행인은 그 길을 범치
  못할 것이며, 9) 거기는 사자가 없고 사나운 짐승이 그리로 올라가지 아니하
  므로 그것을 만나지 못하겠고 오직 구속함을 얻은 자만 그리로 행할 것이며,
  10) 여호와의 속량함을 얻은 자들이 돌아오되 노래하며 시온에 이르러 그 머
  리 위에 영영한 희락을 띠고 기쁨과 즐거움을 얻으리니 슬픔과 탄식이 달아
  나리로다」

히면서 선지자 이사야의 예언을 배경으로 하여2) 세례요한의 등장과 예수의 메시야성(性)을 밝힌다.3) 그리고 "가라사대 때가 찼고 하나님 나라가 가까왔으니 회개하고 복음을 믿으라"는 지상에서의 예수의 위대한 첫 메시지로 예수의 복음의 세계를 개관(槪觀)한다.4) 이어서 갈릴리를 지나가시다가 시몬 베드로와 안드레와 야고보와 요한을 제자로 부르시고5), 안식일날 가버나움 회당에 들어가셔서 말씀을 가르치셨는데 거기에는 더러운 귀신들린 사람이 있었으며 예수께서는 그를 치유하셨다.6) 연이어 베드로의 장모의 열병을 치유하시고7), 각색 병든 많은 사람과 많은 귀신을 쫓아내시고8), 또 갈릴리 여러 회당에서 귀신을 쫓아내시고9), 한 문둥병자를 치유해 주셨다.10) 그리고 예수께서는 분명하게 "내가 이를 위하여 왔노라"11) 고 말씀하신 것과 같이 예수께서는 마귀의 일을 멸하려 오신 것이다.12)

행동(Action)은 말(Speech)보다 강한 것이며 인격의 실체(失體)이며 삶의 근본(根本)인 것이다. 예수의 치유의 복음활동은 공생애 시작에서부터 십자가를 지고서도 계속되었는데, 누가복음 23장에 보면 십자가 위에서 자신의 죄악 된 삶을 뉘우치는 강도에게 낙원을 허락하신 것이다.13) 부활하신

---

2) 사 40:3.

3) 막 1:11.

4) 막 1:15.

5) 막 1:16-20.

6) 막 1:26.

7) 막 1:31.

8) 막 1:34.

9) 막 1:39.

10) 막 1:41.

11) 막 1:38.

12) 요일 3:8.

13) 눅 23:39-43; 「39)달린 행악자 중 하나는 비방하여 가로되 네가 그리스도가 아니냐 너와 우리를 구원하라 하되, 40) 하나는 그 사람을 꾸짖어 가로되 네가 동일한 정죄를 받고서도 하나님을 두려워 아니하느냐, 41) 우리는 우리의 행한 일에 상당한 보응을 받는 것이니 이에 당연하거니와 이 사람의 행한 것은 옳지 않은 것이 없느니라 하고, 42) 가로되 예수여 당신의 나라에 임하실 때에 나를 생각하소서 하니, 43) 예수께서 이르시되 내가 진실로 네게 이

후에도 그의 치유사역은 여전하셨다. 불안과 두려움에 떨고 있던 자들을 찾아 주시며 확신을 주셨다.[14]

이처럼 예수의 복음치유는 예수의 삶이었고, 처음과 나중이었으며, 하나님의 일인 동시에 구속사적인 복음목회였다.[15] 그리고 예수의 치유사역은 영적, 심적, 육체적, 생활 환경까지 어디까지나 전인적인 치유사역이었다. 예수께서는 최후의 심판을 양과 염소를 구분하듯 하신다는 비유에서도 치유사역의 중요성을 말씀하셨는데,[16] 그만큼 목회 사역자들이 무엇을 해야 하는지를 구체적으로 표현한 것이다.

예수의 치유사역의 범위는 인종과 국적과 성별(性別)과 신분을 초월하셨다. 그리고 예수의 치유방법에 있어서 순서를 보면 일반적으로 만남(Meeting)과 대화(Conversation)와 그들에게 손을 대시는 것과[17] 치유의 선언[18]으로 행해졌다. 무엇보다도 치유를 원하는 자(본인이든 제삼자이든지 간에)들은 믿음이 전제되어야 했다.[19] 그러기 때문에 예수께서는 자기 고향인 나사렛에서는 많은 능력을 행치 않았다.[20] 예수의 복음치유의 목적은 구속사적인 하나님 나라의 실현임을 명확하게 복음서들이 제시하고 있다.[21]

> 나라이 임하옵시며 뜻이 하늘에서 이룬 것같이 땅에서도 이루어지이다(마 6:10).

르노니 오늘 네가 나와 함께 낙원에 있으리라 하시니라」

14) 막 16:9, 막 16:11-13, 눅 24:34, 요 20:28.

15) 요 6:28-40, 롬 15:17-18, 히 2:14-17.

16) 마 25:35-36; 「35) 내가 주릴 때에 너희가 먹을 것을 주었고 목마를 때에 마시게 하였고 나그네 되었을 때에 영접하였고, 36) 벗었을 때에 옷을 입혔고 병들었을 때에 돌아보았고 옥에 갇혔을 때에 와서 보았느니라」

17) 마 8:3, 15, 14:36, 17:7, 막 5:41, 7:33, 9:27, 눅 4:10, 8:54.

18) 막 5:34, 41, 요 5:8 등등.

19) 마 9:22, 15:28, 21:21, 막 5:34, 10:52, 눅 7:50, 8:48, 17:19, 18:42.

20) 마 13:57-58; 「예수를 배척한지라 예수께서 저희에게 말씀하시되 선지자가 자기 고향과 자기 집 외에서는 존경을 받지 않음이 없느니라 하시고, 저희의 믿지 않음을 인하여 거기서 많은 능력을 행치 아니하시니라」

21) 마 6:10, 12:28, 눅 4:43, 9:11, 10:9, 11:20, 12:32, 17:21.

그러나 내가 하나님의 성령을 힘입어 귀신을 쫓아내는 것이면 하나님
의 나라가 이미 너희에게 임하였느니라(마 12:28).

예수께서 이르시되 내가 다른 동네에서도 하나님의 나라 복음을 전하
여야 하리니 나는 이 일로 보내심을 입었노라 하시고(눅 4:43).

무리가 알고 따라왔거늘 예수께서 저희를 영접하사 하나님 나라의 일
을 이야기하시며 병 고칠 자들은 고치시더라(눅 9:11).

거기 있는 병자들을 고치고 또 말하기를 하나님의 나라가 너희에게 가
까이 왔다 하라(눅 10:9).

그러나 내가 만일 하나님의 손을 힘입어 귀신을 쫓아내는 것이면 하나
님의 나라가 이미 너희에게 임하였느니라(눅 11:20).

적은 무리여 무서워 말라 너희 아버지께서 그 나라를 너희에게 주시기
를 기뻐하시느니라(눅 12:32).

또 여기 있다 저기 있다고도 못하리니 하나님의 나라는 너희 안에 있
느니라(눅 17:21).

이러한 예수 그리스도의 구속사적인 복음치유는 전적으로 하나님의 은
혜로서 행해지는 것이다.22) 은혜(恩惠)란 일반적으로 하나님이 인간에게
베푸는 사랑이나 혹은 자연이나 남에게 받은 고마운 혜택을 말한다.

은혜(Grace)란 단어는 헬라어의 "카리토"(Χαριτόω)와 "카리스"(Χάρις)가
있는데, 'Χαριτόω'는 은총을 베풀다, 크게 호의를 가지다, 축복하다, 라는
뜻이 있고, 'Χάρις'는 호의, 친절, 감사, 윗사람이 아랫사람에게 나타내는
특별한 은혜, 은총, 긍휼, 은혜스러운 행위, 선물, 등의 뜻을 지니고 있다.23)
그러나 신약에 말하는 이 단어의 의미는 특별한 뜻을 지니고 있는데, 즉
"공짜로 주어진, 과분한, 공 없이 얻은, 일해서 얻을 수 없는, 그리고 갚을
수 없는 호의"란 뜻이다.24)

---

22) David A. Seamands, Healing for Damaged Emotions, 송헌복 역, 『상한 감정의 치
유』, (도서출판 두란노, 1986), p.108.
23) 김성혜, Ibid., p.255.
24) David A. Seamands, Ibid.

제1절 복음서에 나타난 예수 그리스도의 치유사역

복음서에 나타난 예수 그리스도의 치유사역은 이미 밝힌 바와 같이 전인적(全人的)인 치유였다는 것을 전제로 하고 접근해야 한다. 전인적이라는 것은 인간을 영혼과 정신과 육체, 그리고 사회생활 현장까지를 통합하여 총체적으로 말하는 것이다. 이러한 관점에서 복음서에 나타난 예수 그리스도의 치유사역을 질병의 종류대로 분류하여 살펴보고자 한다. 복음서에는 마귀 들린 질병으로 인하여 신체적인 장애까지 앓고 있다가 예수의 치유를 받은 사례가 8군데 나온다. 구체적으로 열거하면 다음과 같다.

번 호	구 분	사건이 기록된 성경	장 소
1	회당의 귀신들린 자	막1:23-28, 눅4:31-36	가버나움 회당
2	더러운 귀신들린 자	마8:28-34, 막5:1-20, 눅8:26-39	거라사 지방
3	벙어리 된 자	마9:32-33	가버나움
4	눈멀고 벙어리 된 자	마12:22, 눅11:14	가버나움
5	수로보니게 여인의 딸	마15:21-28, 막7:24-30	두로
6	간질에 걸린 소년	마17:14-20, 막:9:14-29, 눅9:38-42	헬 몬 산
7	18년동안 척추장애 여인	눅13:10-17	베레아
8	막달라 마리아	막16:9, 눅8:1-3	

표 1

1. 마귀 들린 병

마귀(魔鬼)의 뜻은 요사스러운 귀신의 통칭이다. 히브리어 단어에는 "사탄"(שָׂטָן)과 "쉐드"(שֵׁד)라는 두 단어가 있는데, '사탄'은 대적, 원수, 적군, 사탄, 마귀의 뜻이 있으며, '쉐드'는 우상, 악마, 마귀라는 뜻이 있다. 헬라어에는 "디아볼로스"(διάβολος)와 "다이모니온"(δαιμόνιον)이라는 단어가 있는데 '디아볼로스'는 중상자, 비방자, 악의를 가지고 참소 하는 자, 고발자 라는 뜻이 있고, '다이모니온'은 신적 능력, 신성, 영, 귀신마귀의 부하, 라는 뜻을 가지고 있다.[25] 영어로는 Devil인데 악마, 악귀, 마귀, 사탄, 마왕 이라는 뜻으로 사용된다.

예수께서는 이 귀신에 대해서 처음부터 살인한 자요 진리가 그 속에 없으므로 거짓말쟁이요 거짓의 아비며[26], 원수라고 하셨다.[27] 또 사도 바울은 공중의 권세 잡은 자[28], 어두움의 세상 주관자로 표현하기도 했다.[29] 히브리서 기자는 사망의 세력을 잡은 자 라고 했다.[30]

마귀는 원래 타락하기 전에는 완전한 하나님의 피조물로서 천사들의 우두머리였다.[31] 그러나 교만함으로 하나님께 대적함으로서 하늘에서 내여쫓김을 당했다.[32] 마귀의 특성은 매우 교활하고[33], 비겁하며[34], 천사로 가장하지만 사납고 악하며[35], 권모술수에 능하다.[36]

마귀가 하는 일은 진리를 의심케 하여 하나님의 영광을 가리게 하고 인간을 범죄케 하며[37], 사람의 마음을 격동시키고 미혹하여,[38] 올무에 빠뜨린다.[39] 그리고 믿는 이로 하여금 믿음이 떨어지도록 하며,[40] 훼방하게 하

---

25) 김성혜, *Ibid.*, p.116.
26) 요 8:44.
27) 마 13:39.
28) 엡 2:2.
29) 엡 6:12.
30) 히 2:14.
31) 사 14:12, 겔 28:14-19.
32) 벧후 2:4, 사 14:12-20, 유 1:6, 겔 28:17, 계 12:7-9.
33) 창 3:1, 고후 11:3.
34) 약 4:7.
35) 고후 11:14, 눅 8:29, 요일 2:13.
36) 엡 6:11.
37) 창 3:1, 딤전 2:4.
38) 대상 21:1, 계 20:7,8, 고후 4:4, 고후 11:3.
39) 딤전 3:7.
40) 눅 22:31,32 딤전 4:1.

며,41) 번뇌케 한다.42) 결국 마귀는 사람을 죽도록 괴롭히고,43) 멸망으로 인도한다.44)

그러나 마귀가 제아무리 권모술수가 능하고 강할지라도 그리스도에게는 백전백패할 수밖에 없다. 그 이유는 주님께 있어서는 마귀는 대결상대나 투쟁의 상대가 될 수 없는 창조주이시기 때문에 당연히 승리는 주님의 것임은 기정사실임을 알아야한다.45) 예수 그리스도의 승리는 이미 예언된 승리이다.46) 예수께서 마귀의 최고의 무기인 흑암의 권세도 정복하여 부활로 끝내 버렸다.47) 그리고 믿는 자에게 이 승리의 권능을 주셨다.48) 승부는 이미 결정이 난 것이다.49) 마귀의 종국은 음부의 유황의 못이다.50) 그런데 이 마귀는 사생결단으로 사람을 괴롭히며 질병을 준다. 이 귀신들린 병은 영적인 질병으로서 하나님과의 관계를 완전히 파괴시킬 뿐 아니라 사단의 속박에서 지배와 조정을 받고 있어서 자신의 의지로서 생활을 영위하기란 불가능하다. 그리고 사람을 불구자로도 만들고51), 미치게도 한다.52) 이렇게 전인적으로 고통을 주어서 주위 사람까지 공동생활을 하는 데 막대한 지장을 주는 현대의학으로서는 고칠 수 없는 불치병이다.

1) 회당의 귀신들린 자 (막1:21-28, 눅4:31-36)

[21] 저희가 가버나움에 들어가니라 예수께서 곧 안식일에 회당에 들어

---

41) 살전 2:18, 계 2:9.
42) 삼상 16:14.
43) 욥 2:7.
44) 마 25:41.
45) 마 4:1-11.
46) 창 3:15.
47) 눅 20: 36, 24:39, 요 20:19, 롬 8:11.
48) 눅 10:17-20.
49) 계 20:7-10.
50) 마 8:32, 25:41, 벧후 2:4, 유 1:6, 계 20:10.
51) 마 9:32-33, 9:25, 12:22, 17:15-18.
52) 요 10:20.

가 가르치시매, 22) 뭇 사람이 그의 교훈에 놀라니 이는 그 가르치시는 것
이 권세 있는 자와 같고 서기관들과 같지 아니함일러라, 23) 마침 저희 회
당에 더러운 귀신들린 사람이 있어 소리질러 가로되, 24) 나사렛 예수여
우리가 당신과 무슨 상관이 있나이까 우리를 멸하러 왔나이까 나는 당신
이 누구인 줄 아노니 하나님의 거룩한 자니이다, 25) 예수께서 꾸짖어 가
라사대 잠잠하고 그 사람에게서 나오라 하시니, 26) 더러운 귀신이 그 사
람으로 경련을 일으키게 하고 큰 소리를 지르며 나오는지라, 27) 다 놀라
서로 물어 가로되 이는 어찜이뇨 권세 있는 새 교훈이로다 더러운 귀신들
을 명한즉 순종하는도다 하더라, 28) 예수의 소문이 곧 온 갈릴리 사방에
퍼지더라)(막 1:21-28).

위 본문은 예수께서 안식일에 가버나움 회당에서 말씀을 가르치실 때 마
침 회당에 더러운 귀신들린 사람이 있었는데, "나사렛 예수여 우리가 당신
과 무슨 상관이 있나이까 우리를 멸하러 왔나이까 나는 당신이 누구인 줄
아노니 하나님의 거룩한 자니이다"라고 소리질렀다. 그때 예수께서 "잠잠
하고 그 사람에게서 나오라"고 꾸짖어셨다. 그러자 더러운 귀신이 그 사람
을 경련을 일으키게 하고 큰 소리를 지르며 나왔다. 이 일로 회당 안에 있
던 사람들이 다 놀랐다. 그리고 서로 이야기하기를 "이것 참 신기한 일이
아닌가! 정말 권세 있는 새 교훈이다. 더러운 귀신들을 명한즉 순종하는도
다"라고 하였다.

현대의학이나 사람의 힘으로는 불가능한 이 예수의 축사(逐邪)치유로 말
미암아 더러운 귀신은 떠나가고 환자는 정상적인 사람이 되었다. 이로 인
하여 예수의 소문이 곧 온 갈릴리 사방에 퍼지게 되었다.

2) 거라사 지방의 귀신들린 자 (마8:28-34, 막5:1-20, 눅8:26-39)

[1] 예수께서 바다 건너편 거라사인의 지방에 이르러, 2) 배에서 나오시
매 곧 더러운 귀신들린 사람이 무덤 사이에서 나와 예수를 만나다, 3) 그
사람은 무덤 사이에 거처하는데 이제는 아무나 쇠사슬로도 맬 수 없게 되
었으니, 4) 이는 여러 번 고랑과 쇠사슬에 매였어도 쇠사슬을 끊고 고랑을
깨뜨렸음이러라 그리하여 아무도 저를 제어할 힘이 없는지라, 5) 밤낮 무

덤 사이에서나 산에서나 늘 소리지르며 돌로 제 몸을 상하고 있었더라, 6) 그가 멀리서 예수를 보고 달려와 절하며, 7) 큰 소리로 부르짖어 가로되 지극히 높으신 하나님의 아들 예수여 나와 당신과 무슨 상관이 있나이까 원컨대 하나님 앞에 맹세하고 나를 괴롭게 마옵소서 하니, 8) 이는 예수께서 이미 저에게 이르시기를 더러운 귀신아 그 사람에게서 나오라 하셨음이라, 9) 이에 물으시되 네 이름이 무엇이냐 가로되 내 이름은 군대니 우리가 많음이니이다 하고, 10) 자기를 이 지방에서 내어 보내지 마시기를 간절히 구하더니, 11) 마침 거기 돼지의 큰 떼가 산 곁에서 먹고 있는지라, 12) 이에 간구하여 가로되 우리를 돼지에게로 보내어 들어가게 하소서 하니, 13) 허락하신대 더러운 귀신들이 나와서 돼지에게로 들어가니 거의 이천 마리 되는 떼가 바다를 향하여 비탈로 내리달아 바다에서 몰사하거늘, 14) 치던 자들이 도망하여 읍내와 촌에 고하니 사람들이 그 어떻게 된 것을 보러 와서, 15) 예수께 이르러 그 귀신들렸던 자 곧 군대 지폈던 자가 옷을 입고 정신이 온전하여 앉은 것을 보고 두려워하더라, 16) 이에 귀신들렸던 자의 당한 것과 돼지의 일을 본 자들이 저희에게 고하매, 17) 저희가 예수께 그 지경에서 떠나시기를 간구하더라, 18) 예수께서 배에 오르실 때에 귀신들렸던 사람이 함께 있기를 간구하였으나, 19) 허락지 아니하시고 저에게 이르시되 집으로 돌아가 주께서 네게 어떻게 큰 일을 행하사 너를 불쌍히 여기신 것을 네 친속에게 고하라 하신대, 20) 그가 가서 예수께서 자기에게 어떻게 큰 일 행하신 것을 데가볼리에 전파하니 모든 사람이 기이히 여기더라(막 5:1-20).

위 본문은 예수께서 유대인들이 종교적으로 이방이라고 칭하는 거라사인의 지방을 방문했을 때 일이다. 예수께서 배에서 내리자 더러운 귀신들린 사람이 무덤 사이에서 나왔다. 그 사람은 무덤 사이에 살았으며 밤낮 무덤 사이에서나 산에서나 늘 소리지르며 돌로 제 몸을 상하게 하고 사납고 괴력을 지니고 있었다.

그는 예수를 보고 달려와 절하며 큰 소리로 "지극히 높으신 하나님의 아들 예수여 나와 당신과 무슨 상관이 있나이까 원컨대 하나님 앞에 맹세하고 나를 괴롭게 마옵소서"라고 했다. 예수께서는 "더러운 귀신아 그 사람에게서 나오라" 말씀하셨다. 그리고 "네 이름이 무엇이냐"고 물으셨다. 귀신은 "내 이름은 군대니 우리가 많음이니이다"라고 대답했다. 그리고 자기를 이 지방에서 내어 보내지 말기를 간절히 구했다.

마침 거기 돼지의 큰 떼가 산 곁에서 먹고 있었다. 군대귀신은 "우리들을 돼지에게로 보내어 들어가게 하소서"했다. 예수께서는 허락하셨다. 더러운 군대귀신들은 나와서 돼지에게로 들어갔다. 거의 이천 마리 되는 떼가 바다를 향하여 비탈로 뛰어내려 바다에서 몰살했다. 돼지 치던 자들이 놀라 도망하여 이 이야기를 읍내와 촌에 말했다. 많은 사람들이 그 어떻게 된 것을 보러왔다. 사람들은 군대 지폈던 자가 옷을 입고 정신이 온전하여 앉은 것을 보고 두려워하였다. 그들은 예수께서 떠나시기를 간구했다.

예수께서 배에 오르실 때에 귀신들렸던 사람이 예수께 함께 있기를 간구했지만 예수께서는 그에게 "집으로 돌아가서 주께서 네게 어떻게 큰 일을 행하사 너를 불쌍히 여기신 것을 네 친척들에게 고하라"고 당부하셨다. 그가 가서 예수께서 자기에게 어떻게 큰 일 행하신 것을 데가볼리에 전파했으며 모든 사람이 이 일을 기이히 여겼다. 이처럼 예수께서는 군대 귀신들린 자를 온전하게 회복시켜서 꿈에도 그리던 가정으로 복귀시켰다.

여기서 주의해서 살펴볼 수 있는 것은 어떻게 주님께서 거라사의 광인을 말씀으로 쉽게 귀신을 쫓아내시지 않으시고 그 많은 돼지 떼들을 몰살하게 했는가 이다. 미루어 보건대 유대인들은 돼지를 부정한 동물로 취급했다.[53] 그러기 때문에 유대인의 가정에서는 돼지를 키우지도 않았을 뿐 아니라 당연히 재산으로도 취급하지 않았다. 더욱이 주님께서는 인간의 생명을 천하보다 귀하게 여기시는 분으로서 돼지가 수억만 마리라도 인간의 생명을 대신할 수 없음을 보여주신 사례라고도 볼 수 있겠다.

3) 벙어리 된 자 (마9:32-33)

[32]저희가 나갈 때에 귀신들려 벙어리 된 자를 예수께 데려오니,33) 귀신이 쫓겨나고 벙어리가 말하거늘 무리가 기이히 여겨 가로되 이스라엘

---

53) 신 14:8 '돼지는 굽은 갈라졌으나 새김질을 못하므로 너희에게 부정하니 너희는 이런 것의 고기를 먹지 말 것이며 그 사체도 만지지 말 것이니라'

가운데서 이런 일을 본 때가 없다 하되]

위 본문은 귀신들려 벙어리 된 질병을 치유하신 일이다. 귀신은 예수께 오자 쫓겨나고 언어장애가 회복되었다. 많은 사람들이 이러한 예수의 치유에 신기하게 여겼다.

4) 눈멀고 벙어리 된 자 (마12:22, 눅11:14)

[그 때에 귀신들려 눈멀고 벙어리 된 자를 데리고 왔거늘 예수께서 고쳐 주시매 그 벙어리가 말하며 보게 된지라](마태 12:22)

[예수께서 한 벙어리 귀신을 쫓아내시니 귀신이 나가매 벙어리가 말하는지라 무리들이 기이히 여겼으나](누가 11:14)

예수께서 가버나움을 방문했을 때였다. 그 때에 귀신들려 눈이 멀고 벙어리 된 자를 데리고 왔다. 예수께서는 귀신을 쫓아내시고 그를 고쳐 주셨다. 그는 볼 수 있었고 말할 수 있었다. 이 얼마나 감격된 순간이었을까! 하나님의 놀라운 사랑에 얼마나 기뻐했을까! 그는 하나님의 구원의 은혜를 맛보며 행복했으리라.

5) 수로보니게 여인의 딸 (마15:21-28, 막7:24-30)

[24) 예수께서 일어나사 거기를 떠나 두로 지경으로 가서 한 집에 들어가 아무도 모르게 하시려 하나 숨길 수 없더라, 25)이에 더러운 귀신들린 어린 딸을 둔 한 여자가 예수의 소문을 듣고 곧 와서 그 발아래 엎드리니, 26)그 여자는 헬라인이요 수로보니게 족속이라 자기 딸에게서 귀신 쫓아 주시기를 간구하거늘, 27)예수께서 이르시되 자녀로 먼저 배불리 먹게 할지니 자녀의 떡을 취하여 개들에게 던짐이 마땅치 아니하니라, 28)여자가 대답하여 가로되 주여 옳소이다마는 상 아래 개들도 아이들의 먹던 부스러기를 먹나이다, 29)예수께서 가라사대 이 말을 하였으니 돌아가라 귀신이 네 딸에게서 나갔느니라 하시매, 30)여자가 집에 돌아가 본즉 아이가 침상에 누웠고 귀신이 나갔더라](마가 7:24-30)

예수께서 두로 지방에 가셨다. 한 집에 들어가셨다. 예수께서 오셨다는 소문을 들은 사람들이 왔다. 그 중에 더러운 귀신들린 어린 딸을 둔 헬라인이요 수로보니게 족속인 여자가 있었는데 그녀는 예수의 발아래 엎드려 자기 딸에게서 귀신 쫓아 주시기를 간구했다. 예수께서는 "자녀로 먼저 배불리 먹게 할지니 자녀의 떡을 취하여 개들에게 던짐이 마땅치 아니하니라"고 말씀하셨다. 그러자 여자는 "주여 옳소이다마는 상 아래 개들도 아이들의 먹던 부스러기를 먹나이다"라고 은혜의 자리에서 물러나지 않았다. 예수께서 "이 말을 하였으니 돌아가라 귀신이 네 딸에게서 나갔느니라"하셨다. 그 여자가 집에 돌아가 보니 아이가 침상에 누웠고 귀신이 나갔더라.

귀신들린 딸을 둔 어머니의 심정은 어떠할까! 본문에서는 귀신들린 딸로 인한 어머니의 한 맺힌 심적 고통을 볼 수 있다. 귀신은 이처럼 사람을 파괴하고 가정을 파괴하고 인간 삶의 자체를 파괴하는 원흉인 것이다. 주님은 바로 이것을 치유해 주신 것이다.

6) 간질에 걸린 소년 (마17:14-20, 막:9:14-29, 눅9:38-42)

[14] 저희가 이에 제자들에게 와서 보니 큰 무리가 둘렀고 서기관들이 더불어 변론하더니, 15) 온 무리가 곧 예수를 보고 심히 놀라며 달려와 문안하거늘, 16) 예수께서 물으시되 너희가 무엇을 저희와 변론하느냐, 17) 무리 중에 하나가 대답하되 선생님 벙어리 귀신들린 내 아들을 선생님께 데려왔나이다, 18) 귀신이 어디서든지 저를 잡으면 거꾸러져 거품을 흘리며 이를 갈며 그리고 파리하여 가는지라 내가 선생의 제자들에게 내어쫓아 달라 하였으나 저희가 능히 하지 못하더이다, 19) 대답하여 가라사대 믿음이 없는 세대여 내가 얼마나 너희와 함께 있으며 얼마나 너희를 참으리요 그를 내게로 데려 오라 하시매, 20) 이에 데리고 오니 귀신이 예수를 보고 곧 그 아이로 심히 경련을 일으키게 하는지라 저가 땅에 엎드러져 굴며 거품을 흘리더라, 21) 예수께서 그 아비에게 물으시되 언제부터 이렇게 되었느냐 하시니 가로되 어릴 때부터니이다, 22) 귀신이 저를 죽이려고 불과 물에 자주 던졌나이다 그러나 무엇을 하실 수 있거든 우리를 불쌍히 여기사 도와주옵소서, 23) 예수께서 이르시되 할 수 있거든이 무슨 말이냐

믿는 자에게는 능치 못할 일이 없느니라 하시니, 24) 곧 그 아이의 아비가 소리를 질러 가로되 내가 믿나이다 나의 믿음 없는 것을 도와 주소서 하더라, 25) 예수께서 무리의 달려 모이는 것을 보시고 그 더러운 귀신을 꾸짖어 가라사대 벙어리 되고 귀먹은 귀신아 내가 네게 명하노니 그 아이에게서 나오고 다시 들어가지 말라 하시매, 26) 귀신이 소리지르며 아이로 심히 경련을 일으키게 하고 나가니 그 아이가 죽은 것같이 되어 많은 사람이 말하기를 죽었다 하나, 27) 예수께서 그 손을 잡아 일으키시니 이에 일어서니라, 28) 집에 들어가시매 제자들이 종용히 묻자오되 우리는 어찌하여 능히 그 귀신을 쫓아내지 못하였나이까, 29) 이르시되 기도 외에 다른 것으로는 이런 유가 나갈 수 없느니라 하시니라 (막 9:14-29)

본문은 예수께서 어릴 때부터 귀신들려 간질병과 언어장애와 청각장애까지 앓던 어린아이를 치유해 주신 사건이다. 이 더러운 귀신들린 아이를 그의 아버지가 데리고 왔다. 아들의 질병으로 절규하는 아버지의 모습은 고통 그 자체였다. 예수께서는 그 어린아이의 아버지에게 믿음을 요구하셨고 그를 고쳐 주셨다. 그들은 과거에 느끼지 못한 신비로운 하나님의 구원의 역사를 체험하게 되었고 가정의 아픔이 떠나게 되었다.

7) 18년 동안 척추장애 여인 (눅13:10-17)

[10) 안식일에 한 회당에서 가르치실 때에, 11) 십팔년 동안을 귀신들려 앓으며 꼬부라져 조금도 펴지 못하는 한 여자가 있더라, 12) 예수께서 보시고 불러 이르시되 여자여 네가 네 병에서 놓였다 하시고, 13) 안수하시매 여자가 곧 펴고 하나님께 영광을 돌리는지라, 14) 회당장이 예수께서 안식일에 병 고치시는 것을 분내어 무리에게 이르되 일할 날이 엿새가 있으니 그 동안에 와서 고침을 받을 것이요 안식일에는 말 것이니라 하거늘, 15) 주께서 대답하여 가라사대 외식하는 자들아 너희가 각각 안식일에 자기의 소나 나귀나 마구에서 풀어내어 이끌고 가서 물을 먹이지 아니하느냐, 16) 그러면 십팔년 동안 사단에게 매인 바 된 이 아브라함의 딸을 안식일에 이 매임에서 푸는 것이 합당치 아니하냐, 17) 예수께서 이 말씀을 하시매 모든 반대하는 자들은 부끄러워하고 온 무리는 그 하시는 모든 영광스러운 일을 기뻐하니라]

위 본문은 베뢰아에서 안식일에 예수께서 행하신 18년 동안 귀신들려 등이 꼬부라진 척추장애 환자를 안수하심으로 치유하신 사건이다. 이 여자는 18년 동안의 암흑의 질곡에서 벗어났고 하나님께 영광을 돌리게 되었다. 본문에서 회당장의 안식일에 대한 잘못된 편견을 볼 수 있는데, 예수께서는 이 또한 바로 잡아주셨다.

8) 막달라 마리아 (막16:9, 눅8:1-3)

[1) 이 후에 예수께서 각 성과 촌에 두루 다니시며 하나님의 나라를 반포하시며 그 복음을 전하실새 열두 제자가 함께 하였고, 2) 또한 악귀를 쫓아내심과 병 고침을 받은 어떤 여자들 곧 일곱 귀신이 나간 자 막달라인이라 하는 마리아와, 3) 또 헤롯의 청지기 구사의 아내 요안나와 또 수산나와 다른 여러 여자가 함께 하여 자기들의 소유로 저희를 섬기더라]
(눅 8:1-3)

막달라 마리아의 치유 사건은 언제, 어디서 고침을 받았는지는 알 수 없다. 다만 그녀가 더러운 일곱 귀신에게 잡힌바 되어 창녀로 살다가 주님 예수로부터 치유를 받은 후 비록 가진 것은 없으나 온 몸으로 평생을 주님의 복음선교를 위하여 살고자 노력했다. 그녀는 주님의 제자들이 떠난 예수의 무덤을 찾았고[54] 부활의 주님을 먼저 본 장본인이 되었다.[55]

이상과 같이 귀신들려 장애를 입고 있다가 예수의 치유로 고침을 받은 사건들을 살펴보았다. 여기서도 주목해 볼 수 있는 것은 귀신들은 예수를 '하나님의 아들(메시아)'인 것을 알고 있었다는 점이다. 예수께서는 전인적으로 고통을 받고 있는 그들을 마귀들의 속박으로부터 해방시켜서 온전케 했으며 하나님의 자녀로서의 확신과 그들의 가정에 희열에 넘치는 행복과 기쁨을 주셨다.

---

54) 마 27:61.
55) 막 16:9.

2. 나병환자(Leprosy; Hansen's Disease)

문둥병은 부정한 병으로 간주되었으며,[56]불치의 병으로 간주되었다.[57] 그리고 때로는 하나님의 징벌의 결과로 나타나기도 했으며[58], 이 병에 걸리면 공동체로부터 추방되어야 했고,[59] 그러기 때문에 문둥병의 증세를 신중히 다루기 위해서 레위기 13장에서 14장까지 상세하게 기록하고 있다. 이 병에 걸리면 제사장 될 수 없음은 물론 정결하기 전에는 성물을 먹지 못했다.[60] 그리고 제사에도 참석할 수 없었다.[61] 매장도 격리해서 따로 매장해야 했다.[62]

문둥병에 대한 정결에 대한 규례도 제사장이 진 밖에서 정결 여부를 진찰하였으며,[63] 정결하게 되었으면 정결 의식을 행해야 하며 속건제와 속죄제를 드렸다.[64] 예수께서 갈릴리에서 한 문둥 병자를 고치시고 그에게 제사장에게 보이고 예물을 드려 증거를 삼으라고 하셨다.[65] 이 병은 하나님만 고칠 수 있는 병이었기에 모세도 미리암이 문둥병에 걸렸을 때 하나님께 기도함으로 고침을 받았다.[66]

다음은 복음서에 나타난 예수 그리스도께서 문둥병을 치유하신 사건인데 복음서에는 2군데 있다.

---

56) 레 13:44-45.
57) 왕하 5:7.
58) 민 12:1-10, 삼하 3:29.
59) 민 5:1-3, 왕하 15:5.
60) 레 22:2-4.
61) 대하 26:21.
62) 대하 26:23.
63) 레 14:2-3.
64) 레 14:4-21.
65) 마 8:4.
66) 민 12:13.

번 호	구 분	사건이 기록된 성경	장 소
1	한 문둥병자	마8:2-4, 막1:4-5, 눅5:12-16	갈릴리
2	열 명의 문둥병자	눅17:11-19	사마리아

표 2

1) 한 문둥병자 (눅 5:12-16)

[12]예수께서 한 동네에 계실 때에 온 몸에 문둥병 들린 사람이 있어 예수를 보고 엎드려 구하여 가로되 주여 원하시면 나를 깨끗케 하실 수 있나이다 하니, 13) 예수께서 손을 내밀어 저에게 대시며 가라사대 내가 원하노니 깨끗함을 받으라 하신대 문둥병이 곧 떠나니라, 14) 예수께서 저를 경계하시되 아무에게도 이르지 말고 가서 제사장에게 네 몸을 보이고 또 네 깨끗케 됨을 인하여 모세의 명한 대로 예물을 드려 저희에게 증거하라 하셨더니, 15) 예수의 소문이 더욱 퍼지매 허다한 무리가 말씀도 듣고 자기 병도 나음을 얻고자 하여 모여 오되, 16) 예수는 물러가사 한적한 곳에서 기도하시니라].

2) 열 명의 문둥병자 (눅17:11-19)

[11] 예수께서 예루살렘으로 가실 때에 사마리아와 갈릴리 사이로 지나시다가, 12) 한 촌에 들어가시니 문둥병자 열 명이 예수를 만나 멀리 서서, 13) 소리를 높여 가로되 예수 선생님이여 우리를 긍휼히 여기소서 하거늘, 14) 보시고 가라사대 가서 제사장들에게 너희 몸을 보이라 하셨더니 저희가 가다가 깨끗함을 받은지라, 15) 그 중에 하나가 자기의 나은 것을 보고 큰 소리로 하나님께 영광을 돌리며 돌아와, 16) 예수의 발 아래 엎드리어 사례하니 저는 사마리아인이라, 17) 예수께서 대답하여 가라사대 열 사람이 다 깨끗함을 받지 아니하였느냐 그 아홉은 어디 있느냐, 18) 이 이방인 외에는 하나님께 영광을 돌리러 돌아온 자가 없느냐 하시고, 19) 그에게 이르시되 일어나 가라 네 믿음이 너를 구원하였느니라 하시더라]

이들은 육체적 치명적인 질병인 문둥병에서 예수의 치유로 말미암아 육체의 건강함을 입게 되었다. 이로 말미암아 격리된 가정과 사회로 회복되어 공동체의 일원이 되었다. 이들이 살고 있는 사회는 문둥병에 걸리면 하나님으로부터 저주받은 병으로 인식되었기 때문에 예수의 치유는 영적으로 하나님과의 단절에서 회복을 의미하는 것이며, 정신적으로 압박과 냉혹한 사회의 질시로부터 자유함을 얻은 것이다.

그래서 예수께서는 고침 받은 자에게 "모세의 명한 대로 예물을 드려 저희에게 증거하라"[67]고 하셨다. 이것은 완전한 회복을 말하는 것이요, 완전한 자유함을 선언하는 것이다. 구약의 규례를 보면 문둥병에서 정결하게 되었을 때 산 새를 들에 놓아 자유하게 하는 것처럼[68] 이들은 참으로 창공을 유감없이 나르는 새와 같이 하나님의 구속의 은혜를 누리며 자유함을 누리는 것이다.

3. 중풍환자(Paralysis)

중풍은 현대의학의 대표적 용어로는 뇌졸중(腦卒中: Cerebral apoplexy)을 들 수 있는데, '졸중'이라는 말은 무엇에 얻어맞아서 나가떨어진 상태라는 뜻으로 졸중풍(卒中風)의 준말이다. 중풍의 원인으로는 뇌소동맥이 파열되어 뇌 속에 출혈을 일으키는 뇌출혈과 그리고 뇌의 동맥 속에 피의 덩어리가 막혀서 혈액이 그 곳에서 더 흘러갈 수 없게 된 뇌경색(腦梗塞)이 있다.

뇌출혈은 혈압질환(血壓疾患)이 주요 원인이고, 뇌경색은 혈액의 혼탁도 관계한다. 이 중풍의 증세는 대부분 처음에는 혼수상태가 따르며 그러다가 요행히 깨어난다 해도 후유증으로 반신불수가 되는 것이 통례인 매우 위험한 병이다.[69] 상식적으로 알아두면 도움이 되는 것은 한의학에서는 혼수상태에 따르는 증세 중에 코를 골 때는 폐(肺)기능이, 눈을 감지 못할 때는 간(肝)기능이, 입을 다물지 못할 때는 심(心)기능이, 손을 쫙 펴고 있을 때는 비(脾)기능이, 대소변을 가리지 못할 때는 신(腎)기능이 각기 제 기능을 못

---

67) 눅 5:14.
68) 레 14:1-9.
69) 김현식, 『동아원색세계대백과사전 25』, (동아출판사, 1989), p.548.

하기 때문이다.[70]

중풍병은 자신의 생활을 스스로 할 수 없는 병이다. 이처럼 한 사람의 삶을 송두리채 앗아가는 고질병이다. 예수께서는 이러한 중풍병자도 고치셨는데[71] 복음서에 기록 곳은 구체적으로 다음과 같다.

번호	구 분	사건이 기록된 성경	장 소
1	중풍병자	마4:23-25,	수 리 아
2	백부장의 하인	마8:5-13, 눅7:1-10, 요4:46-53	가버나움
3	들것에 실려온 병자	마9:1-8, 막2:1-12, 눅5:18-25	가버나움

표 3

1) 한 중풍병자(마4:23-25)

[23] 예수께서 온 갈릴리에 두루 다니사 저희 회당에서 가르치시며 천국 복음을 전파하시며 백성 중에 모든 병과 모든 약한 것을 고치시니, 24) 그의 소문이 온 수리아에 퍼진지라 사람들이 모든 앓는 자 곧 각색 병과 고통에 걸린 자, 귀신들린 자, 간질하는 자, 중풍병자들을 데려오니 저희를 고치시더라, 25) 갈릴리와 데가볼리와 예루살렘과 유대와 요단 강 건너편에서 허다한 무리가 좇으니라].

2) 백부장의 하인 중풍병자(마8:5-13, 눅7:1-10, 요4:46-53)

[5] 예수께서 가버나움에 들어가시니 한 백부장이 나아와 간구하여, 6) 가로되 주여 내 하인이 중풍병으로 집에 누워 몹시 괴로와하나이다, 7) 가라사대 내가 가서 고쳐 주리라, 8) 백부장이 대답하여 가로되 주여 내 집에 들어오심을 나는 감당치 못하겠사오니 다만 말씀으로만 하옵소서 그러면 내 하인이 낫겠삽나이다, 9) 나도 남의 수하에 있는 사람이요 내 아래도 군사가 있으니 이더러 가라 하면 가고 저더러 오라 하면 오고 내 종더

---

70) *Ibid.*
71) 마 4:23-25, 마 8:5-13, 막 2:1-12.

러 이것을 하라 하면 하나이다, 10) 예수께서 들으시고 기이히 여겨 좇는
자들에게 이르시되 내가 진실로 너희에게 이르노니 이스라엘 중 아무에게
서도 이만한 믿음을 만나 보지 못하였노라, 11) 또 너희에게 이르노니 동
서로부터 많은 사람이 이르러 아브라함과 이삭과 야곱과 함께 천국에 앉
으려니와, 12) 나라의 본 자손들은 바깥 어두운 데 쫓겨나 거기서 울며 이
를 갊이 있으리라, 13) 예수께서 백부장에게 이르시되 가라 네 믿은 대로
될지어다 하시니 그 시로 하인이 나으니라](마태 8:5-13).

3) 들것에 실려온 중풍병자(마9:1-8,막2:1-12,눅5:18-25)

[1] 수일 후에 예수께서 다시 가버나움에 들어가시니 집에 계신 소문이
들린지라, 2) 많은 사람이 모여서 문 앞에라도 용신할 수 없게 되었는데
예수께서 저희에게 도를 말씀하시더니, 3) 사람들이 한 중풍병자를 네 사
람에게 메워 가지고 예수께로 올새, 4) 무리를 인하여 예수께 데려갈 수
없으므로 그 계신 곳의 지붕을 뜯어 구멍을 내고 중풍병자의 누운 상을
달아내리니, 5) 예수께서 저희의 믿음을 보시고 중풍병자에게 이르시되 소
자야 네 죄 사함을 받았느니라 하시니, 6) 어떤 서기관들이 거기 앉아서
마음에 의논하기를, 7) 이 사람이 어찌 이렇게 말하는가 참람하도다 오직
하나님 한 분 외에는 누가 능히 죄를 사하겠느냐, 8) 저희가 속으로 이렇
게 의논하는 줄을 예수께서 곧 중심에 아시고 이르시되 어찌하여 이것을
마음에 의논하느냐, 9) 중풍병자에게 네 죄 사함을 받았느니라 하는 말과
일어나 네 상을 가지고 걸어가라 하는 말이 어느 것이 쉽겠느냐, 10) 그러
나 인자가 땅에서 죄를 사하는 권세가 있는 줄을 너희로 알게 하려 하노
라 하시고 중풍병자에게 말씀하시되, 11) 내가 네게 이르노니 일어나 네
상을 가지고 집으로 가라 하시니, 12) 그가 일어나 곧 상을 가지고 모든
사람 앞에서 나가거늘 저희가 다 놀라 영광을 하나님께 돌리며 가로되 우
리가 이런 일을 도무지 보지 못하였다 하더라] (마가2:1-12).

예수께서 이렇게 치유해 주심으로 해서 중풍병자들은 건강을 회복할 수
있었다. 뿐만 아니라 자신들의 일상생활에 새로운 활기를 입게 되었고 하
나님이 살아 계심과 구원하심에 감격을 입게 되었다. 그리고 모든 생활에
서 하나님께 영광을 돌리는 영적인 삶으로 전환하게 되었다.

4. 소경(Blind)

소경은 사물을 볼 수 없는 시각장애인을 말한다. 성경에는 신체적인 시가
장애인 소경도 말하지만 영혼의 소경도 말하고 있다.[72] 소경은 타인의 도움
이 없이는 도저히 살아갈 수 없는 장애이다.[73] 그래서 조롱의 대상이 되기
도 했으며,[74] 그러기 때문에 율법적으로도 도움을 받도록 되어 있다.[75]

일반적으로 시각은 노쇠현상으로 어두워지는 것이다.[76] 하나님께서는
이러한 불치병을 그리스도 안에서 치유하실 것을 약속하셨다.[77] 그리고 예
수께서도 복음으로 선포된 것이다.[78] 사물을 본다는 것 그 자체가 얼마나
행복한 것이며 신나는 것이며 환희의 세계인가!

예수께서는 눈을 뜨고 있어도 감사할 줄 모르고 오히려 헐뜯고 비판하고
싸우고 때리고 정죄하는 자들을 무어라 하실까! 실로 인류의 죄악은 눈에
서 시작된 것이 아닌가? 하와가 그 나무를 본즉 먹음직도 하고 보암직도
했다고 했다.[79] 사물을 보아도 정확히 보는 사람이 되어야 할 것이다.

예수께서는 불행한 삶을 사는 소경을 치유해 주셨는데 복음서에는 귀신
들려 시각장애된 자와 모든 병자들을 함께 통칭할 때를 빼면 그 사례가 다
섯 번 나온다.

1) 두 소경(마9:27-31)

[27] 예수께서 거기서 떠나가실새 두 소경이 따라오며 소리질러 가로되
다윗의 자손이여 우리를 불쌍히 여기소서 하더니, 28) 예수께서 집에 들어

---

72) 사 59:10, 마 6:23, 15:14, 고후 3:14; 4:4 엡 4:18, 요일 2:11.

73) 삿 16:26.

74) 삼하 5:6-8.

75) 레 19:14.

76) 창 27:1, 삼상 3:2.

77) 사 42:7,16.

78) 눅 4:18-21.

79) 창 3:6.

가시매 소경들이 나아오거늘 예수께서 이르시되 내가 능히 이 일 할 줄을
믿느냐 대답하되 주여 그러하오이다 하니, 29) 이에 예수께서 저희 눈을
만지시며 가라사대 너희 믿음대로 되라 하신대, 30) 그 눈들이 밝아진지라
예수께서 엄히 경계하시되 삼가 아무에게도 알게 하지 말라 하셨으나, 31)
저희가 나가서 예수의 소문을 그 온 땅에 전파하니라].

번호	구 분	사건이 기록된 성경	장 소
1	두 소경	마9:27-31	가버나움
2	소경 바디매오	마20:29-34 막10:46-52 눅18:35-43	여리고
3	베새다의 소경	막8:22-26	베새다
4	날 때부터 소경	요9:1-7	예루살렘
5	데가볼리의 소경	마15:30-31	갈릴리

표 4

2) 소경 바디매오(마20:29-34, 막10:46-52, 눅18:35-43)

[46] 저희가 여리고에 이르렀더니 예수께서 제자들과 허다한 무리와 함
께 여리고에서 나가실 때에 디매오의 아들인 소경 거지 바디매오가 길가
에 앉았다가, 47) 나사렛 예수시란 말을 듣고 소리질러 가로되 다윗의 자
손 예수여 나를 불쌍히 여기소서 하거늘, 48) 많은 사람이 꾸짖어 잠잠하
라 하되 그가 더욱 심히 소리질러 가로되 다윗의 자손이여 나를 불쌍히
여기소서 하는지라, 49) 예수께서 머물러 서서 저를 부르라 하시니 저희가
그 소경을 부르며 이르되 안심하고 일어나라 너를 부르신다 하매, 50) 소
경이 겉옷을 내어버리고 뛰어 일어나 예수께 나아오거늘, 51) 예수께서 일
러 가라사대 네게 무엇을 하여 주기를 원하느냐 소경이 가로되 선생님이
여 보기를 원하나이다, 52) 예수께서 이르시되 가라 네 믿음이 너를 구원
하였느니라 하시니 저가 곧 보게 되어 예수를 길에서 좇으니라(막
10:46-52)

3) 벳새다의 소경(막8:22-26)

[22] 벳새다에 이르매 사람들이 소경 하나를 데리고 예수께 나아와 손

대시기를 구하거늘, 23) 예수께서 소경의 손을 붙드시고 마을 밖으로 데리고 나가사 눈에 침을 뱉으시며 그에게 안수하시고 무엇이 보이느냐 물으시니, 24) 우러러보며 가로되 사람들이 보이나이다 나무 같은 것들의 걸어가는 것을 보나이다 하거늘, 5) 이에 그 눈에 다시 안수하시매 저가 주목하여 보더니 나아서 만물을 밝히 보는지라, 26) 예수께서 그 사람을 집으로 보내시며 가라사대 마을에도 들어가지 말라 하시니라]

4) 날 때부터 소경(요9:1-7)

[1] 예수께서 길 가실 때에 날 때부터 소경된 사람을 보신지라, 2) 제자들이 물어 가로되 랍비여 이 사람이 소경으로 난 것이 뉘 죄로 인함이오니이까 자기오니이까 그 부모오니이까, 3) 예수께서 대답하시되 이 사람이나 그 부모가 죄를 범한 것이 아니라 그에게서 하나님의 하시는 일을 나타내고자 하심이니라, 4) 때가 아직 낮이매 나를 보내신 이의 일을 우리가 하여야 하리라 밤이 되리니 그 때는 아무도 일할 수 없느니라, 5) 내가 세상에 있는 동안에는 세상의 빛이로라, 6) 이 말씀을 하시고 땅에 침을 뱉아 진흙을 이겨 그의 눈에 바르시고, 7) 이르시되 실로암 못에 가서 씻으라 하시니 (실로암은 번역하면 보냄을 받았다는 뜻이라) 이에 가서 씻고 밝은 눈으로 왔더라].

5) 데가볼리의 소경(마15:30-31)

[30] 큰 무리가 절뚝발이와 불구자와 소경과 벙어리와 기타 여럿을 데리고 와서 예수의 발 앞에 두매 고쳐 주시니, 31) 벙어리가 말하고 불구자가 건전하고 절뚝발이가 걸으며 소경이 보는 것을 무리가 보고 기이히 여겨 이스라엘의 하나님께 영광을 돌리니라].

예수께서 "나는 세상의 빛이니 나를 따르는 자는 어두움에 다니지 아니하고 생명의 빛을 얻으리라" 고 하셨다.[80] 예수께서는 흑암의 세상에 빛을 주려고 오셨고, 어두움에 사는 모든 이에게 광명을 주시기를 원하셨다.[81] 믿음으로 달려나온 가버나움의 두 소경에게 광명을 주셨으며,[82] 소경이라 거지가 된 바디매오에게 환희의 새 삶을 주셨고, 그는 그 길로 예수를 좇는 사람이 되었다.[83]

---

80) 요 8:12, 9:5, 11:9.
81) 계 22:16.
82) 마 9:27-31.

벳새다의 소경에게도 그의 고뇌의 손을 붙잡아 주시며 안수하셔서 영육간의 장애를 치료해 주셨다.[84] 날 때부터 소경 된 자를 땅에 침을 뱉아 진흙을 이겨 그 눈에 바르시고 실로암 못에 가서 씻음으로 고쳐 주셨고, 여기서 율법적인 유대인들의 죄와 질병의 편견을 하나님의 하시는 일을 나타내고자 하심이라고 제자들에게 바로 가르쳐 주셨다.[85] 데가볼리의 소경에게도 은혜를 베풀어 보게 하심으로 그로 하나님께 영광을 돌리게 하셨다.[86]

그들의 눈에 비친 세상은 더럽고 죄악된 것이 보이는 것이 아니였으리라! 찬란하고, 아름답고, 고귀하며, 신비하고, 모든 것이 새로웠으리라. 그들은 하나님께서 만든 아름다운 세상을 본 것이다. 그들은 하나님의 솜씨를 보았으며 희열과 환희와 감격과 감사를 찬미하며 영광을 돌렸다. 닫혀진 마음 문도 열리게 되었다. 눈을 가지고 보는 자들이여 마음에 아름다움을 채우며 하나님께 영광을 돌리라!

5. 죽음에서 살리심

죽음은 본 논문 제III장 제2절 5항과, 제III장 제3절 5항에서 이미 살펴 본 바와 같이 죽음은 질병의 전이 마지막이며, 인간 아담의 반역적 죄에서 그 기원을 찾는다. 죽음은 인간의 삶과 동일한 선의 양끝으로서 인간의 실존에서 분리될 수 없는 연속선상에 놓여 있는 것이다. 모든 인간은 종국에 가서는 죽도록 예정되어 있는 것이기[87] 때문에 죽음의 세력 앞에는 속수무책일 수밖에 없다. 그래서 죽음은 공포의 대상이며 증오의 대상인 것이다.

권용근 교수는 정신심리학자인 큐블러스가 의학적으로 사형선고를 받은 사람들이 죽음에 대한 반응을 연구한 사례를 인용했는데 다음과 같이 5단계를 거쳐 자신의 죽음을 수용했다는 것이다.[88]

---

83) 막 10:46-52.
84) 막 8:22-26.
85) 요 9:1-7.
86) 마 15:30-31.
87) 히 9:27.
88) 권용근 외4인 저, 『기독교교육개론(상)』, (한국장로교출판사, 1998), p.206.

첫째로, 부정(Denial)의 단계인데, 자신에게는 일어날 수 없는 일이라고 부정하며 완강히 거부한다는 것이다.

둘째로, 분노(Anger)의 단계인데, 하필이면 내게 왜 이런 일이 일어났느냐 하는 생각으로 분노하고 하나님을 원망한다는 것이다.

셋째로, 협상(Bargaining)의 단계인데, 자신의 과거를 반성하고 만일 살려 주시면 어떻게 하겠다는 하나님과 타협하는 단계를 말한다.

넷째로, 절망(Despair)과 우울(Depression)의 단계인데, 죽음의 현실를 더 이상 부정할 수 없음을 알고 갑자기 말수가 적어지고 우울해지는 단계를 말한다.

다섯째로, 수용(Acceptance)의 단계인데, 죽음을 거부할 수 없는 것을 인식하고 조용히 죽음을 기다리는 마지막 단계라는 것이다.

그러나 예수 그리스도의 복음은 하나님의 구속의 은혜를 베푸는 것이며[89) 믿는 자는 죽음으로 살게 되는[90] 하나님의 신비로운 부활의 자녀가 되는 것이다.[91] 예수께서 죽은 자를 살리신 사건이 세 번 있는데[92], 다음과 같다.

번호	구 분	사건이 기록된 성경	장 소
1	과부의 아들	눅7:11-17	나인성
2	야이로의 딸	마9:23-26막5:35-43눅8:49-56	가버나움
3	나사로	요11:17-44	베다니

표5

---

89) 롬 3:24.
90) 욥 19:22.
91) 눅 20:36.
92) 마 9:25, 눅 7:15, 요 11:43.

1) 나인성 과부의 아들(눅7:11-17)

　[11) 그 후에 예수께서 나인이란 성으로 가실새 제자와 허다한 무리가
동행하더니, 12) 성문에 가까이 오실 때에 사람들이 한 죽은 자를 메고 나
오니 이는 그 어미의 독자요 어미는 과부라 그 성의 많은 사람도 그와 함
께 나오거늘, 13) 주께서 과부를 보시고 불쌍히 여기사 울지 말라 하시고,
14) 가까이 오사 그 관에 손을 대시니 멘 자들이 서는지라 예수께서 가라
사대 청년아 내가 네게 말하노니 일어나라 하시매, 15) 죽었던 자가 일어
앉고 말도 하거늘 예수께서 그를 어미에게 주신대, 16) 모든 사람이 두려
워하며 하나님께 영광을 돌려 가로되 큰 선지자가 우리 가운데 일어나셨
다 하고 또 하나님께서 자기 백성을 돌아보셨다 하더라, 17) 예수께 대한
이 소문이 온 유대와 사방에 두루 퍼지니라].

2) 야이로의 딸(마9:23-26 막5:35-43 눅8:49-56)

　[35) 아직 말씀하실 때에 회당장의 집에서 사람들이 와서 가로되 당신
의 딸이 죽었나이다 어찌하여 선생을 더 괴롭게 하나이까, 36) 예수께서
그 하는 말을 곁에서 들으시고 회당장에게 이르시되 두려워 말고 믿기만
하라 하시고, 37) 베드로와 야고보와 야고보의 형제 요한 외에 아무도 따
라옴을 허치 아니하시고, 38) 회당장의 집에 함께 가사 훤화함과 사람들의
울며 심히 통곡함을 보시고, 39) 들어가서 저희에게 이르시되 너희가 어찌
하여 훤화하며 우느냐 이 아이가 죽은 것이 아니라 잔다 하시니, 40) 저희
가 비웃더라 예수께서 저희를 다 내어 보내신 후에 아이의 부모와 또 자
기와 함께한 자들을 데리시고 아이 있는 곳에 들어가사, 41) 그 아이의 손
을 잡고 가라사대 달리다굼 하시니 번역하면 곧 소녀야 내가 네게 말하노
니 일어나라 하심이라, 42) 소녀가 곧 일어나서 걸으니 나이 열두 살이라
사람들이 곧 크게 놀라고 놀라거늘, 43) 예수께서 이 일을 아무도 알지 못
하게 하라고 저희를 많이 경계하시고 이에 소녀에게 먹을 것을 주라 하시
니라](마가 5:35-43)

3) 나사로(요11:17-44)

　[17) 예수께서 와서 보시니 나사로가 무덤에 있은 지 이미 나흘이라,
18) 베다니는 예루살렘에서 가깝기가 한 오 리쯤 되매, 19) 많은 유대인이
마르다와 마리아에게 그 오라비의 일로 위문하러 왔더니, 20) 마르다는 예

수 오신다는 말을 듣고 곧 나가 맞되 마리아는 집에 앉았더라, 21) 마르다
가 예수께 여짜오되 주께서 여기 계셨더면 내 오라비가 죽지 아니하였겠
나이다, 22) 그러나 나는 이제라도 주께서 무엇이든지 하나님께 구하시는
것을 하나님이 주실 줄을 아나이다, 23) 예수께서 가라사대 네 오라비가
다시 살리라, 24) 마르다가 가로되 마지막 날 부활에는 다시 살 줄을 내가
아나이다, 25) 예수께서 가라사대 나는 부활이요 생명이니 나를 믿는 자는
죽어도 살겠고, 26) 무릇 살아서 나를 믿는 자는 영원히 죽지 아니하리니
이것을 네가 믿느냐, 27) 가로되 주여 그러하외다 주는 그리스도시요 세상
에 오시는 하나님의 아들이신 줄 내가 믿나이다, 28) 이 말을 하고 돌아가
서 가만히 그 형제 마리아를 불러 말하되 선생님이 오셔서 너를 부르신다
하니, 29) 마리아가 이 말을 듣고 급히 일어나 예수께 나아가매, 30) 예수
는 아직 마을로 들어오지 아니하시고 마르다의 맞던 곳에 그저 계시더라,
31) 마리아와 함께 집에 있어 위로하던 유대인들은 그의 급히 일어나 나
가는 것을 보고 곡하러 무덤에 가는 줄로 생각하고 따라가더니, 32) 마리
아가 예수 계신 곳에 와서 보이고 그 발 앞에 엎드리어 가로되 주께서 여
기 계셨더면 내 오라비가 죽지 아니하였겠나이다 하더라, 33) 예수께서 그
의 우는 것과 또 함께 온 유대인들의 우는 것을 보시고 심령에 통분히 여
기시고 민망히 여기사, 34) 가라사대 그를 어디 두었느냐 가로되 주여 와
서 보옵소서 하니, 35) 예수께서 눈물을 흘리시더라, 36) 이에 유대인들이
말하되 보라 그를 어떻게 사랑하였는가 하며, 37) 그 중 어떤 이는 말하되
소경의 눈을 뜨게 한 이 사람이 그 사람은 죽지 않게 할 수 없었더냐 하
더라, 38) 이에 예수께서 다시 속으로 통분히 여기시며 무덤에 가시니 무
덤이 굴이라 돌로 막았거늘, 39) 예수께서 가라사대 돌을 옮겨 놓으라 하
시니 그 죽은 자의 누이 마르다가 가로되 주여 죽은 지가 나흘이 되었으
매 벌써 냄새가 나나이다, 40) 예수께서 가라사대 내 말이 네가 믿으면 하
나님의 영광을 보리라 하지 아니하였느냐 하신대, 41) 돌을 옮겨 놓으니
예수께서 눈을 들어 우러러보시고 가라사대 아버지여 내 말을 들으신 것
을 감사하나이다, 42) 항상 내 말을 들으시는 줄을 내가 알았나이다 그러
나 이 말씀하옵는 것은 둘러선 무리를 위함이니 곧 아버지께서 나를 보내
신 것을 저희로 믿게 하려 함이니이다, 43) 이 말씀을 하시고 큰 소리로
나사로야 나오라 부르시니, 44) 죽은 자가 수족을 베로 동인 채로 나오는
데 그 얼굴은 수건에 싸였더라 예수께서 가라사대 풀어놓아 다니게 하라
하시니라].

예수께서는 "사람이 만일 온 천하를 얻고도 제 목숨을 잃으면 무엇이 유

익하리요 사람이 무엇을 주고 제 목숨을 바꾸겠느냐"라고 사람의 생명의 존귀함을 말씀하셨다.93) 그리고 "나는 부활이요 생명이다"94), "내가 곧 길이요 진리요 생명이다"95), "내가 곧 생명의 떡이요 내게 오는 자는 결코 주리지 아니할 터이요 나를 믿는 자는 영원히 목마르지 아니하리라"96)고 말씀하셨다.

예수께서는 생명의 본체 시요, 주관자이다. 그리고 사람을 생명의 길로 인도하시는 선한 목자이시다.97) 하나님께서 자기의 독생자를 세상에 보내 주신 것은 죄악으로 죽을 수밖에 없는 우리를 살리려 하심이다.98) 이것이 예수의 복음인 것이다. 예수께서는 나인성 과부의 아들을 살려서 사랑하는 어머니에게 주셨다. 열두 살 어린 딸을 잃고 가슴아파하는 야이로에게 그 딸을 회생케 하여 품에 않게 했다. 실로 사랑하는 자식을 가슴에 묻었던 분통함을 주님께서 해결해 주신 것이다. 가정에 유일한 가장이요 희망이던 오라비의 죽음으로 인해 망연자실한 오누이에게 주님은 생명의 빛을 주셨다.

하나님은 예수 그리스도를 통하여 원수 되는 사망을 영원히 멸하신다. 그리고 모든 얼굴에서 눈물을 씻기시겠다고 하셨다.99) 그렇다 "죄의 삯은 사망이요 하나님의 은사는 그리스도 예수 우리 주안에 있는 영생이니라"100)고 하셨다. 그러므로 다윗은 고백하기를 "주께서 내 원수의 목전에서 내게 상을 베푸시고 기름으로 내 머리에 바르셨으니 내 잔이 넘치나이다"라고 외쳤던 것이다.101)

---

93) 마 16:26, 막 8:36-37.
94) 요 11:25.
95) 요 14:6.
96) 요 6:35,48.
97) 요 10:14-15.
98) 요일 4:9.
99) 사 25:8.
100) 롬 6:23.
101) 시 23:5.

6. 상한 심령의 치유

이미 본 논문 제Ⅲ장 제2절 2항에서 살펴본 바와 같이 사람은 심적인 질병을 가질 수 있다. 그래서 본 논문 제Ⅲ장 제3절 2항에서 심적인 질병에서의 치유를 성서적으로 살펴보았는데, 위에 기록된 되로 구체적으로 살펴보기로 하겠다. 복음서에 예수께서 상한 심령을 치유하신 사례는 여섯 곳이다.

번호	구 분	사건이 기록된 성경	장 소
1	관원 니고데모	요3:1-21	예루살렘
2	사마리아 수가성 여인	요4:1-3-42	수가근교
3	베데스다 못가의 병자	요5:1-15	예루살렘
4	간음한 여인	요8:2-11	예루살렘
5	세리장 삭게오	눅19:1-10	여리고
6	십자가상의 강도의 회개	눅23:39-43	갈보리

표 6

1) 니고데모(요3:1-21)

[1] 바리새인 중에 니고데모라 하는 사람이 있으니 유대인의 관원이라, 2) 그가 밤에 예수께 와서 가로되 랍비여 우리가 당신은 하나님께로서 오신 선생인 줄 아나이다 하나님이 함께 하시지 아니하시면 당신의 행하시는 이 표적을 아무라도 할 수 없음이니이다, 3) 예수께서 대답하여 가라사대 진실로 진실로 네게 이르노니 사람이 거듭나지 아니하면 하나님 나라를 볼 수 없느니라, 4) 니고데모가 가로되 사람이 늙으면 어떻게 날 수 있삽나이까 두 번째 모태에 들어갔다가 날 수 있삽나이까, 5) 예수께서 대답하시되 진실로 진실로 네게 이르노니 사람이 물과 성령으로 나지 아니하면 하나님 나라에 들어갈 수 없느니라, 6) 육으로 난 것은 육이요 성령으

로 난 것은 영이니, 7) 내가 네게 거듭나야 하겠다 하는 말을 기이히 여기지 말라, 8) 바람이 임의로 불매 네가 그 소리를 들어도 어디서 오며 어디로 가는지 알지 못하나니 성령으로 난 사람은 다 이러하니라, 9) 니고데모가 대답하여 가로되 어찌 이러한 일이 있을 수 있나이까, 10) 예수께서 가라사대 너는 이스라엘의 선생으로서 이러한 일을 알지 못하느냐, 11) 진실로 진실로 네게 이르노니 우리 아는 것을 말하고 본 것을 증거하노라 그러나 너희가 우리 증거를 받지 아니하는도다, 12) 내가 땅의 일을 말하여도 너희가 믿지 아니하거든 하물며 하늘 일을 말하면 어떻게 믿겠느냐, 13) 하늘에서 내려온 자 곧 인자 외에는 하늘에 올라간 자가 없느니라, 14) 모세가 광야에서 뱀을 든 것같이 인자도 들려야 하리니, 15) 이는 저를 믿는 자마다 영생을 얻게 하려 하심이니라, 16) 하나님이 세상을 이처럼 사랑하사 독생자를 주셨으니 이는 저를 믿는 자마다 멸망치 않고 영생을 얻게 하려 하심이니라, 17) 하나님이 그 아들을 세상에 보내신 것은 세상을 심판하려 하심이 아니요 저로 말미암아 세상이 구원을 받게 하려 하심이라, 18) 저를 믿는 자는 심판을 받지 아니하는 것이요 믿지 아니하는 자는 하나님의 독생자의 이름을 믿지 아니하므로 벌써 심판을 받은 것이니라, 19) 그 정죄는 이것이니 곧 빛이 세상에 왔으되 사람들이 자기 행위가 악하므로 빛보다 어두움을 더 사랑한 것이니라, 20) 악을 행하는 자마다 빛을 미워하여 빛으로 오지 아니하나니 이는 그 행위가 드러날까 함이요, 21) 진리를 쫓는 자는 빛으로 오나니 이는 그 행위가 하나님 안에서 행한 것임을 나타내려 함이라 하시니라].

니고데모는 바리새인이었으며 유대 공회 의원이었다.102) 그는 이스라엘의 선생이었지만 중생과 구원에 대한 확신이 없었음으로 해서 심적으로 갈등을 느끼고 있었다. 그는 밤중에 예수 그리스도를 찾아왔고,103) 예수의 가르침을 받음으로 구원에 대한 확신을 가지게 되었다. 그는 구원의 확실한 도를 깨달았으며 메시아를 만남으로 통하여 평생을 고뇌하던 구원의 문제를 해결할 수 있었다.

그는 그후 바리새인들의 공회에서 예수를 정죄하자 불가함을 논리적으로 반박을 했던 인물이 되었다.104) 그는 처음에는 자신의 신분 때문에 주

---

102) 요 3:1.
103) 요 3:2.

저하고 사람을 두려워하였지만 나중에는 자신의 신분을 발휘하여 예수께서 십자가를 지시고 돌아가시자 '아리마대'의 요셉과 함께 예수의 시체를 가져다가 장사를 지내는 완전한 예수의 제자가 된 인물이다.105)

2) 사마리아 수가성 여인(요4:3-42)

[3]유대를 떠나사 다시 갈릴리로 가실새, 4) 사마리아로 통행하여야 하겠는지라, 5) 사마리아에 있는 수가라 하는 동네에 이르시니 야곱이 그 아들 요셉에게 준 땅이 가깝고, 6) 거기 또 야곱의 우물이 있더라 예수께서 행로에 곤하여 우물곁에 그대로 앉으시니 때가 제 육 시쯤 되었더라, 7) 사마리아 여자 하나가 물을 길러 왔으매 예수께서 물을 좀 달라 하시니, 8) 이는 제자들이 먹을 것을 사러 동네에 들어갔음이러라, 9) 사마리아 여자가 가로되 당신은 유대인으로서 어찌하여 사마리아 여자 나에게 물을 달라 하나이까 하니 이는 유대인이 사마리아인과 상종치 아니함이러라, 10) 예수께서 대답하여 가라사대 네가 만일 하나님의 선물과 또 네게 물 좀 달라 하는 이가 누구인 줄 알았더면 네가 그에게 구하였을 것이요 그가 생수를 네게 주었으리라, 11) 여자가 가로되 주여 물길을 그릇도 없고 이 우물은 깊은데 어디서 이 생수를 얻겠삽나이까, 12) 우리 조상 야곱이 이 우물을 우리에게 주었고 또 여기서 자기와 자기 아들들과 짐승이 다 먹었으니 당신이 야곱보다 더 크니이까, 13) 예수께서 대답하여 가라사대 이 물을 먹는 자마다 다시 목마르려니와, 14) 내가 주는 물을 먹는 자는 영원히 목마르지 아니하리니 나의 주는 물은 그 속에서 영생하도록 솟아나는 샘물이 되리라, 15) 여자가 가로되 주여 이런 물을 내게 주사 목마르지도 않고 또 여기 물 길러 오지도 않게 하옵소서, 16) 가라사대 가서 네 남편을 불러오라, 17) 여자가 대답하여 가로되 나는 남편이 없나이다 예수께서 가라사대 네가 남편이 없다 하는 말이 옳도다, 18) 네가 남편 다섯이 있었으나 지금 있는 자는 네 남편이 아니니 네 말이 참되도다, 19) 여자가 가로되 주여 내가 보니 선지자로소이다, 20) 우리 조상들은 이 산에서 예배하였는데 당신들의 말은 예배할 곳이 예루살렘에 있다 하더이다, 21) 예수께서 가라사대 여자여 내 말을 믿으라 이 산에서도 말고 예루살렘에서도 말고 너희가 아버지께 예배할 때가 이르리라, 22) 너희는 알지 못하는 것을 예배하고 우리는 아는 것을 예배하노니 이는 구원이 유대인에게서

---

104) 요 7:51.
105) 요 19:38-42.

남이니라, 23) 아버지께 참으로 예배하는 자들은 신령과 진정으로 예배할 때가 오나니 곧 이 때라 아버지께서는 이렇게 자기에게 예배하는 자들을 찾으시느니라, 24) 하나님은 영이시니 예배하는 자가 신령과 진정으로 예배할지니라, 25) 여자가 가로되 메시야 곧 그리스도라 하는 이가 오실 줄을 내가 아노니 그가 오시면 모든 것을 우리에게 고하시리이다, 26) 예수께서 이르시되 네게 말하는 내가 그로라 하시니라, 27) 이 때에 제자들이 돌아와서 예수께서 여자와 말씀하시는 것을 이상히 여겼으나 무엇을 구하시나이까 어찌하여 저와 말씀하시나이까 묻는 이가 없더라, 28) 여자가 물동이를 버려 두고 동네에 들어가서 사람들에게 이르되, 29) 나의 행한 모든 일을 내게 말한 사람을 와 보라 이는 그리스도가 아니냐 하니, 30) 저희가 동네에서 나와 예수께로 오더라, 31) 그 사이에 제자들이 청하여 가로되 랍비여 잡수소서, 32) 가라사대 내게는 너희가 알지 못하는 먹을 양식이 있느니라, 33) 제자들이 서로 말하되 누가 잡수실 것을 갖다 드렸는가 한대, 34) 예수께서 이르시되 나의 양식은 나를 보내신 이의 뜻을 행하며 그의 일을 온전히 이루는 이것이니라, 35) 너희가 넉 달이 지나야 추수할 때가 이르겠다 하지 아니하느냐 내가 너희에게 이르노니 눈을 들어 밭을 보라 희어져 추수하게 되었도다, 36) 거두는 자가 이미 삯도 받고 영생에 이르는 열매를 모으나니 이는 뿌리는 자와 거두는 자가 함께 즐거워하게 하려 함이니라, 37) 그런즉 한 사람이 심고 다른 사람이 거둔다 하는 말이 옳도다, 38) 내가 너희로 노력지 아니한 것을 거두러 보내었노니 다른 사람들은 노력하였고 너희는 그들의 노력한 것에 참여하였느니라, 39) 여자의 말이 그가 나의 행한 모든 것을 내게 말하였다 증거하므로 그 동네 중에 많은 사마리아인이 예수를 믿는지라, 40) 사마리아인들이 예수께 와서 자기들과 함께 유하기를 청하니 거기서 이틀을 유하시매, 41) 예수의 말씀을 인하여 믿는 자가 더욱 많아, 42) 그 여자에게 말하되 이제 우리가 믿는 것은 네 말을 인함이 아니니 이는 우리가 친히 듣고 그가 참으로 세상의 구주신 줄 앎이니라 하였더라].

위에 기록된 사마리아 수가성 여인의 예수 복음치유는 인종과 신분과 이성과 관념과 사상과 상식과 편견을 초월하여 행하신 복음선교적인 치유이다. 이 여인은 인종적으로 유대인들이 경멸하는 혼혈인 사마리아 사람이다.106) 그래서 그들의 조상은 야곱이었지만 한 형제인 유대인들로부터 경

---

106) 요 4:7.

멸과 천대를 받았다.107) 이들은 종교적으로 사회적 신분으로도 항상 소외
되어 살았다.

무엇보다도 이 사마리아 연인은 남자 다섯 사람으로부터 줄줄이 버림을
받아야 했던 기구한 운명의 삶을 살았다. 그렇기 때문에 그녀에게는 삶의
의미나 보람이나 행복이라는 단어 자체가 바람에 흐르는 구름과 같을 뿐
인간존엄 자체가 유린되고 말살된 처참한 생활환경 속에서 살아왔다. 이러
한 상처는 여인의 가슴으로 포용하고 산다는 것은 삶 그 자체가 고통이었
다. 그래서 그녀는 사람들의 눈을 피하여 물을 기르러 왔고, 예수를 만나서
대화 나눔으로써 한 맺힌 쓰라린 마음의 응어리를 치유받게 되고 마음속
에 그렇게 갈망하던 메시아를 만나게 되는 기쁨을 만끽하고 복음을 전하
게 되었다.

3) 베데스다 못가의 병자(요5:1-15)

[1) 그 후에 유대인의 명절이 있어 예수께서 예루살렘에 올라가시니라,
2) 예루살렘에 있는 양문 곁에 히브리 말로 베데스다라 하는 못이 있는데
거기 행각 다섯이 있고, 3) 그 안에 많은 병자, 소경, 절뚝발이, 혈기 마른
자들이 누워 (물의 동함을 기다리니, 4) 이는 천사가 가끔 못에 내려와 물
을 동하게 하는데 동한 후에 먼저 들어가는 자는 어떤 병에 걸렸든지 낫
게 됨이러라), 5) 거기 삼십팔 년 된 병자가 있더라, 6) 예수께서 그 누운
것을 보시고 병이 벌써 오랜 줄 아시고 이르시되 네가 낫고자 하느냐, 7)
병자가 대답하되 주여 물이 동할 때에 나를 못에 넣어 줄 사람이 없어 내
가 가는 동안에 다른 사람이 먼저 내려가나이다, 8) 예수께서 가라사대 일
어나 네 자리를 들고 걸어가라 하시니, 9) 그 사람이 곧 나아서 자리를 들
고 걸어가니라 이 날은 안식일이니, 10) 유대인들이 병 나은 사람에게 이
르되 안식일인데 네가 자리를 들고 가는 것이 옳지 아니하니라, 11) 대답
하되 나를 낫게 한 그가 자리를 들고 걸어가라 하더라 한대, 12) 저희가
묻되 너더러 자리를 들고 걸어가라 한 사람이 누구냐 하되, 13) 고침을 받
은 사람이 그가 누구신지 알지 못하니 이는 거기 사람이 많으므로 예수께
서 이미 피하셨음이라, 14) 그 후에 예수께서 성전에서 그 사람을 만나 이

---

107) 요 4:9.

르시되 보라 네가 나았으니 더 심한 것이 생기지 않게 다시는 죄를 범치 말라 하시니, 15) 그 사람이 유대인들에게 가서 자기를 고친 이는 예수라 하니라].

위의 본문은 베데스다 연못가에서 38년 동안 모진 질병으로 앓던 자가 예수 그리스도의 치유를 받고 새 생활을 하게 된 사건이다. 그는 기나긴 38년 동안을 「자비의 집」이라는 베데스다 연못가에서 보냈다.[108] 그의 병명은 알 수 없으나 불치의 병임은 틀림없다. 그에게 38년의 세월의 투병의 생활은 그야말로 눈물의 세월이었고, 모진 겨울 찬바람을 알몸으로 맞고 서있는 것과 같았다. 모질고 질긴 생명, 그럼에도 하나님께서 주관하시는 생명이라 차마 죽지 못해 살았다.

그의 삶의 자리인 「베데스다」라는 자비의 집은 오히려 치열한 생존경쟁의 장이었다.[109] 하나님의 자비를 구하러 왔지만 고독과 깊은 소외감으로 젊은 청춘까지 그곳에서 보내야 했다. 이제는 절망뿐이었고 아픔뿐이었고 허탈감과 적대감과 한탄과 이웃에 대한 증오와 자신에 대한 비관만 파도처럼 너울거리고 있었다. 예수의 복음치유는 바로 38년 동안 몸서리치던 자리를 청산해 주신 것이다.

4) 간음한 여인(요8:2-11)

[2] 아침에 다시 성전으로 들어오시니 백성이 다 나아오는지라 앉으사 저희를 가르치시더니, 3) 서기관들과 바리새인들이 간음 중에 잡힌 여자를 끌고 와서 가운데 세우고, 4) 예수께 말하되 선생이여 이 여자가 간음하다가 현장에서 잡혔나이다, 5) 모세는 율법에 이러한 여자를 돌로 치라 명하였거니와 선생은 어떻게 말하겠나이까, 6) 저희가 이렇게 말함은 고소할 조건을 얻고자 하여 예수를 시험함이러라 예수께서 몸을 굽히사 손가락으로 땅에 쓰시니, 7) 저희가 묻기를 마지 아니하는지라 이에 일어나 가라사대 너희 중에 죄 없는 자가 먼저 돌로 치라 하시고, 8) 다시 몸을 굽히사

---

108) 요 5:2.
109) 요 5:7.

손가락으로 땅에 쓰시니, 9) 저희가 이 말씀을 듣고 양심의 가책을 받아 어른으로 시작하여 젊은이까지 하나씩 하나씩 나가고 오직 예수와 그 가운데 섰는 여자만 남았더라, 10) 예수께서 일어나사 여자 외에 아무도 없는 것을 보시고 이르시되 여자여 너를 고소하던 그들이 어디 있느냐 너를 정죄한 자가 없느냐, 11) 대답하되 주여 없나이다 예수께서 가라사대 나도 너를 정죄하지 아니하노니 가서 다시는 죄를 범치 말라 하시니라].

위 본문은 예수를 율법으로 고소할 조건을 찾기 위하여 간음하다 현장에서 잡힌 여인을 서기관들과 바리새인들이 끌고 와서 예수께 처벌의 방법을 물었던 사건이다. 만약 예수께서 무죄하다하면 그것은 율법 파기자[110]가 되는 것이요, 율법대로 돌로 쳐 죽이라 하면 유대인에게는 사형 선고의 권리가 없음으로 로마 정부의 법을 정면으로 도전하게 되는 것이다.

그리고 사랑과 자비를 부르짖었던 예수의 가르침에 치명적인 오점을 남기게 되는 이중적인 효과를 노리는 계략적인 음모였다. 주님은 "너희 중에 죄 없는 자가 먼저 돌로 치라"는 단순한 말 한마디로서 율법의 위대한 정신을 바로 세웠고, 정죄에 혈안이 된 냉혹한 율법고수주의자들에게는 양심을 송두리째 뒤흔드는 말씀이 되었다. 그리고 냉혹한 현실에서 남자의 노리개가 되어 몸을 팔아야 하는 이 간음하다 잡힌 여인에게는 당신의 복음 적용서와 사랑을 알게 하는 복음의 메시지가 되어 참된 회개와 갱신의 길을 광활하게 펼쳐 보이시는 치유의 현장이 되었다. 정죄의 돌을 들고 있던 많은 인간들 앞에서, 창녀가 벌거벗은 모습 그대로 죽을 수밖에 없는 순간에 그녀를 변호해 주신 예수는 창녀의 구원자 예수 그리스도인 것이다.

5) 세리장 삭개오(눅19:1-10)

[1] 예수께서 여리고로 들어 지나가시더라, 2) 삭개오라 이름하는 자가 있으니 세리장이요 또한 부자라, 3) 저가 예수께서 어떠한 사람인가 하여 보고자 하되 키가 작고 사람이 많아 할 수 없어, 4) 앞으로 달려가 보기 위하여 뽕나무에 올라가니 이는 예수께서 그리로 지나가시게 됨이러라, 5)

---

110) 레 20:10.

예수께서 그 곳에 이르사 우러러 보시고 이르시되 삭개오야 속히 내려오
라 내가 오늘 네 집에 유하여야 하겠다 하시니, 6) 급히 내려와 즐거워하
며 영접하거늘, 7) 뭇 사람이 보고 수군거려 가로되 저가 죄인의 집에 유
하러 들어갔도다 하더라, 8) 삭개오가 서서 주께 여짜오되 주여 보시옵소
서 내 소유의 절반을 가난한 자들에게 주겠사오며 만일 뉘 것을 토색한
일이 있으면 사 배나 갚겠나이다, 9) 예수께서 이르시되 오늘 구원이 이
집에 이르렀으니 이 사람도 아브라함의 자손임이로다, 10) 인자의 온 것은
잃어버린 자를 찾아 구원하려 함이니라].

위 본문은 당시 유대 사회 속에서 멸시와 지탄의 대상되었던 한 세리장
이 하나님의 구원의 은혜를 입는 감동적인 이야기이다. 삭개오(ΖακΧαῖος)
는 원래 부자였다. 그의 신분이 세리장이라는 것 때문에 로마 식민지배 하
에 살아가는 유대 공동체로부터 멸시와 지탄의 대상이 되었다.

그는 신체적으로 키가 작다는 핸디캡(Handicap)도 있었다. 그는 비록 부
자이지만 이웃도 없었고, 친구도 없었다. 어느 누가 다정하게 그를 반겨줄
사람도 없었다. 같은 동족이 원수시하는 아픔은 그의 심령을 찢어지게 하
는 고통이었다.

그는 예수 그리스도를 만남으로 마음의 상처를 치유받게 되었다. 그는
당시의 부자들의 인색함과는 달리 자신의 재산 절반을 가난한 자를 위하
여 내 놓겠다고 했다.111) 신체적으로나 신분적으로 핸디캡을 가지고 있던
그에게는 오직 그가 믿을만하고 자기를 버티게 해주는 것이 부자라는 재
산이었음에도 불구하고 예수를 만남으로 완전히 바뀐 것이다.

삭개오는 토색한 일이 없는 정직한 사람이었음을 예수와의 대화를 보면
알 수 있다. 그는 구원의 자녀가 되는 환희를 입었다. 마음에 원한이나 증
오도 사라졌다. 예수는 진정 죄인의 친구가 되시며,112) "잃어버린 자를 찾
아 구원하려 함심"113)의 복음 치유자이셨다.

---

111) 눅 19:8.
112) 눅 19:7.
113) 눅 19:10.

6) 십자가상의 강도의 회개(눅23:39-43)

[39) 달린 행악자 중 하나는 비방하여 가로되 네가 그리스도가 아니냐 너와 우리를 구원하라 하되, 40) 하나는 그 사람을 꾸짖어 가로되 네가 동일한 정죄를 받고서도 하나님을 두려워 아니하느냐, 41) 우리는 우리의 행한 일에 상당한 보응을 받는 것이니 이에 당연하거니와 이 사람의 행한 것은 옳지 않은 것이 없느니라 하고, 42) 가로되 예수여 당신의 나라에 임하실 때에 나를 생각하소서 하니, 43) 예수께서 이르시되 내가 진실로 네게 이르노니 오늘 네가 나와 함께 낙원에 있으리라 하시니라].

예수께서는 갈보리 십자가 위에서도 치유의 행위는 계속되었다. 흉악한 죄를 지은 강도 하나가 죄를 뉘우치며 "예수여 당신의 나라에 임하실 때에 나를 생각하소서"라고 하자 예수께서는 "내가 진실로 네게 이르노니 오늘 네가 나와 함께 낙원에 있으리라"고 구원을 선포하셨다.

이 강도의 내면의 세계는 비록 이제는 십자가를 지고 운명의 시간을 기다리며 구속받을 수 없는 죄인이라는 자신의 실존을 직시한다. 그는 늦었지만 그의 마음속에는 하나님의 실존을 믿고 있었고, 자신이 지은 죄로 두려워하고 있었다. 그리고 십자가의 형벌을 당연한 것으로 자인하고 있었다. 그러나 중요한 것은 예수께 구원을 요청한 것이다. 예수께서는 마지막 구원을 갈망하며 회개하는 그에게까지 영적, 심적인 질병을 치유하셨고 하나님의 천국을 허락하셨다. 예수 그리스도는 죽는 그 순간까지 복음의 치유자이셨고, 죄인을 구원하시는 구세주이셨다.[114)

7. 기타 질병의 치유사례

이제 지금까지 언급하지 않았던 복음서에 나타난 기타 질병의 치유에 대

---

114) 마 9:13. 막 2:17. 눅 5:32. 딤전 1:15.

해서는 성경본문은 삭제하고 복음서의 순서에 따라 살펴보고자 한다.

사람의 질병은 영적으로나 심적으로, 그리고 생활이나 육체적으로 고통을 주며 정서적으로 소외감과 갈등, 분노와 불안과 수치감과 죄책감을 가지게 한다. 그래서 심적인 항상 어두운 감정의 억압을 가지게 된다. 이들에게는 행복함이란 있을 수 없다. 이미 이들은 육체적으로 결함이 드러난 상태이며, 정서적으로도 정상인들처럼 자신의 생활을 영위할 수 없다는 것에 대한 자신의 한계에 부정적인 사고를 가지고 있다.

어떤 질병들은 사회로부터의 격리됨을 통하여 인간의 기본적인 특권마저 누릴 수 없는 극도의 자괴감 속에 영적 단절을 의미하는 하나님에 대해서도 원망을 가지고 살았을 수 있다. 이처럼 질병을 가진 사람들은 복잡미묘한 문제들로 인하여 창조적인 삶을 유지하기란 어렵다. 그러나 예수 그리스도의 전인적인 치유를 통해 하나님께서 살아계심을 피부로 실감할 뿐 아니라 모든 면에서 전향적인 영적인 은혜의 삶을 살게된 것이다.

제2절 예수 그리스도의 치유사역의 복음성

예수 그리스도의 전반적인 치유의 사역은 하나님께서 창세기 3:15에 이미 예언된 말씀의 응답으로 인류에게 응답되는 복음의 핵심이다. 선포된 예수의 복음이 예언의 응답으로 기록된 말씀으로서의 확실한 진리의 이론이라면, 예수 그리스도의 치유는 행동실천으로 나타난 복음의 핵심인 것이다. 예를 들어 아래의 본문 요한복음 3:17과 10:9와 12:47에 기록된 말씀은 예수께서 선포하신 진리의 복음이다.

["하나님이 그 아들을 세상에 보내신 것은 세상을 심판하려 하심이 아니요 저로 말미암아 세상이 구원을 받게 하려 하심이라"(요3:17).

"내가 문이니 누구든지 나로 말미암아 들어가면 구원을 얻고 또는 들
어가며 나오며 꼴을 얻으리라"(요 10:9).

"사람이 내 말을 듣고 지키지 아니할지라도 내가 저를 심판하지 아니
하노라 내가 온 것은 세상을 심판하려 함이 아니요 세상을 구원하려 함이
로라"(요 12:47)]

그러나 위의 이 말씀으로서 복음 진리의 완성은 예수 그리스도께서 골고
다 십자가를 지시는 실천에서 완성된 것임을 알 수 있기 때문이다.115) 그
러기에 사도 바울은 고린도 교회를 향하여 예수의 십자가 사건이 복음의
핵심임을 보여주었다.

[그리스도께서 나를 보내심은 세례를 주게 하려 하심이 아니요 오직
복음을 전케 하려 하심이니 말의 지혜로 하지 아니함은 그리스도의 십자
가가 헛되지 않게 하려 함이라,18) 십자가의 도가 멸망하는 자들에게는 미
련한 것이요 구원을 얻는 우리에게는 하나님의 능력이라(고전1:17-18)]

이처럼 예수 복음의 치유는 하나님의 대속적 구원의 은총과 사랑과 은혜
와 계시와 악한 세력으로부터 승리의 결정체로 나타나며, 복음의 핵심으로
나타난다. 예수 그리스도의 전인치유는 완전한 개인의 구원뿐 아니라 삶의
현장에서 행복의 풍성함과116) 인간이 잃어버린 하나님의 형상을 회복시키
는 생명운동이었다.

예수의 복음치유는 하나님의 나라(η βασιλεια τοῦ θεοῦ: Kingdom of God)
의 실현을 보여주신 것이며,117) 죄인이 하나님의 자녀로서 의로운 자가 되
었다는 증거를 구체적으로 나타내 보인 것이다.118) 복음(εὐαγγελιον)의 뜻

---

115) 요 19:30; "예수께서 신 포도주를 받으신 후 가라사대 다 이루었다 하시고
　　　머리를 숙이시고 영혼이 돌아가시니라"
116) 요 10:10.
117) 요 12:28.
118) 롬 3:24; "그리스도 예수 안에 있는 구속으로 말미암아 하나님의 은혜로 값

이 말해 주듯이 그 기쁨과 감격의 삶을 제공한 것이다.

간혹 예수의 치유를 복음선교를 위한 하나의 도구로 오해를 하고 격하시키는 엄청난 과오를 범하는 자들이 있는데 그것은 매우 잘못된 판단이며 예수의 복음 자체를 오도하는 행위이다.

예수의 치유는 결코 복음선교의 도구가 아니다. 예수께서 구세주이심을 보여주시는 결정적 계시이며[119], 하나님의 거룩하신 사랑의 행위이며 임마누엘의 표현이시다.[120]

그리고 그 능력을 통해서 하나님의 나라의 현존을 공포하는 것이다. 다시 말해서 내세의 권능을 맛보게 하는 것이다.[121] 그래서 예수께서는 분명 그 일을 위하여 오셨다고 하셨다.[122] 즉 갇힌 자를 구원하기 위하여 오신 것이다(다음 본문 참조).

[갇힌 자의 탄식으로 주의 앞에 이르게 하시며 죽이기로 정한 자를 주의 크신 능력을 따라 보존하소서(시79:11).

이는 갇힌 자의 탄식을 들으시며 죽이기로 정한 자를 해방하사(시102:20).

압박당하는 자를 위하여 공의로 판단하시며 주린 자에게 식물을 주시는 자시로다 여호와께서 갇힌 자를 해방하시며(시146:7).

네가 소경의 눈을 밝히며 갇힌 자를 옥에서 이끌어 내며 흑암에 처한

없이 의롭다 하심을 얻은 자 되었느니라"

119) 마 11:3-5; "예수께 여짜오되 오실 그이가 당신이오니이까 우리가 다른 이를 기다리오리이까 4) 예수께서 대답하여 가라사대 너희가 가서 듣고 보는 것을 요한에게 고하되 5) 소경이 보며 앉은뱅이가 걸으며 문둥이가 깨끗함을 받으며 귀머거리가 들으며 죽은 자가 살아나며 가난한 자에게 복음이 전파된다 하라"

120) 행 2:22.

121) John Bright, The Kingdom of God, 김철손 역, 『하나님의 나라』, (컨콜디아사, 1988), p.284.

122) 막 1:38.

자를 간에서 나오게 하리라(사42:7).

주 여호와의 신이 내게 임하셨으니 이는 여호와께서 내게 기름을 부으사 가난한 자에게 아름다운 소식을 전하게 하려 하심이라 나를 보내사 마음이 상한 자를 고치며 포로된 자에게 자유를 갇힌 자에게 놓임을 전파하며(사61:1).

주의 성령이 내게 임하셨으니 이는 가난한 자에게 복음을 전하게 하시려고 내게 기름을 부으시고 나를 보내사 포로된 자에게 자유를, 눈먼 자에게 다시 보게 함을 전파하며 눌린 자를 자유케 하고(눅4:18).

진리를 알지니 진리가 너희를 자유케 하리라(요8:32).

그러므로 아들이 너희를 자유케 하면 너희가 참으로 자유하리라(요 8:36)]

그러므로 예수의 치유는 예수께서 몸으로 보여주신 전인 치유의 대의사(Total Healer)로서 보여주신 복음의 핵심이며, 하나님의 대속적 구원(σοτέρια: 쏘테리아)의 완성을 보여주신 예수의 구속의 의미가 함축된 사랑의 본질인 동시에, 하나님의 진리와 뜻을 그의 몸으로 세상에 밝혀 보여 주시는 특별 계시로서 눈으로 확인된 복음이다.

제3절 복음치유를 사도들에게 명하신 주님

예수 그리스도의 치유사역의 중요한 특징 중 하나는 그의 제자들을 통하여 지속적이고 영구적으로 계승해 이어져나갈 것을 명령하신 것이다.[123]

---

123) 마 10:5-8, 막 3:14-15, 16:15-20, 눅 10:1-9.

「5)예수께서 이 열둘을 내어 보내시며 명하여 가라사대 이방인의 길로도 가지 말고 사마리아인의 고을에도 들어가지 말고, 6) 차라리 이스라엘 집의 잃어버린 양에게로 가라, 7) 가면서 전파하여 말하되 천국이 가까왔다 하고, 8) 병든 자를 고치며 죽은 자를 살리며 문둥이를 깨끗하게 하며 귀신을 쫓아내되 너희가 거저 받았으니 거저 주어라.」(마태 10:5~8)

「14)이에 열둘을 세우셨으니 이는 자기와 함께 있게 하시고 또 보내사 전도도 하며, 15) 귀신을 내어쫓는 권세도 있게 하려 하심이러라」(마가 3:14~15)

「1)이 후에 주께서 달리 칠십 인을 세우사 친히 가시려는 각동 각처로 둘씩 앞서 보내시며, 2) 이르시되 추수할 것은 많되 일꾼이 적으니 그러므로 추수하는 주인에게 청하여 추수할 일꾼들을 보내어 주소서 하라, 3) 갈지어다 내가 너희를 보냄이 어린 양을 이리 가운데로 보냄과 같도다, 4) 전대나 주머니나 신을 가지지 말며 길에서 아무에게도 문안하지 말며, 5) 어느 집에 들어가든지 먼저 말하되 이 집이 평안할지어다 하라, 6) 만일 평안을 받을 사람이 거기 있으면 너희 빈 평안이 그에게 머물 것이요 그렇지 않으면 너희에게로 돌아오리라, 7) 그 집에 유하며 주는 것을 먹고 마시라 일꾼이 그 삯을 얻는 것이 마땅하니라 이 집에서 저 집으로 옮기지 말라, 8) 어느 동네에 들어가든지 너희를 영접하거든 너희 앞에 차려 놓는 것을 먹고, 9) 거기 있는 병자들을 고치고 또 말하기를 하나님의 나라가 너희에게 가까이 왔다 하라」(누가 10:1~9)

「15)또 가라사대 너희는 온 천하에 다니며 만민에게 복음을 전파하라 16) 믿고 세례를 받는 사람은 구원을 얻을 것이요 믿지 않는 사람은 정죄를 받으리라, 17) 믿는 자들에게는 이런 표적이 따르리니 곧 저희가 내 이름으로 귀신을 쫓아내며 새 방언을 말하며, 18) 뱀을 집으며 무슨 독을 마실지라도 해를 받지 아니하며 병든 사람에게 손을 얹은즉 나으리라 하시더라, 19) 주 예수께서 말씀을 마치신 후에 하늘로 올리우사 하나님 우편에 앉으시니라, 20) 제자들이 나가 두루 전파할새 주께서 함께 역사하사 그 따르는 표적으로 말씀을 확실히 증거하시니라)」(마가16:15~20)

예수의 치유는 당신의 종들을 통하여 그의 백성들에게 끊임없는 사랑과 대속의 은혜를 '엘 샤다이(אֵל שַׁדַּי: 전능하신 하나님)'의 하나님으로서 그리고 '엘 올람(אֵל עוֹלָם: 영원하신 하나님)'의 하나님으로서 현실적이고 실제적으로 자신을 증거하시고자 하시는 것이다.[124]

제4절 사도들의 치유와 함께 역사하시는 예수

예수께서는 부활 승천하시면서 제자들에게 실제적으로 두 가지 일을 당부하셨다. 한 가지는 복음을 전파하는 일이요, 또 하나는 제자들에게 권능을 주시고 복음치유를 명하신 것이다.[125] 그리고 예수께서는 제자들의 치유현장에 영적인 권능으로 함께하셨다.[126] 사도들은 예수 그리스도의 이름으로 치유의 사역을 행했으며, 이 광경을 목격한 자들은 모두가 하나님이 살아 계심을 귀하게 여기며 하나님께 영광을 돌렸다. 사도들이 행한 복음치유 사역을 구체적으로 본문과 함께 살펴보면 다음과 같다.

㉮ 사도행전 3:1-10;

〔1〕 제 구 시 기도 시간에 베드로와 요한이 성전에 올라갈새 2) 나면서 앉은뱅이 된 자를 사람들이 메고 오니 이는 성전에 들어가는 사람들에게 구걸하기 위하여 날마다 미문이라는 성전문에 두는 자라 3) 그가 베드로와 요한이 성전에 들어가려 함을 보고 구걸하거늘 4) 베드로가 요한으로 더불어 주목하여 가로되 우리를 보라 하니 5) 그가 저희에게 무엇을 얻을까 하여 바라보거늘 6) 베드로가 가로되 은과 금은 내게 없거니와 내게 있는 것으로 네게 주노니 곧 나사렛 예수 그리스도의 이름으로 걸으라 하고 7) 오른손을 잡아 일으키니 발과 발목이 곧 힘을 얻고 8) 뛰어 서서 걸으며 그들과 함께 성전으로 들어가면서 걷기도 하고 뛰기도 하며 하나님을 찬미하니 9) 모든 백성이 그 걷는 것과 및 하나님을 찬미함을 보고 10)

---

124) Charles Perrot, *Jesus et L'Histoire*, 박상래 역, 『예수와 역사』, (카톨릭출판사, 1985), p.227.

125) 막 16:15-20.

126) 행 3:6-7, 행 14:8-10.

그 본래 성전 미문에 앉아 구걸하던 사람인 줄 알고 그의 당한 일을 인하
여 심히 기이히 여기며 놀라니라]

번호	사 도 명	치 유 된 병 명	사건이 기록된 성경	장 소
1	베드로	나면서 앉은뱅이 된 자	행3:1-10	성전미문
2	베드로	많은 병자들을 고침	행5:12-16	예루살렘
3	아나니아	사울(바울)의 소경을 치료	행9:10-19	직가
4	베드로	중풍병자 애니아를 고침	행9:32-35	룻다
5	베드로	다비다(도르가)를 살림	행9:36-43	욥바
6	바울	나면서 앉은뱅이 된자	행14:8-10	루스드라
7	바울	귀신들린 여인을 고침	행16:14-18	빌립보
8	바울	병든 자, 사귀를 쫓음	행19:11-12	에베소
9	바울	유두고를 살림	행20:7-12	드로아
10	바울	보블리오의 부친 열병과 이질	행28:7-10	멜리데

표 7

㉯ 사도행전5:12-16;

　[12] 사도들의 손으로 민간에 표적과 기사가 많이 되매 믿는 사람이 다
마음을 같이하여 솔로몬 행각에 모이고 13) 그 나머지는 감히 그들과 상
종하는 사람이 없으나 백성이 칭송하더라 14) 믿고 주께로 나오는 자가
더 많으니 남녀의 큰 무리더라 15) 심지어 병든 사람을 메고 거리에 나가
침대와 요 위에 뉘우고 베드로가 지날 때에 혹 그 그림자라도 뉘게 덮일
까 바라고 16) 예루살렘 근읍 허다한 사람들도 모여 병든 사람과 더러운
귀신에게 괴로움 받는 사람을 데리고 와서 다 나음을 얻으니라]

㉰ 사도행전9:10-19;

　[10] 그 때에 다메섹에 아나니아라 하는 제자가 있더니 주께서 환상 중
에 불러 가라사대 아나니아야 하시거늘 대답하되 주여 내가 여기 있나이
다 하니 11)주께서 가라사대 일어나 직가라 하는 거리로 가서 유다 집에

서 다소 사람 사울이라 하는 자를 찾으라 저가 기도하는 중이다 12)저가 아나니아라 하는 사람이 들어와서 자기에게 안수하여 다시 보게 하는 것을 보았느니라 하시거늘 13)아나니아가 대답하되 주여 이 사람에 대하여 내가 여러 사람에게 듣사온즉 그가 예루살렘에서 주의 성도에게 적지 않은 해를 끼쳤다 하더니 14)여기서도 주의 이름을 부르는 모든 자를 결박할 권세를 대제사장들에게 받았나이다 하거늘 15)주께서 가라사대 가라 이 사람은 내 이름을 이방인과 임금들과 이스라엘 자손들 앞에 전하기 위하여 택한 나의 그릇이라 16)그가 내 이름을 위하여 해를 얼마나 받아야 할 것을 내가 그에게 보이리라 하시니 17)아나니아가 떠나 그 집에 들어가서 그에게 안수하여 가로되 형제 사울아 주 곧 네가 오는 길에서 나타나시던 예수께서 나를 보내어 너로 다시 보게 하시고 성령으로 충만하게 하신다 하니 18)즉시 사울의 눈에서 비늘 같은 것이 벗어져 다시 보게 된지라 일어나 세례를 받고 19)음식을 먹으매 강건하여지니라]

㉘ 사도행전9:32-35;

　[32) 때에 베드로가 사방으로 두루 행하다가 룻다에 사는 성도들에게도 내려갔더니 33) 거기서 애니아라 하는 사람을 만나매 그가 중풍병으로 상위에 누운 지 팔 년이라 34) 베드로가 가로되 애니아야 예수 그리스도께서 너를 낫게 하시니 일어나 네 자리를 정돈하라 한대 곧 일어나니 35) 룻다와 사론에 사는 사람들이 다 그를 보고 주께로 돌아가니라]

㉙ 사도행전9:36-43;

　[36) 욥바에 다비다라 하는 여제자가 있으니 그 이름을 번역하면 도르가라 선행과 구제하는 일이 심히 많더니 37) 그 때에 병들어 죽으매 시체를 씻어 다락에 뉘우니라 38) 룻다가 욥바에 가까운지라 제자들이 베드로가 거기 있음을 듣고 두 사람을 보내어 지체 말고 오라고 간청하니 39) 베드로가 일어나 저희와 함께 가서 이르매 저희가 데리고 다락에 올라가니 모든 과부가 베드로의 곁에 서서 울며 도르가가 저희와 함께 있을 때에 지은 속옷과 겉옷을 다 내어 보이거늘 40) 베드로가 사람을 다 내어 보내고 무릎을 꿇고 기도하고 돌이켜 시체를 향하여 가로되 다비다야 일어나라 하니 그가 눈을 떠 베드로를 보고 일어나 앉는지라 41) 베드로가 손을 내밀어 일으키고 성도들과 과부들을 불러들여 그의 산 것을 보이니 42) 온 욥바 사람이 알고 많이 주를 믿더라 43) 베드로가 욥바에 여러 날 있어 시몬이라 하는 피장의 집에서 유하니라]

㉒ 사도행전14:8-10;

[8] 루스드라에 발을 쓰지 못하는 한 사람이 있어 앉았는데 나면서 앉은뱅이 되어 걸어 본 적이 없는 자라 9) 바울의 말하는 것을 듣거늘 바울이 주목하여 구원받을 만한 믿음이 그에게 있는 것을 보고 10) 큰 소리로 가로되 네 발로 바로 일어서라 하니 그 사람이 뛰어 걷는지라]

㉙ 사도행전16:14-18;

[14] 두아디라 성의 자주 장사로서 하나님을 공경하는 루디아라 하는 한 여자가 들었는데 주께서 그 마음을 열어 바울의 말을 청종하게 하신지라 15) 저와 그 집이 다 세례를 받고 우리에게 청하여 가로되 만일 나를 주 믿는 자로 알거든 내 집에 들어와 유하라 하고 강권하여 있게 하니라 16) 우리가 기도하는 곳에 가다가 점하는 귀신들린 여종 하나를 만나니 점으로 그 주인들을 크게 이하게 하는 자라 17) 바울과 우리를 좇아와서 소리질러 가로되 이 사람들은 지극히 높은 하나님의 종으로 구원의 길을 너희에게 전하는 자라 하며 18) 이같이 여러 날을 하는지라 바울이 심히 괴로와하여 돌이켜 그 귀신에게 이르되 예수 그리스도의 이름으로 내가 네게 명하노니 그에게서 나오라 하니 귀신이 즉시 나오니라]

㉛ 사도행전19:11-12;

[11] 하나님이 바울의 손으로 희한한 능을 행하게 하시니 12) 심지어 사람들이 바울의 몸에서 손수건이나 앞치마를 가져다가 병든 사람에게 얹으면 그 병이 떠나고 악귀도 나가더라]

㉜ 사도행전20:7-12;

[7] 안식 후 첫날에 우리가 떡을 떼려 하여 모였더니 바울이 이튿날 떠나고자 하여 저희에게 강론할 새 말을 밤중까지 계속하매 8) 우리의 모인 윗다락에 등불을 많이 켰는데 9) 유두고라 하는 청년이 창에 걸터 앉았다가 깊이 졸더니 바울이 강론하기를 더 오래 하매 졸음을 이기지 못하여 삼층누에서 떨어지거늘 일으켜 보니 죽었는지라 10) 바울이 내려가서 그 위에 엎드려 그 몸을 안고 말하되 떠들지 말라 생명이 저에게 있다 하고 11) 올라가 떡을 떼어먹고 오랫동안 곧 날이 새기까지 이야기하고 떠나니라 12) 사람들이 살아난 아이를 데리고 와서 위로를 적지 않게 받았더라]

예수께서는 사도들이 행하는 복음치유 사역에 철저하게 함께하셨다. 예
수 그리스도의 복음치유는 아무나 배워서 흉내내어서 되는 것이 아니다.
그리고 예수 그리스도의 이름 그 자체가 이미 권능을 지니고 있지만 그렇
다고 아무나 예수 이름을 빙자하여 외친다고 병이 낫고, 귀신이 겁을 먹고
쫓겨나가는 것이 아니다. 예수께서 철저하게 당신이 세우신 종들을 통하여
복음치유를 행하셨음을 알아야 한다.

　예를 들어 사도 바울이 예배소에서 병든 자를 고치고 사귀를 쫓아내었
다.127) 이를 목격한 어떤 유대인 마술사가 시험적으로 귀신들린 자에게 예
수의 이름으로 축사를 실시했으나 실패를 했다. 그리고 유대의 한 제사장
스게와의 일곱 아들도 이 일을 행했는데 오히려 귀신에게 혼이 나고 말았
다는 사실을 보아도 이를 입증해 주는 것이다(아래 본문을 참조할 것).

---

127) 행 19:13-20.

복하여 행한 일을 고하며 19)또 마술을 행하던 많은 사람이 그 책을 모아
가지고 와서 모든 사람 앞에서 불사르니 그 책 값을 계산한즉 은 오만이
나 되더라 20)이와 같이 주의 말씀이 힘이 있어 흥왕하여 세력을 얻으니
라] (사도행전 19:13-20)

우리는 이처럼 예수의 치유사역이 사도들에게 계승된 것을 알 수 있다.
이러한 측면에서 기름부음을 받아 세우심을 입은 목회자들은 전인치유의
사역자로서 이 일을 감당해야 한다는 것은 필연적인 거룩한 사명임을 인
식하고 예수께서 목회의 본을 보여 주신대로 이 치유사역을 재조명해야
할 것이다.

제5절 교회의 치유와 함께 역사 하시는 예수

교회의 치유란, 예수께서 당신이 세우신 종들로 통하여 그들과 함께하셔
서 교회공동체의 일원들이 전인적으로 온전해지게 하는 전인적 치유를 말
한다. 하나님은 예수를 통하여 이 땅에 하나님의 나라를 건설하기 위하여
백성들의 고난에 함께 동참하셨을 뿐만 아니라 마음과 몸이 병든 자들의
아픔을 치유해 주셨다.128) 예수께서는 하나님의 나라를 위하여 교회(εκκλη
σια)를 세우리라129)고 하셨다. 물론 예수께서 말씀하신 교회나 사도들이
조직한 교회는 성전 종교와 회당 종교와는 달랐다. 성전 종교와 회당 종교
의 목적은 유다나 이스라엘 왕국(王國)인데 비하여 주님과 사도들의 목적
은 "하나님의 나라"였다.130)

우리는 이미 본 논문 제4장 제4절에서 살펴본 바와 같이 예수 그리스도

---

128) 정태기, 『위기목회상담』, (대한기독교서회, 1995), p.45.
129) 마 16:18.
130) 손병호, 『복음신학원론』, p.69.

께서는 사도들의 치유 사역에 시공간을 초월한 초월자의 존재로서 함께하셨다는 것도 살펴보았다. 사도들은 그 당시 이미 초대교회 공동체를 구성하고 있었으며 예수께서는 교회의 머리로서 교회와 함께하셨다.[131) 그리고 사도들은 교회 안에서 치유의 사역을 행했음을 알 수 있다.[132) 바울은 자신의 입으로 직접 이 치유사역을 행했음을 말했다.[133) 이러한 치유사역을 잘 이행함으로서 주의 말씀이 힘이 있어 흥왕하여 세력을 얻게 되었고[134), 그리고 "믿음의 기도는 병든 자를 구원하리니 주께서 저를 일으키시리라 혹시 죄를 범하였을지라도 사하심을 얻으리라" 고 예수의 젖 동생인 야고보께서 교훈 하였다.[135)

이러한 복음치유의 사역은 교회사 전체를 통해서 언제든지 나타난 현상이었다.[136) 제1세기 고대교부시대(古代敎父時代)때에 저스틴 말터(Justine Martyr,100~165 A.D.)는 강조하기를 치유의 은사가 사도시대 뿐 아니라 교부들에게도 주어진 영적인 은사임을 말했다. 이와 같은 사건은 제2세기에 들어와서도 마찬가지였다.[137) 초기 교회의 교부인 리옹의 이레네우스(Irenaeus,140~203. A.D.)[138) 당시 성령의 은사에 충만하여 귀신 쫓아내는

---

131) 엡 1:2, 5:23, 골 1:18.
132) 고전 12:9, 28, 30.
133) 고후 12:12; 「사도의 표 된 것은 내가 너희 가운데서 모든 참음과 표적과 기사와 능력을 행한 것이라」
134) 행 9:31, 19:20.
135) 약 5:15.
136) 이종성, 『성령론』, (대한기독교출판사, 1986), p.347.
137) *Ibid.*
138) 이레네우스(Irenaeus,140~203.6.28 A.D.)-초기 교회의 교부(敎父), 최초의 가톨릭 신학자, 성인(축일 6월 28일). 리옹의 이레나이우스라고도 한다. 소아시아의 스미르나 출생. 자세한 전기는 전하지 않으나 로마에서 수학했으며, 프랑스 리옹의 박해 때 순교한 포티노 주교의 뒤를 178년경 주교서품을 받고 리옹 교구를 맡았다. 이단 그노시스파(派)와 논쟁하여 그리스도의 구원을 역설, 신학의 성립·발전에 매우 중요한 역할을 하였다. 동 갈리아 지방에 그리스도교를 포교하다가 후에 순교한 것으로 추정된다. 그의 저서 중 『모든 이단에 반대하여: Adversus haereses』 (5권)는 그노시스파, 즉 영지주의(靈智主義)를 비판한 글로서 유명한데, 그는 만물의 창조자는 하나님 단 한 분뿐임을 강조

일과 예언과 환상 보는 것과 치유 사건에 대해서 말하고 있다. 오리게네스 (Origenes, 185?~254?)[139], 터툴리아누스, 키프리아누스(Cyprianus, 200?~258)[140] 등도 치유에 대해서 말하고 있으며, 그레고리(Gregorius)라는 오리게네스의 제자는 이적을 행하는 자로 알려져 있었다.[141] 그러나 너무 무질서하게 이적을 행하는 사람들로 인하여 5세기 때는 신부들만 치유를 할 수 있도록 규정하는 바람에 중세기인 12세기에 와서는 신부의 독점물이 되기도 했다.[142] 이러한 로마 카톨릭 교회에 대한 반작용으로 중세기에는 알비겐스(Albigensiens)파와 카타리(Catharists)파와 17세기의 케이커 교도(George Fox)들 가운데서 이적을 행하는 사람들이 많이 나왔다.[143]

베드(Bade,E)는 그의 저서 『*Ecclesiastical History of England*』에서 치유의 기적

한다.

139) 오리게네스; 알렉산드리아 학파의 대표적 신학자. 이집트의 알렉산드리아 출생. 데키우스 황제의 박해를 받아 254년경 티루스에서 순교한 것으로 알려져 있다. 저서가 매우 많아 히에로니무스는 2,000권에 이른다고 말하고 있다. 오리게네스의 신학사상의 근본은 그리스도교와 그리스 철학을 조화·융합시킨 데 있다. 그 목적을 위하여 사용된 방법이 성서의 비유적 해석이다. 인간이 몸·마음·영혼으로 이루어졌듯이 성서에도 이 세 가지에 대응하여 자의적 (字義的)·도덕적·영적으로 각각 의미가 있다고 생각했는데, 성서의 영적 의미는 철학적 진리의 비유로 이해하였다. 이 방법에 따라 성서해석에 상당한 철학적 첨가가 이루어진 점만은 부인할 수 없다. 정통적인 유신론과 플라톤적인 세계관이 절충을 이루고 있는 것이다. "그리스도의 신성(神性)은 아버지이신 신의 아래 위치한다"고 하는 등, 몇 가지 점에서 교회의 전통적 해석에서 벗어나는 유설(謬說)이라고 공의회의 배척을 받았지만, 그리스도교 최초의 체계적 사색가(思索家)로서 이후의 신학사상 발전에 공헌한 점은 매우 크다.

140) 키프리아누스; 라틴의 교부, 가톨릭의 성인. 카르타고 출생. 당시로서는 최고의 교육을 받아 웅변술의 스승으로 유명하였다. 246년 그리스도교로 개종하고, 249년 주교(主敎)로 추대되었다. 250년 로마 황제 데키우스의 박해를 비롯한 수차의 박해에도 굴하지 않고 사제와 신도를 인도하였다. 교리상의 논쟁에도 가담하여 큰 발자취를 남겼으나, 로마 황제 발레리아누스의 박해로 순교하였다. 신학의 여러 문제, 특히 교회론과 관련한 저작 『카톨릭 교회의 통일』을 남겼고, 중세에서 근세에 걸쳐 아우구스티누스를 위시한 많은 신학자·사상가에게 영향을 끼쳤다.

141) *Ibid.*

142) Ibid.

143) Ibid.

에 대해서 자주 언급하고 있는데, 소경이 눈 뜬 사실을 언급한 것이나 감독 요한이 벙어리를 고친 이야기 등등을 소개하고 있다.[144] 암흑기라는 중세에도 이처럼 여전히 성령의 역사로 치유의 사역은 계속되어왔다.

말틴 루터(Martin Luther,1483~1546 - 독일의 종교개혁자·신학자. 아이슬레벤 출생)는 종교개혁 초기에는 치유를 부인해 왔으나 제자이자 친구라고 할 수 있는 멜랑히톤이 병에 들자 루터는 그를 위하여 기도하여 회복이 되는 치유의 경험을 얻은 후로는 인정하게 되었다. 현대에 와서는 감리교의 창시자 요한 웨슬레(John Wesley, 1703~1791)도 하나님의 치유의 기적을 많이 행했으며, 이러한 치유의 은사를 주장하는 사람들을 펜테코스트(Pentacost) 운동자들 안에서나 카리스마(Charisma) 운동자들 안에서 많이 발견하는데, 이러한 현상은 단지 미국뿐만 아니라 남미와 아프리카와 아시아, 한국교회까지 영향을 미치고 있다.[145]

예수 그리스도의 치유는 교회와 함께 하고 있다. 이것은 누구도 훼방할 수 없는 성령의 강권적인 사역이다. 그런데 한국교회는 이러한 치유의 복음신학이 없는데 그 맹점이 있다. 그래서 교회마다 도피적이고 이단시하며 성령의 사역을 제한하는 교회도 없지 않다.

이제 교회는 하나님께서 창조하신 사람을 선교하기 위하여 존재한다면 사람에 대해서 좀 더 깊은 신학적 연구가 필요하며, 세상에서 상한 심신을 가지고 왔을 때 그들의 상함을 전인적으로 치유할 수 있도록 교회는 노력해야할 의무가 있는 것이다. 그리고 예수께서는 사랑의 치유자로 영원히 함께 하실 것이다.[146]

---

144) Bade, E, Ecclesiastical History of England, (Plentia: Vineyard Christian Fellowship, 1984), pp.237~240.

145) 이종성, 『성령론』, p.348.

146) 마 28:20;「내가 너희에게 분부한 모든 것을 가르쳐 지키게 하라 볼지어다 내가 세상 끝날까지 너희와 항상 함께 있으리라 하시니라」
요 14:18;「내가 너희를 고아와 같이 버려 두지 아니하고 너희에게로 오리라」

제Ⅴ장 복음치유와 교회와의 연관성

　본 장에서는 복음치유와 교회와의 연관성을 살펴보고자 한다.

　복음치유의 정의는, 주님 예수로부터 선포된 말씀과 아울러 그의 사랑의 행함으로 직접 몸으로 보여주신 치유의 행위까지를 통틀어 "복음치유"라 필자는 말한다. 주지하시다시피 주님의 복음치유는 사도들에게 계승되어 초대교회 안에서 말씀과 함께 카리스마적 위치에 있었다.[1] 사도행전에서 사도들의 목회나 선교활동을 보면 주님의 목회활동처럼 말씀과 치유 어느 한쪽도 기울여짐이 없는 형태를 갖추고 있음을 알 수 있다.

　그들은 이미 어릴 때부터 몸에 베인 신앙의 지식이 있었고, 주님을 만나서 함께 생활하며 몸소 배움으로서[2] 그들의 율법적인 신앙지식이 복음신학으로 승화되게 되었다. 그래서 그들의 모든 목회나 선교활동은 율법에 기초를 한 것이 아니라 주님의 복음을 기초로 하여 활기 있게 전파되었던 것이다.[3] 그리고 사도들이 전하는 복음은 십자가에서 마귀 사탄의 세력에서 패배하고 돌아가신 가냘픈 나사렛 청년을 연민의 정으로 소개하는 것

---

1) 행 3:6.
2) 눅 8:1.
3) 행 8:4, 25, 35, 40. 사도행전에는 '복음'이라는 말이 11회 나온다.

이 아니었다. 오히려 사탄의 음부의 권세를 깨뜨리고 삼일만에 부활하심으로 우주적인 승리를 거두시고, 그 부활의 참 생명을 교회를 통하여 상속자인 하나님 나라의 백성(교회)들에게[4] 승리의 확신을 선포하는 하나님의 독생자 예수의 복음이었다.[5] 그리고 모든 인간의 관습과 유전과 편견과 형식과 지식과 상식과 굴레의 장벽을 허물고 그의 백성들과 함께 하시고자 하시는 예수의 영, 바로 보혜사 성령의 시대를 복음으로 개관하는 역사적인 사건인 것이다.[6]

사도들은 그들이 주님의 이름으로 조직한 교회 안에서 그들이 주님을 통하여 보고, 듣고, 배운(예수의 복음)것들을 구체화하고 행동화하여 실천하였던 것이다.[7] 사도들의 이러한 실천적인 복음목회의 목적은 이미 주님께서 이룩하신 하나님 나라의 실현이 능력으로 구체화되는 실존적 계시인 것이었다.[8] 그러므로 사도들이 행한 치유의 기적들은 우연적으로 나타난 것이 아니라 예수께서 행하신 치유의 복음처럼 하나님 나라의 현존을 공포하는 교회의 대 사명으로, 그리고 사탄의 능력을 분쇄하는 능력을 가진 교회의 승리를 확인시켜 주는 새 시대의 여명인 것이다(아래본문참조).

「18) 또 내가 네게 이르노니 너는 베드로라 내가 이 반석 위에 내 교회

---

4) 갈 3:29, 계21:7.

5) 행 2:30-32.

6) 요 14:16, 26, 15:26, 16:7.
　　"내가 아버지께 구하겠으니 그가 또 다른 보혜사를 너희에게 주사 영원토록 너희와 함께 있게 하시리니"(요 14:16).
　　"보혜사 곧 아버지께서 내 이름으로 보내실 성령 그가 너희에게 모든 것을 가르치시고 내가 너희에게 말한 모든 것을 생각나게 하시리라"(요 14:26).
　　"내가 아버지께로서 너희에게 보낼 보혜사 곧 아버지께로서 나오시는 진리의 성령이 오실 때에 그가 나를 증거하실 것이요'(요 15:26).
　　"그러하나 내가 너희에게 실상을 말하노니 내가 떠나가는 것이 너희에게 유익이라 내가 떠나가지 아니하면 보혜사가 너희에게로 오시지 아니할 것이요 가면 내가 그를 너희에게로 보내리니"(요 16:7).

7) 행 4:20.

8) 고전 4:20; "하나님의 나라는 말에 있지 아니하고 오직 능력에 있음이라"

를 세우리니 음부의 권세가 이기지 못하리라 19) 내가 천국 열쇠를 네게
주리니 네가 땅에서 무엇이든지 매면 하늘에서도 매일 것이요 네가 땅에
서 무엇이든지 풀면 하늘에서도 풀리리라.」(마 16:18-19)

이러한 계승을 이어받은 오늘의 교회는 주님의 복음치유를 미신적인 신
앙 표현이나, 군더더기처럼 외면하고 폐기처분할 것이 아니라 시급히 회복
되어야 할 복음서의 신앙임을 인식하고, 복음신학과 복음목회와 복음선교
의 새로운 시대를 열어야 하겠다.

질문을 해보자. 복음서에 왜 예수의 치유의 사건을 기록했는가?

미신적인 신앙을 독려하기 위해서인가? 아니면 지면을 메우기 위해서
억지로 붙여놓은 군더더기란 말인가? 그것은 주님의 복음적 인격을 말해
주는 것이 아닌가?[9] 이제 현대 교회는 복음신학과 복음목회와 복음선교에
대한 새로운 조명을 해보아야 할 것이다.

제1절 복음치유와 신학과의 관계

신학은 체계적인 논리와 이론만으로 완성되어지는 것이 아니다. 그것은
철학에 불과한 것이며, 또한 학문적 지식에 불과한 것이다. 신학은 체계적
이고 논리적인 이론만으로 완성되는 것이 아니라 이것을 완성시키는 실천
적 목적이 반드시 있어야 한다. 그래야 진리가 완성되는 것이다. 복음서에
나타난 주님의 실천적인 모습은 구약에 선지자들로 인하여 선포되고 기록
된 예언들이 자신에 대한 진리임을 확증시켜 주는 결정적 행위이다. 이로
서 주님은 당신이 복음 자체임을 확실하게 입증하신 것이다.[10]

---

9) John Bright, *Ibid.*
10) 눅 1:70, 24:27, 44, 행 3:18, 28:23.

「그 부친 사가랴가 성령의 충만함을 입어 예언하여 가로되 68) 찬송하리로다 주 이스라엘의 하나님이여 그 백성을 돌아보사 속량하시며 69) 우리를 위하여 구원의 뿔을 그 종 다윗의 집에 일으키셨으니 70) 이것은 주께서 예로부터 거룩한 선지자의 입으로 말씀하신 바와 같이 71) 우리 원수에게서와 우리를 미워하는 모든 자의 손에서 구원하시는 구원이라(눅 1:67-71)」

「이에 모세와 및 모든 선지자의 글로 시작하여 모든 성경에 쓴 바 자기에 관한 것을 자세히 설명하시니라(눅24:27)」

「또 이르시되 내가 너희와 함께 있을 때에 너희에게 말한 바 곧 모세의 율법과 선지자의 글과 시편에 나를 가리켜 기록된 모든 것이 이루어져야 하리라 한 말이 이것이라(눅 24:44)」

「그러나 하나님이 모든 선지자의 입을 의탁하사 자기의 그리스도의 해 받으실 일을 미리 알게 하신 것을 이와 같이 이루셨느니라(행 3:18)」

「저희가 일자를 정하고 그의 우거하는 집에 많이 오니 바울이 아침부터 저녁까지 강론하여 하나님 나라를 증거하고 모세의 율법과 선지자의 말을 가지고 예수의 일로 권하더라(행 28:23)」

그래서 당대에 신학으로 가장 박식한 바울은 과거의 그릇된 신학적 구습에서 완전히 해방되는 기쁨을 간직하게 되면서, 빌립보서 3:7~9에서 "그러나 무엇이든지 내게 유익하던 것을 내가 그리스도를 위하여 다 해로 여길 뿐더러, 또한 모든 것을 해로 여김은 내 주 그리스도 예수를 아는 지식이 가장 고상함을 인함이라 내가 그를 위하여 모든 것을 잃어버리고 배설물로 여김은 그리스도를 얻고, 그 안에서 발견되려 함이니 내가 가진 의는 율법에서 난 것이 아니요 오직 그리스도를 믿음으로 말미암은 것이니 곧 믿음으로 하나님께로서 난 의라"고 했다. 그의 신학은 이론이 아니라 예수 그리스도의 사랑의 복음을 실천하는데 그 목적을 가지고 살았다. 그래서 그는 십자가를 피하는 자가 아니라 오히려 십자가를 지기를 영광으로 알고[11] 누구보다도 '복음'이라는 말을 많이 사용한 것이다.

사도들의 복음신학은 실천적인 목적이 분명하게 있었다. 예수의 복음은 "네 마음을 다하고 목숨을 다하고 뜻을 다하여 주 너의 하나님을 사랑하라", "네 이웃을 네 몸과 같이 사랑하라", "너희 원수를 사랑하며 너희를 핍박하는 자를 위하여 기도하라"는 것이었다.[12] 보른캄(G. Bornkamm)은 이에 대하여 주님의 사랑의 요구의 근거는 오직 하나님의 뜻과 하나님의 행위로 보았다.[13]

사도들은 주께서 지신 십자가를 통하여 사랑의 복음을 배웠으며,[14] 그 사랑의 능력을 실천하며 주님의 복음의 세계를 능력 있게 전파했던 것이다. 주님의 복음의 세계는 세상의 통치개념이 아닌 하나님의 공의로우신 사랑이 통치하는 세계, 즉 "하나님 나라" 인 것이다. 손병호 박사는 "사랑과 용서와 영생"이 있는 곳이 곧 "하나님의 나라"라고 역설했으며, 사랑과 용서와 영생이 있는 곳에서는 다른 그 무엇이 더 이상 필요가 없는 세상이라고 했다.[15]

이와 반대로 유대교의 제사장이나 바리새인들과 서기관들은 나름대로 신학은 있었으나 실천적인 목적이 분명하지 않기 때문에 배타적이고, 부정적이고, 소극적이었으며, 보고(Seeing) 들어도(Hearing) 깨닫지(Understanding) 못하는 그야말로 소경이요, 귀머거리요, 우매한 자들이었다.[16] 그러기에 그들은 형식적인 위선자들이 되어서 미워하고, 증오하고, 시기하고, 음모하고, 지적하고, 비판하고, 정죄하고, 과시하고, 치고, 싸우고, 물고, 뜯고, 차고, 때리고, 원수 맺고, 나중에는 죽이는 것이었다.

이처럼 치유와의 신학적 관계는 신학을 완성케 하는 양 축이다. 치유와 신학과의 관계를 간략하게 요약한다면,

---

11) 갈 2:20.

12) 마 5:44, 22:37-39.

13) Günther Bornkamm, *Jesus von Nazareth*, 강한표 역, 『나사렛 예수』, (대한기독교 서회, 1986), p.114.

14) 고전 2:2, 갈 2:20, 6:14.

15) 손병호, 『복음신학』, p.103.

16) 사 6:9-10, 마 13:14.

• 기독론(Christology)적으로는 구약성서의 예언된 메시야적인 치유로서 예언의 완성은 물론, 계시된 하나님의 사랑의 표현이며 예수 그리스도의 복음의 실체이다. 예수의 십자가의 죽으심과 부활은 우리를 구속하시는 결정적인 사건일 뿐 아니라, 과거의 우리의 질고를 친히 담당하신 것이며,[17] 또한 부활의 승리는 우리의 영혼과 육체적 구속까지를 포함하는 전인적인 구속과 치유를 증명하는 것이다.

• 성령론(Pneumatology)적으로는 하나님께서 인간을 창조하실 때에 흙과 생기(רוח.루아흐)[18]라는 성령으로 창조하셨다. 에밀 부르너(E. Brunner)의 말을 인용하면 신은 성령을 통하여 우리 안에서 사역하며 결정적인 중요한 일은 그리스도를 우리에게 존재케 하는 일이라는 것이다. 그리고 사람이 사람이 되려면 성령의 사역을 통하여 가능하며, 성령은 새로운 삶을 창조하고 새로운 심리적 힘과 심지어 육체적 힘을 창조해 주는 데 있다는 것이다.[19]

• 성령은 죽은 것에 생명을 불어넣는 바람과 같은 기운이며 하나님의 힘인 것이다. 그래서 성령이 흙을 사람으로 변화시킨 것이며, 질병은 인간의 육신 속에서 생명을 빼앗아가지만 성령은 새 생명을 주시고 치유의 능력을 주시고 문제를 해결하는데 도와주시는 것이다. 그러므로 치유는 성령의 사역인 것이다. 주님은 바로 이러한 성령의 권능을 입으시고 메시야의 사명을 감당하신 것이다.[20]

• 구원론(Soteriology)적으로는 구원(Salvation)이라는 단어를 헬라에서 찾

---

17) 마 8:16-17.
18) 이기문, p.249.
19) 이종성, 『성령론』, p.39.
20) 눅 4:18-19; 「주의 성령이 내게 임하셨으니 이는 가난한 자에게 복음을 전하게 하시려고 내게 기름을 부으시고 나를 보내사 포로된 자에게 자유를, 눈먼 자에게 다시 보게 함을 전파하며 눌린 자를 자유케 하고 19) 주의 은혜의 해를 전파하게 하려 하심이라」

아보면 '소조(σώζω)'와 '흐루오마이(ρύομαι)'가 있는데 그 어의를 보면 '소조'는 구원하다, 안전하고 건강하게 지키다, 위험과 죽음에서 구하다 라는 뜻이 있고, '흐루오마이'는 구출하다, 구해내다, 보존하다, 보호하다 라는 뜻이 있다.[21]

구원론 자체가 파괴된 인간의 전인구원에 있기 때문에 치유는 곧 하나님의 은혜와 사랑을 전제로 한 구원론적 배경을 가지고 있다.[22] 치유와 신학과의 관계만을 가지고 연구를 해도 대단한 논문이 될 수 있는 광범위한 것이기 때문에 여기서는 간략하게 요약하는 것으로 맺는다.

제2절 복음치유와 목회와의 관계

목회란, 임택진 목사의 글을 인용하면 "목자가 양을 치는 것같이 영혼의 목자인 목사가 신자들을 진리로 가르치며 기르는 것"이라고 정의를 했다.[23] 그렇다면 필자는 다음과 같이 반론을 하고 싶은데, 그것은 어떻게 사람을 영혼과 육체를 구분하여 인도할 수 있다는 말인가? 주님은 분명하게 사도의 대표성을 띄고 있는 베드로에게 "내 어린 영혼을 먹이라, 치라" 하지 않으시고 "내 어린양을 먹이라"[24] "내 양을 치라"[25] "내 양을 먹이라"[26] 하셨다. 곧 이 주님의 말씀의 핵심은 주님의 양들을 "돌봄"이다.

필자가 말하고자 하는 진정한 복음목회는 목자가 양이 전인적으로 건강하도록 돌보는 하나님으로부터 거룩한 사명을 받은 천명(天命)이며 천직

---

21) 김성혜, *Ibid.*, p.74.
22) 마 9:21-22, 막 5:23, 34, 10:52, 눅 18:12.
23) 임택진, 『목회자가 쓴 목회학』, (대한예수교장로회 교육부, 1974), p.13.
24) 요 21:15.
25) 요 21:16.
26) 요 21:17.

(天職)이며 소명(召命)이라고 하겠다. 이러한 목회의 풍경화를 주님께서 아름다운 표현으로 소개한 곳이 있는데 바로 그곳이 요한복음 10장에 나타나 있다.

목회는 하나님의 백성을 전인적으로 건강하게 돌보는 거룩한 사역이기 때문에 목회사명에 대한 투철한 소명의식과 사랑의 열심과 아울러 양들의 전인적이고 근본적인 체질을 깊이 연구하는 탐구력과 실천적인 목적이 분명해야 한다.

주님은 "내가 주릴 때에 너희가 먹을 것을 주었고 목마를 때에 마시게 하였고 나그네 되었을 때에 영접하였고, 벗었을 때에 옷을 입혔고 병들었을 때에 돌아보았고 옥에 갇혔을 때에 와서 보았느니라"고 삶의 자리에서 행동의 실천을 요구하셨다.[27] 그런데 목회자의 사명을 받은 사람은 무엇보다도 하나님께서 맡겨주신 양들의 내면적인 것과 외면적인 것, 즉 전인적인 연구에 열심을 가지고 끊임없이 목회현장에서 최선을 다해야 한다.[28]

혹자는 치유는 의사가 하는 것이지 목사가 하는 것이 아니라고 궁색한 답변을 하는데 그것은 그렇지가 않다. 목사의 치유는 전인적인 사람을 보고 영혼과 마음과 육체의 그 실병을 치유하는 것이지만, 의사는 사람의 육신의 병만을 보고 치료한다. 그래서 의사는 육신의 병을 보고 병을 쫓다가 사람을 잃게 되는 것을 많이 보게 된다. 그러므로 목사의 치유 행위와 병원의 의사의 치료 행위는 그 차원이 벌써 다르다. 물론 현대의학을 부인하고 배척하는 것은 아니다. 의사를 필요로 하는 질병도 많지만 의사가 행하는 의료행위는 어디까지나 인간의 육체적 치료에 불과한 것이지 결코 목사처럼 전인적인 치유가 아니다.

그리고 현대의학으로서는 고칠 수 없는 수많은 환자들을 대하는 필자로서는, 그들이 주님의 이름으로 건강을 회복하고 기쁨으로 헌신하는 모습을 바라보면서 마음속 깊이 깨달은 것은, 진정한 사람을 위한 의사는 현대의

---

27) 마 25:35-36.
28) 고후 11:12, 갈 4:18, 벧전 3:13.

학의 아버지로 불리는 '히포크라테스'[29]가 아니라 만병의 의사이신 예수 그리스도요, 병원의 의사가 아닌 교회의 목사임을 고백하게 되었다.

히포크라테스가 말하기를 "병을 낮게 하는 것은 자연이다"라고 자신의 의학의 한계점을 밝혔듯이 이제 치유는 현대의학의 몫이 아니라 첫째는 교회의 몫임을 알아야 하고 그 다음이 현대의학이라는 점이다.

현대의학이나 철학은 복음신학의 시녀에 불과한 것이다. 그러므로 치유에 대한 신학적 연구도 없고 노력도 하지 않으면서 부정적인 견해만을 가지고 있는 혹자들을 위해서 한의학(韓醫學)의 대부(代父)에 자리에서 의성(醫聖)으로 추앙 받는 걸출한 한 사람을 소개하고자 한다. 그 사람은 바로 이제마(李濟馬, 1838~1900) 선생이다.

이제마 선생은 조선 후기의 한의학자이며 본관은 전주(全州), 자는 무평(務平), 호 동무(東武), 함남 함흥(咸興) 출생이다. 이제마는 원래 한의학

---

29) 김현식, 동아원색세계대백과사전 30, p.634.
　　히포크라테스(Hippokrates: BC 460?~ 377?)
　　그리스의 의학자. 코스섬[島] 출생. 아버지에게서 의학의 실제에 대하여 배웠다. 그 후에 소아시아·그리스 각지를 편력하여 견문을 넓혔고, 많은 철학자·의학자와 의견을 교환하였다. 고향으로 돌아가서 환자를 진료하는 한편 책을 써서 발표하였다. 그의 학설을 모은 『히포크라테스 전집: Corpus hippocraticum』은 인체의 생리나 병리(病理)에 관한 그의 사고방식은 체액론(體液論)에 근거한 것으로, 인체는 불·물·공기·흙이라는 4원소로 되어 있고, 인간의 생활은 그에 상응하는 혈액·점액·황담즙(黃膽汁)·흑담즙(黑膽汁)의 네 가지 것에 의하여 이루어진다고 생각하였다. 이들 네 가지 액(液)의 조화(調和)가 보전되어 있을 때를 그는 '에우크라지에(eukrasie)'라고 불렀고, 반대로 그 조화가 깨졌을 경우를 '디스크라지에(dyskrasie)'라 하여, 이때에 병이 생긴다고 하였다. 그는 임상(臨床)에서 관찰을 자세히 하고, 병이 났을 때에 나타나는 여러 현상, 즉 증세, 그중에서도 발열(發熱)을 반응현상(反應現象)이라 생각하여 그것은 병이 치유로 향하는 하나의 과정에 불과한 것이라고 보았다. 병적 상태에서 회복해가는 것을 '피지스(physis)'라고 불렀고, '병을 낮게 하는 것은 자연이다'라고 하는 설을 세워, 병을 치료하기 위해서는 이 피지스를 돕거나 또는 적어도 이것을 방해하지 않는 것이 치료의 원칙이라고 하였다. 증후학(症候學)·예후학(豫後學)에 대한 연구도 깊었던 그가 특히 빈사환자(瀕死患者)의 얼굴표정에 대하여 한 말은 오늘날에도 그대로 통용되고 있을 정도이다. 의사의 윤리에 대하여도 중요한 설을 말하였고, '의사의 아버지'로서 오늘날에도 존경을 받고 있다.

자가 아니었다. 그는 1888년(고종 25) 군관직에 등용되었으나 이듬해 사퇴하고, 92년 진해현감(鎭海縣監)이 되었다. 다음해 사직하고 96년 최문환(崔文煥)의 반란을 평정하여 고원군수(高原郡守)로 추천되었으나 나가지 않았다.[30] 그는 성리학(性理學)을 연구한 사상가(思想家)요 철학자(哲學者)였다. 그는 성리학이 너무 현실과 떨어진 이론만으로 서로가 옳다고 싸우는 탁상공론만을 일삼는 기존 학자들에 대항하여 실제에 보탬이 되고 유익한 학문을 연구하기 위하여 실학(實學)을 연구하게 되었다. 그는 자신의 학문과 철학으로 실생활을 구현하기 위하여 한의학을 접목하게 되었다. 그가 한의학을 접목하게 된 동기는 자신이 병약했기 때문이었고, 그 결과 자신의 병이 선천적인 체질에서 온 병임을 알게 되었다. 이것이 체질의학의 탄생의 계기가 되었고, 시초가 된 것이다. 그의 '주역(周易)'인 태극설(太極說)인 태양(太陽)·소양(小陽)·태음(太陰)·소음(小陰)의 사상(四象)을 인체에 적용, 기질과 성격에 따라 인간을 4가지형으로 나누어 그에 적합한 치료방법을 제시한 사상의학(四象醫學)을 창안하였다. 이 학설은 종래의 음양오행의 철리적(哲理的) 공론을 배척하고 임상학적인 방법에 따라 환자의 체질을 중심으로 치료방법을 제시한 점에 당시로서는 획기적인 치료법을 개발했던 것이다.[31] 저서로는 『동의수세보원(東醫壽世保元)』, 『격치고(格致藁)』 등이 있다.

이제마는 원래가 의학자가 아닌 철학자(사상가)였지만 그는 모든 사회현상과 우주의 운행 이치를 그의 독특한 철학 방법인 사원구조론으로 설명하고 사람의 인체구조와 체질도 네 가지로 분류하는 사상체질 의학의 위대한 발전을 가져 오게 되었다.

그는 인류의 건강과 질병에 크나큰 공헌을 한 사람으로 한의학에서는 근대와 현대에 노벨의학상을 탄 어떤 의학자보다도 높이 평가하고 있다.[32] 이제마가 철학을 통하여 인간애에 대하여 심취했다면 목회자들은 신학을

---

30) 김현식, 『동아원색세계대백과사전 23』, p.231.
31) 황민, 『하늘 건강법』, (도서출판 넥서스, 1998), pp.21-24.
32) *Ibid.*

바탕으로 하기 때문에 인간 치유에 대해 더 깊은 연구를 해야할 것은 당연하다.

우리의 목회현장은 환자들의 투성이다. 필자가 감히 밝히지만 교인의 60%가 환자이다. 아니 이것도 능가한다고 본다. 그리고 앞으로 점점 더 많아질 수밖에 없다는 진단을 내릴 수 있다. 그러나 교인들은 '신앙인'이라는 볼모에 붙잡혀서 아프다는 표현을 하지 못하고 있는 것밖에 없다. 이유는 아프다고 하면 "기도하는 사람이 아프냐, 그렇게 열심인 사람도 아프냐, 장로인데, 권사인데, 아프냐?"는 식으로 질병의 원인을 신앙과 직결하는 그릇된 분위기 때문에 자신의 질병을 말하지 않는 탓도 있다. 그러다가 질병이 와전되어 눕게될 때 비로소 몇 해 전부터 이상이 있었노라고 말한다. 이 얼마나 자신을 학대하는 일이며, 자신에 대하여 무책임한 처사인가! 안타깝기 그지없다. 교인들이 병들었을 때 목사에게 그러한 사실을 알리는 역할의 중요성을 일깨워 주어야 한다.[33]

과연 주님께서 우리가 질병으로 인하여 눕게 되기를 원하실까! 결코 아니다. 인생은 두 번 있는 것이 아니다. 생명에는 여분이 있는 것이 아니다. 그러므로 목회자가 치유에 대한 기초적인 지식을 조금만 연구하고 배운다면 목회현장의 분위기는 분명히 달라진다. 치유는 주님의 목회의 형태를 보아도 말씀과 치유의 양 축임을 알 수 있듯이 현대 목회에서도 예외가 아니다.

환자가 질병으로 인하여 내면적인 불안과 절망과 자신의 한계와 투쟁을 할 때, 목사의 치유의 손은 타는 목마름의 갈증 속에서 온 대지를 적셔주는 소낙비보다 더 나은 한 컵의 생수가 될 것이다. 주님은 분명하게 "또 누구든지 제자의 이름으로 이 소자 중 하나에게 냉수 한 그릇이라도 주는 자는 내가 진실로 너희에게 이르나니 그 사람이 결단코 상을 잃지 아니하리라 하시니라"[34] 말씀하셨다.

---

33) Thomas C. Oden., *Pastoral Theology*, 오성춘 역, 『목회신학』, (예장총출판국, 1987), p.479.

복음치유는 예배당 건축을 확장하는 것보다 더 중요하다. 주님께서는 한 생명을 천하보다 귀하게 여기셨다는 것을 늘 상기하고 있어야 한다.35) 그러므로 목회에 있어서 복음치유는 신학과 함께 같은 선상에 있는 것이다. 복음치유가 없는 목회는 그야말로 생명을 상실한 목회라고 할 수 있다. 이유는 주님의 복음치유 명령을 어긴 것이며, 사도들의 계승을 이어받은 치유 목회를 행하지 않고 있기 때문이다.

그럼 목회현장에서 이렇게 중요한 치유분야를 어떻게 교육할 수 있을까 하는 문제에 부딪히게 되는데, 이 문제에 대해서 전문가들의 연구 검토가 절대 필요한데 필자는 다음과 같은 기관이 설치되었으면 하는 바램을 가지고 있기에 소견을 피력한다.

◆ 복음치유목회를 위한 교육프로그램 설치이다

현대는 전문화 시대이다. 역시 전인건강을 위한 복음치유목회도 예수 그리스도의 복음 신학적 입장에서 전문적인 교육 프로그램이 필요하다. 그래서 복음목회를 위한 교육프로그램을 설치하여 체계적이고 미래지향적인 대안을 세워야 한다고 본다. 그리고 신학과정을 마치고 목회현장에 들어서기 전에 이 복음치유목회 교육을 받음으로서 마무리하는 것이 매우 효과적일 것으로 본다. 그 이유는 두말할 필요 없이 목회현장은 바로 생명과 직결되는 장이기 때문이다. 건전한 신학과 전인건강을 위한 복음치유가 통합을 이루면 그만큼 목회의 질이 높아지기 때문이며, 이러한 목회를 주님께서 원하시기 때문이다.

본 논문은 바로 이 문제에 대하여 조금이나마 도움이 되고 해답을 드리기 위한 작은 바램으로 그 동안 필자가 임상적으로 연구한 것을 내놓는 것이다. 문제는, 복음치유에 있어서는 일반치료와 다르기 때문에 의료도구를 사용해서 안 된다. 그것은 치료행위이기 때문이다. 주님은 의료도구를 사

---

34) 마 10:42.
35) 마 16:26, 막 8:36, 눅 9:25.

용하시지 않았다는 점도 유의해 볼 수 있는 점인데, 이점을 고려하여 의료기구를 사용하지 않아야 한다. 의료기구를 사용하면 그것은 치유의 행위가 아니라 의료행위이기 때문이다. 또 한가지는 주님의 치유는 한 사람도 잘못 되지 않았다는 점이다. 이 말을 하는 것은 오늘날 치유를 빙자하여 사람을 유혹하는 사이비들이 많다는 점이다.

이렇게 복음치유목회를 위한 교육프로그램이 설치되면 주님의 양 무리들이 사이비 기도원에서 이중적으로 받는 고통에서 벗어날 수 있을 뿐 아니라, 목회자들의 손길을 통하여 상해를 미리 예방할 수 있고 또 자신의 질병을 알고 투병생활에서 자신감을 갖게 되는 것이다. 설상 모든 항체의 기능이 떨어져 이 땅을 하직한다 해도 죽음이 두려움의 대상이 아니라 주님께서 준비해 두신 그 나라를 그리며 천사의 얼굴로 아름답게 고별할 것이다. 그러므로 하나님의 양 무리를 맡아 목회 하는 목회자들에게는 치유목회를 위한 교육프로그램의 설치가 시급하다.

◆ 복음치유목회 연구소 설치

미래의 목회자들을 양성하는 신학대학에서는 이들을 목회라는 실천적인 장으로 보내져야 하는 당면성에서 실천신학적인 입장에서 복음치유목회 연구소 설치는 고려해볼 만하다. 이유는 신학생들이 목회자로서 목회현장으로 나갔을 때 그들은 수많은 다양한 환자들을 접하게 되기 때문이다. 그러나 연구소를 통하여 쌓은 지식을 가지고 목회자들이 환자들을 대할 때 당황하지 않고 환자의 질병의 원인을 파악하고 대처할 수 있는 여유를 가지게 될 것이다. 그리고 가벼운 증상들은 기도와 함께 즉석에서 맨손으로 치유를 해서 돌려보낼 수 있기 때문에 교인들과의 신뢰관계는 더욱 공고(鞏固)해지며 성숙되어질 것이다.

목회자를 통하여 치유를 받은 양 무리는 주님의 사랑을 몸으로 체험하게 되는 동기가 되고, 그 동기를 통하여 임마누엘의 은혜와 감사의 생활을 하게 될 뿐 아니라 아울러 자신의 목사를 더욱 사랑하게 될 것이며 존경하게 될 것이다. 백 마디의 설교는 잊어버려도 목사가 주님의 이름으로 행한 사랑의 복음치유는 가슴에 영원토록 지워지지 않고 담겨지게 되기 때문이다. 그러기에 주님의 사랑의 치유는 복음 그 자체이다.

주님의 말씀을 귀로 들었던 가룟 유다는 변심하고 배신했지만[36] 일곱 귀신들린 막달라 마리아는 주님의 무덤까지 달려갔고,[37] 다메섹에서 부활의 주님을 만나고 아나니아로부터 주님의 이름으로 고침 받은 사울(바울)은 주님의 복음을 위해 매도 수없이 맞고 감옥살이도 마다치 않았다. 결국 그는 자신을 십자가에 달게 되었다.[38]

복음치유는 이처럼 주님과 인격적인 만남이다. 이 중매를 목회자가 해야 하는 것이다. 그러기에 복음치유목회 연구소의 설치는 고려할 만한 연구의 대상이 될 것이다. 그리고 이제는 중앙집중 시대가 끝나고 지방화 시대인 만큼 목회자들이 그 지방의 목회자들과 연대하여 복음치유목회 연구소를 설치하여 그 지방의 복음선교사역의 센터로서 구실을 할 수도 있을 것이다. 그리고 복음치유사역에 관심 있는 자들을 지교회 목사로부터 추천을 받아, 이들을 교육하고 양성하여 하나님의 복음선교에 봉사 헌신케 하면 더욱 바람직할 것이다. 이들의 교육하는 목적은 목회적으로 바쁜 목사를 도와 복음치유선교적 사명을 고취시켜 사명감에 불붙게 함으로서 지교회는 물론, 그 지역에 복음치유선교사로 봉사케 하는데 목적이 있는 것이다.

제3절 복음치유와 선교와의 관계

복음치유와 선교와의 관계는 주님의 목회사역을 보면 이해하기가 쉽다.

---

36) 마 26:14.
37) 막 15:47, 16:1, 9
38) 행 9:1-19, 고후 11:23-27, 바울은 주후 68년 5월에 「네로」황제에게 순교를 당했다.

주님께 있어서는 복음치유가 곧 선교였고, 선교가 곧 복음전파와 함께 병행되어진 복음치유의 사역이었다. 이처럼 복음치유목회의 선교적 전망은 너무 광활하며 밝다.

인간의 질병은 의료과학기술이 아무리 발달되어도 퇴치되지 않는 영역이므로 하나님의 신앙과 사랑의 영역 속에서 끊임없이 도전해 나가야 할 과제임에 틀림없는 사실임에 분명하다.

선교는 교회의 사명이다.[39] 복음치유가 주님의 사랑의 사역이듯이 선교 또한 하나님의 사역이다.[40] 하나님은 마지막 때에 이방인을 영화로운 백성으로 그리스도에게로, 참이스라엘에게로 부르신다. 이리하여 그들로 구원에 동참하게 한다.[41] 이 점에서 복음치유선교의 문은 완전히 개방되어 있다. 이미 밝힌 바와 같이 교회 안에 많은 환자들이 있듯이 교회 밖에는 더욱 그러하다.

이방인들에게 베풀어주는 복음치유는 하나님을 체험케 하는 절호의 기회가 되는 것이다. 그러나 그들에게 요구되는 것은 믿음이다. 그들이 실제적으로 나타나는 하나님의 복음치유를 봄으로서 믿음의 동기를 유발시켜야 한다. 주님께서도 이방인들을 치유하실 때 믿음을 보시고 행하셨다.[42] 그리고 하나님의 권위에 도전 받는 곳에서는 능력을 행치 않으셨다는 점을 유의해야 한다.[43] 이 점에 대해서는 괴로워할 필요는 없다. 믿음의 조건을 갖출 때까지 위로하며 지켜보면 되는 것이다. 그러나 복음치유를 받은 양들을 통하여 선교는 본격적으로 되어지는 것이기 때문이다.

주님께서 하신 말씀을 보면 "차라리 이스라엘 집의 잃어버린 양에게로 가라", "나는 이스라엘 집의 잃어버린 양 외에는 다른 데로 보내심을 받지

---

39) J. H. Bavinck, *An Introduction to the Science of Missions*, 전호진 역, 『선교학 개론』, (성광문화사, 1985), p.61.

40) *Ibid.*, p.76.

41) *Ibid.*

42) 막 7:26-29.

43) 마 13:58;「저희의 믿지 않음을 인하여 거기서 많은 능력을 행치 아니하시니라」

아니하였노라” 하셨다.[44] 그러나 신앙의 낙심자들은 예외다. 주님께서는 누가복음 19:10에 “인자의 온 것은 잃어버린 자를 찾아 구원하려 함이니라”고 하셨다.

로이드 존 오길비(Lloyd John Ogilvie)는 치유목회를 주님께서 교회에게 약속하신 지침으로 보았고, 이를 시행함으로서 교회의 엄청난 부흥을 가져왔다고 말했다.[45] 오길비는 신자들이 구원 이후에라도 풍요로운 삶을 완벽하게 누리지 못하게 만드는 정신적, 정서적, 의지적 그리고 신체적 질병에 걸릴 수 있기 때문에 주님은 계속적으로 영적, 심리적 그리고 신체적 필요에 관심을 가지고 계신다는 것이다.[46] 현대교회는 이점을 유념하여 목회자 자신이 열린 마음으로 주님의 복음치유를 어떻게 효과적으로 협력할 것인가를 긍정적이고 창조적인 자세를 가져야 할 것이다.

한가지 짚고 넘어가야 할 것은 목회자가 치유를 빙자하여 다른 교회의 교인을 빼앗는 식의 치졸한 행위는 절대 근절되어야 한다. 복음치유목회자는 언제나 주님의 은사를 활용하여 주님의 뜻을 행하는 의로운 행위이기 때문에, 온전해진 그들이 주님 안에서 행복함을 느끼고 즐거움으로 자신이 속한 곳에서 열심으로 봉사하도록 격려해주어야 한다. 이처럼 복음치유목회자는 개교회주의에서 벗어나 모두가 주님의 양 무리라는 인식을 가져야 한다. 복음치유목회자는 환자가 주님의 이름으로 온전함을 입고 은혜와 감사의 삶으로 생활에 활력을 가지고 도전해 나가는 모습에서 최고의 보람으로 여겨야 한다. 그러한 의미에서 복음치유를 통하여 교회들이 좀더 효율적인 선교방법을 강구한다면 다음과 같은 방법을 선택할 수 있을 것이다.

---

44) 마 10:6, 15:24.

45) Lloyd John Ogilvie., *Why not accept His healing and wholeness?*, 유재덕 역, 『치유』, (도서출판 호산, 1997), p. 9.

46) Ibid., p.10.
   요 7:23;「모세의 율법을 폐하지 아니하려고 사람이 안식일에도 할례를 받는 일이 있거든 내가 안식일에 사람의 전신을 건전케 한 것으로 너희가 나를 노여워하느냐」

◆ 복음치유선교원 개설을 통한 복음선교

각 교회는 지교회의 목회자나 교인들 중에서 복음치유 목회연구소를 통하여 소정의 교육받은 자로서, 교회 안에 복음치유선교원을 개설한다면, 지역 주민들을 한 울타리 속으로 끌어들일 수 있는 이점이 있을 것이다. 이러한 계기를 통하여 비기독교인들도 하나님의 사랑과 은혜를 체험하게 되고, 그들이 그리스도의 사랑 안에서 자연스럽게 기독교 신앙으로 접근할 수 있는 기회를 가지게 되고 영육간에 재활의 꿈을 키워주는 새로운 복음선교의 장이 될 것이다.

복음치유 선교원은 한 지역을 중심으로 교파를 초월하여 목회자들이 연대하여 긴밀한 협조체제를 유지하면 더욱 바람직할 것이다. 이유는 교파간의 벽을 허무는 계기도 될 뿐 아니라, 지역 복음화를 위한 선교적 일체감을 가지고 주력할 수 있기 때문이다. 이로서 교회는 그리스도 안에서의 하나됨(형제)의 향기를 발휘할 수 있기 때문이다. 복음치유 선교원을 운영하기 위하여 어떤 자격을 구비한 자여야 하느냐? 에 대해서는 본 논문 제6장에 언급하기로 하겠다.

◆ 복음치유선교협회를 구성함으로써 복음선교

각 교회에서 설치된 복음치유 선교원이나 지역 단위로 설치된 복음치유 선교원들이 협회를 구성하여 임상적 치유사례의 정보를 정기적으로 교환하거나 운영상의 장점을 서로 보안한다면 매우 이상적일 것이다.

복음치유선교협회는 각 지역에 분포된 복음치유 선교원에서 봉사하는 자들을 정기적으로 소집하여 치유사례들을 수집하고, 복음치유선교에 필요한 교양들을 계속 교육을 실시함으로서 복음치유선교에 힘을 기울일 수 있다. 복음치유선교협회가 구성됨으로 인하여 치유를 빙자한 비성서적인 사이비 치유사들을 미연에 방지할 수 있으며 교회를 보호하고 건전한 복음치유선교를 활성화시킬 수 있다.

◆ 복음치유 선교회 회원모집을 통한 복음선교

주님의 이름으로 복음치유를 받고 온전해진 자들이 자발적인 참여로 복음치유선교회를 조직하여 운영할 수 있다. 필자는 복음치유를 받은 자들의 자발적인 참여로 '그루터기 선교회'라는 선교회를 조직하여 회원간에 상호 친목과 선교에 참여하고 있다. 물론 초교파적으로 구성되어 있으며, 목회자들도 포함된다.

그렇다고 회원들이 각자가 소속된 교회 생활에 절대 지장을 주어서도 안 되며 어디까지나 주님의 치유로 온전해진 감격을 만남으로 서로 은혜가 되며, 그 감격을 회생함으로서 각자가 속한 교회에서 보다 더 희생적인 섬김과 봉사에 헌신하도록 격려하고, 우리보다 어려운 처지에 있는 자들을 자발적으로 찾아가서 그리스도의 사랑으로 위로할 수 있도록 주님의 사랑의 복음선교를 고취시키고, 회원상호간에 친목을 도모함으로서 그리스도의 사랑의 복음선교공동체의 일원으로서 사랑의 선교인(宣敎人) 임을 확신시키는 것이다.

이러한 인적자원을 통하여 교파와 지역을 초월하여 선교활동을 할 수 있는데, 문제는 복음치유목회자가 환자들을 돌보기도 벅차기 때문에 조직력과 행정력을 갖춘 동역자가 필요하다. 그렇게 되면 행정력을 갖춘 동역자가 회원상호간에 연락망을 구축하여 정보를 서로 교환할 수 있을 뿐 아니라, 회원들을 조직적으로 관리할 수 있어서 회원들이 속한 각 교회를 위하여서도 인적 자원을 동원함으로서 선교에 지대한 효과를 거둘 수 있다.

제Ⅵ장 복음치유의 실제

본 논문에서의 복음치유의 실제는 필자의 임상경험을 토대로 한 것이다. 그리고 본 장에서는 전인적인 복음치유로서의 복음치유의 실제를 다루고 자 하는데 이는 환자들의 내적 치유와 외적인 질병을 치유하는데 필수적 인 요소이므로 소개하고자 한다. 손병호 학장께서는 박사학위 논문은 창조 적이며 개성 있고 독창적인 논문으로 새로운 이상의 세계를 추구하고 그 내면을 통찰함으로 새로운 가능성 있는 학문의 세계를 추구한다고 말했 다.[1] 그러므로 본 논문은 복음치유목회를 지향하는 목회자들에게 있어서 는 새로운 이상과 가능성, 그리고 도전을 요구하는 논문이 되었으면 하는 바람으로 기도하는 마음으로 서술한다.

제1절 복음치유 상담 기법

복음치유목회자가 환자를 치유함에 있어서 먼저 인식해야 할 것은 전인

---

1) 손병호, 『박사학위논문 디자인 및 작성안내』, (복음신학원구원, 1999), p.6.

건강이다. 그러기 때문에 내담자(來談者)로 방문한 환자의 영적 환경과 심리적 환경, 그리고 생활환경 상태를 파악하는 것이 우선적인데, 환자가 자신도 모르게 자신의 속마음을 토해낼 수 있도록 하는 것이 치유사의 기술이라고 하겠다.

치유상담의 목표는 자기존재 의미의 발견, 정서적 불안의 치유, 사회생활적응, 행복과 만족의 획득, 자기실현, 불안의 감소, 부적합한 행위의 제거와 적합한 행위의 습득 등 다양한 상담 목표를 볼 수 있는데,[2] 상담의 목표는 상담자나 내담자가 상담의 진행과정을 통하여 점차 구체적으로 규정해 나가면 될 것이다.

필자를 찾아오는 내담자들은 대다수가 이미 소문을 듣고 일차적으로 전화상담을 한 후든지 아니면 필자로부터 치유 받은 사람들의 소개를 받고 오는 환자들이기 때문에 그들의 마음은 한층 열려있다고 볼 수 있다. 필자는 환자들을 많이 접한 관계로 얼굴을 보면 어느 정도 병증이나 심리적인 요인들을 읽을 수 있지만 더 확실하게 파악하기 위하여 상담하기 전에 먼저 내담자들에게 「치유상담요청서」라는 설문지를 주고 기록하게 한다. 그리고 함께 먼저 예배를 드리고(현재는 하루 50~60명 정도의 내담자들이 온다), 기록된 설문지를 보면서 내담자가 가벼운 마음으로 상담에 임할 수 있도록 상담을 이끌어 간다.

복음치유 상담에 있어서는 상담자가 주의해야 할 것은 지시적이고 권위적인 태도를 버려야 한다. 그리고 절대 질책하는 언행이나 경시하는 비인격적인 언어행위를 해서는 안 된다. 그들은 이유야 어쨌든 간에 하나님의 자녀로서 마땅히 주의 종들로부터 영육간에 상처를 치유 받고 위로를 받아야 할 권리가 있음을 알아야 할 것이다.[3] 그러므로 복음치유 상담기법의 첫 번째는 그들의 아픔을 싸매 주는 위로다. 치유목회자의 가슴으로부터

---

2) Gerald Corey, *Theory and practice of counseling and psychotherapy.*, p.258.
3) 사 40:1, 49:13, 57:18, 66:11, 13, 시 119:50, 행 9:31, 고후 1:3-7, 살전 4:18, 살후 2:16-17.

나오는 세심한 위로의 말 한마디는 환자의 깊은 가슴속에 오랜 세월 동안 묻혀 있던 아픈 상처의 응어리가 순식간에 눈물과 함께 빠져 나오게 된다. 그러기에 치유상담기법은 위로의 요법이라고 해도 무방할 것이며, 또 이 치유의 상담기법을 사랑의 상담요법이라고도 할 수 있다.4) 다시 말해서 치유목회자는 내담자와 사랑을 나누는 관계이어야 한다는 것이다. 위로의 언어는 치유하는 능력을 가지고 있는데 어떨 때는 상상을 초월한 임상 경험을 할 때가 있다.

예를 들어 순환계 계통에 질환을 가진 환자인데 많은 병원을 찾아보았지만 온 몸은 사나울 정도로 깡말라 있는데 병명도 모를 뿐 아니라 병 자체가 없다는 판명을 받았는데 매사에 의욕이 없고 입맛도 없다는 것이다. 한마디로 죽을 때만을 기다리는 것이었다. 필자는 좋은 예로 요한복음 5:3을 보여주면서 "이 병은 순환계 계통에 질환을 가진 병인데 성경에는 「혈기 마른 자」라는 기록이 있으며 이 병은 현대첨단의료기(M.R.I)로서도 잡히지 않는 병입니다" 라고 설명하면서 "주님은 자매께서 그 동안 받은 상처들을 치료해 주실 것입니다"라고 손을 잡고 위로를 해주었는데 그녀는 그 위로의 말 한마디에 눈물과 콧물이 뒤범벅이 되었다. 그리고 식욕도 회복이 되었고 심리적인 상태도 회복이 되어 웃음을 회복했다. 치유의 효과는 하루가 다르게 호전되었다.

필자가 임상경험으로 얻은 확신은 환자들은 외적인 병증뿐 아니라 내적으로도 저마다 상처가 있다는 것을 알게 되었다. 그러므로 치유목회자들은 주님의 이름으로 위로를 아끼지 말아야 할 것이다. 그러면 성경에 나타난 위로를 간략하게 살펴보고 넘어가고자 한다.

「나를 더욱 창대하게 하시고 돌이키사 나를 위로하소서」(시편 71:21).

「이 말씀은 나의 곤란 중에 위로라 주의 말씀이 나를 살리셨음이니이

---

4) Gary R. Collins., *Helping People Grow*, 정석환 역, 『카운셀링 가이드』,(기독기혜사, 1992), p.301.

다」(시편 119:50).

「너희 하나님이 가라사대 너희는 위로하라 내 백성을 위로하라」
(이사야 40:1).

「하늘이여 노래하라 땅이여 기뻐하라 산들이여 즐거이 노래하라 여호
와가 그 백성을 위로하였은즉 그 고난당한 자를 긍휼히 여길 것임이니라」
(이사야 49:13).

「대저 나 여호와가 시온을 위로하되 그 모든 황폐한 곳을 위로 하여
그 광야로 에덴 같고 그 사막으로 여호와의 동산 같게 하였나니 그 가운
데 기뻐함과 즐거워함과 감사함과 창화하는 소리가 있으리라」(이사야
51:3).

「내가 그 길을 보았은즉 그를 고쳐 줄 것이라 그를 인도하며 그 와 그
의 슬퍼하는 자에게 위로를 다시 얻게 하리라」(이사야 57:18).

「여호와의 은혜의 해와 우리 하나님의 신원의 날을 전파하여 모든 슬
픈 자를 위로하되」(이사야 61:2).

「너희가 젖을 빠는 것같이 그 위로하는 품에서 만족하겠고 젖을 넉넉
히 빤 것같이 그 영광의 풍성함을 인하여 즐거워하리라 여호와께서 이같
이 말씀하시되 보라 내가 그에게 평강을 강같이, 그에게 열방의 영광을
넘치는 시내같이 주리니 너희가 그 젖을 빨 것이며 너희가 옆에 안기며
그 무릎에서 놀 것이라 어미가 자식을 위로함같이 내가 너희를 위로할 것
인즉 너희가 예루살렘에서 위로를 받으리니 너희가 이를 보고 마음이 기
뻐서 너희 뼈가 연한 풀의 무성함 같으리라 여호와의 손은 그 종들에게
나타나겠고 그의 진노는 그 원수에게 더하리라」(이사야 66:11~14).

「애통하는 자는 복이 있나니 저희가 위로를 받을 것임이요」(마태 5:4).

「그리하여 온 유대와 갈릴리와 사마리아 교회가 평안하여 든든히 서
가고 주를 경외함과 성령의 위로로 진행하여 수가 더 많아지니라」(행전
9:31).

「찬송하리로다 그는 우리 주 예수 그리스도의 하나님이시요 자비의 아

버지시요 모든 위로의 하나님이시며 우리의 모든 환난 중에서 우리를 위
로하사 우리로 하여금 하나님께 받는 위로로써 모든 환난 중에 있는 자들
을 능히 위로하게 하시는 이시로다 그리스도의 고난이 우리에게 넘친 것
같이 우리의 위로도 그리스도로 말미암아 넘치는도다 우리가 환난받는 것
도 너희의 위로와 구원을 위함이요 혹 위로받는 것도 너희의 위로를 위함
이니 이 위로가 너희 속에 역사하여 우리가 받는 것 같은 고난을 너희도
견디게 하느니라 너희를 위한 우리의 소망이 견고함은 너희가 고난에 참
여하는 자가 된 것같이 위로에도 그러할 줄을 앎이라」(고후1:3~7).

「그러므로 이 여러 말로 서로 위로하라」(살전 4:18).

「우리 주 예수 그리스도와 우리를 사랑하시고 영원한 위로와 좋은 소
망을 은혜로 주신 하나님 우리 아버지께서 너희 마음을 위로하시고 모든
선한 일과 말에 굳게 하시기를 원하노라」(살후 2:16~17).

복음치유목회자는 주님을 대신한 치유자이며 위로자임을 잊어서는 안될
것이다. 그러므로 항상 환자들을 대할 때 긍정적인 밝은 태도와 웃음을 잃
지 말아야 할 것이다. 그럼 필자의 복음치유 상담요법을 간략하게 요약하
여 기술하겠다.

- 주님의 마음으로 위로하라(사40:1, 살전4:18, 빌2:5).
- 환자들의 고통에 깊이 동참하라(출2:14,행2:24,욥7:11,30:17, 렘 6:24).
- 질병으로 인한 주님의 채찍 맞음을 인식케 하라(사53:5,벧전 2:24).
- 과거의 허물들에 대한 하나님의 사랑의 용서를 인식하게 하여 사로잡
  힌 죄의식에서 놓임을 받게 하라(마1:21).<돌아온 탕자의 모습을 설명
  해 주라>
- 자신의 존재가치와 삶의 의미를 상담해 주라(마 16:26,고전 6:19-20,
  7:23-24).
- 하나님의 자녀로서 행복하게 살아야 할 당위성을 상담하라(시 23:5,
  삼하 7:9 히2:7).

· 환자의 질병의 상태와 치유될 수 있음을 성서를 바탕으로 한 생명과
  학적인 입장에서 구체적으로 쉽게 설명을 해 주라.
· 모든 이웃과 사물을 사랑의 관점에서 볼 수 있도록 상담하라(고전13
  장을 많이 읽도록 권하라, 그리고 아래 성경을 참조할 것).

「오라 우리가 아침까지 흡족하게 서로 사랑하며 사랑함으로 희락하자」
(잠 7:18)

「미움은 다툼을 일으켜도 사랑은 모든 허물을 가리우느니라」(잠 10:12)

「여간 채소를 먹으며 서로 사랑하는 것이 살진 소를 먹으며 서로 미워
하는 것보다 나으니라」(잠 15:17)

「허물을 덮어 주는 자는 사랑을 구하는 자요 그것을 거듭 말하는 자는
친한 벗을 이간하는 자니라」(잠 17:9)

「또 마음을 다하고 지혜를 다하고 힘을 다하여 하나님을 사랑하는 것
과 또 이웃을 제 몸과 같이 사랑하는 것이 전체로 드리는 모든 번제물과
기타 제물보다 나으니이다」(막 12:33)

「새 계명을 너희에게 주노니 서로 사랑하라 내가 너희를 사랑한 것같
이 너희도 서로 사랑하라 너희가 서로 사랑하면 이로써 모든 사람이 너희
가 내 제자인 줄 알리라」(요13:34-35)

「사랑은 이웃에게 악을 행치 아니하나니 그러므로 사랑은 율법의 완성
이니라」(롬13:10)

「형제들아 너희가 자유를 위하여 부르심을 입었으나 그러나 그 자유로
육체의 기회를 삼지 말고 오직 사랑으로 서로 종 노릇 하라」(갈 5:13)

「모든 겸손과 온유로 하고 오래 참음으로 사랑 가운데서 서로 용납하
고」(엡 4:2)

「서로 돌아보아 사랑과 선행을 격려하며」(히 10:24)

「형제 사랑하기를 계속하고」(히 13:1)

「너희가 진리를 순종함으로 너희 영혼을 깨끗하게 하여 거짓이 없이 형제를 사랑하기에 이르렀으니 마음으로 뜨겁게 피차 사랑하라」(벧전 1:22)

「무엇보다도 열심으로 서로 사랑할지니 사랑은 허다한 죄를 덮느니라」(벧전 4:8)

「자녀들아 우리가 말과 혀로만 사랑하지 말고 오직 행함과 진실함으로 하자」(요일 3:18)

• 항상 기쁨과 즐거움이 있는 여유 있는 삶을 살도록 상담하라(사65:18, 마5:12, 살전 5:16).
• 내담자 자신이 소원하는 일에 불을 붙여라(렘 20:9).

이상과 같은 상담기법은 침체되고 잠들어 있던 창조항체를 깨워서 활성화시키고 극대화시켜서 질병을 치유할 수 있다.

제2절 복음치유 기도법

기도는 기도로서 이미 환자들을 치유함에 있어서 놀라운 능력을 가지고 있다. 그러므로 기도는 환자를 치유함에 있어서 필수적인 것이다. 성경에도 환자를 위하여 기도할 것을 명하고 있다.[5] 더욱이 사탄은 질병이라는

---

5) 약 5:13-16.「너희 중에 고난당하는 자가 있느냐 저는 기도할 것이요 즐거워하는 자가 있느냐 저는 찬송할지니라 너희 중에 병든 자가 있느냐 저는 교회의 장로들을 청할 것이요 그들은 주의 이름으로 기름을 바르며 위하여 기도

무기를 사용한다.6) 그러기 때문에 복음치유목회자는 환자들을 치유함에 있어서 복음치유 기도법은 필수적인 것이다. 그렇다고 의사나 약을 통한 신유도 잊지 말아야 한다.7) 진찰은 의사가 하고 약은 약사가 지어 주지만 치료는 하나님께서 하시기 때문이다.

본 논문이 말하고자 하는 것은 병원에서 의사가 치료의 행위로서 고칠 수 없다고 포기한 환자들을 어떻게 전인적으로 치유하느냐는 것에 대하여 기도요법을 말하고자 하는 것이다. 필자의 방법을 구체적으로 열거를 하면 다음과 같다.

- 성령의 교통하심과 치유하심을 굳게 믿고 구체적으로 기도하라.
- 내담자의 입장(심정)에서 중보의 기도하라.
- 내담자가 하나님의 임재의 확신을 갖도록 하라.
- 하나님께서 내담자에게 지대한 관심을 가지고 있음을 느끼게 하라.
- 내담자가 하나님과 인격적인 관계를 직접 맺을 수 있도록 제공하라.
- 기도를 통하여 내담자를 많이 울게 하라.
- 내담자가 성령의 위로를 느낄 수 있도록 기도하라.
- 내담자가 믿음으로 도전할 수 있도록 확실하게 기도하라.
- 내담자가 사랑과 행복에의 삶으로 전환하도록 기도하라.

이상과 같은 복음치유 기도법은 환자의 영육적으로 침체되고 잠들어 있던 영적 에너지를 일깨워 활성화시킴으로써 환자가 전인적인 건강으로 용기를 얻고 창조적인 생활로 회복할 수 있음을 확인할 수 있었다.

할지니라 믿음의 기도는 병든 자를 구원하리니 주께서 저를 일으키시리라 혹시 죄를 범하였을지라도 사하심을 얻으리라 이러므로 너희 죄를 서로 고하며 병 낫기를 위하여 서로 기도하라 의인의 간구는 역사하는 힘이 많으니라」
6) 눅 13:16, 고후 12:7, 욥 2:4-7.
7) 사 38:21, 막 6:13, 딤전 5:23.

제3절 복음치유를 위한 신앙요법

복음치유의 극대화를 위한 수단은 하나님을 향한 신앙요법이다. 그 이유
는 무소부재(無所不在)하신 하나님을 절대의존 하는 신앙행위인데 슐라이
에르마허의 신앙 사상처럼 절대적인 본질과 절대적인 활력으로서의 하나
님을 믿는 것이라 하겠다.[8] 그 신앙의 형태는 바로 하나님을 향한 전인적
(全人的)으로 드림의 예배라고 볼 수 있는데 하나님과의 인격적인 커뮤니
케이션(Communication)[9]이라고 할 수 있다.

그런데 치유의 복음은 하나님의 주권적인 부르심과 인간의 인격적인 응
답으로 이루어지는 것처럼 그렇게 비쳐지고 보일 수도 있겠으나 사실은
하나님의 절대주권(Divine Sovereignty)과 인간의 자유의지적 책임(Human
Responsibility)과 병행하여 이루어지는 신인합동(Cooperative Effort)관계로 이
루어지는 것이 아니라 하나님의 독자적인 주권으로 결정되어지는 것이
다.[10] 하나님이 아담을 찾아 주심은 하나님의 일방적인 거룩한 사랑의 행
위이며, 주님께서 이 땅에 오심도 그렇다. 바로 이것이 생명의 복음이며,
치유의 복음인 것이다. 그러므로 교회는 이 치유의 복음이 청중들에게 외
쳐지는 메시지의 중심이 되어야 하고 기독교 교육의 기초가 되어야 한
다.[11]

치유의 복음은 죄를 범한 아담을 찾아주시고 죄악된 세상을 직접 찾아
근본적인 치유를 위한 구속주로 오신 실존적 존재로서의 하나님의 무한한
은혜를 값도 없이 조건도 없이 오직 감사함으로 받아들이면 되는 것이며,
이것이 곧 기독교 신앙의 영성(Christian Spirituality)인 것이다. 일반적인 의

---

8) 목창균, 『슐라이에르마허의 신학사상』, (한국신학연구소, 1993), p.129.
9) 최한구, 『기독교 커뮤니케이션론』, (도서출판 그리인, 1991), p.104.
10) 출 15:26, 전 3:3, 말 4:2, 마 11:5, 눅 7:22.
11) D. Campbell Wyckoff., *The Gospel and Christian Education*, 『복음과 기독교 교육』,
김득렬 역, (대한기독교교육협회, 1981), p.107.

미에 있어서 영성이란, 사람을 움직이는 정신적 지주가 되는 사상, 즉 사람의 정신을 말하는데, 기독교의 영성은 기독교적 인간이해, 다시 말해서 성서적 인간이해라 말할 수 있다.[12]

기독교의 영성을 핵심적으로 말하면 예수 그리스도의 삶과 인격과 성품을 형성하는 것이라고 설명할 수 있는데, 필자는 이 말을 복음적 영성이라고 말한다. 하나님을 향한 절대적인 믿음과 과거에 얽매이기 쉬운 소유욕에서 벗어나 기독교 영성으로 살고자 예배하는 자들에게는 하나님의 신비한 치유의 세계를 경험하게 되는 것이다. 그렇다면 창조생기 극대화를 위한 예배의 요소들에 대하여 간략하게 논할까 한다.

◆ 예배에로의 나아감

우리는 지금까지 너무나 잘 짜여진 예배형식의 틀 안에서 단순히 누구에 의해서 치러지는 차원에서 진행되지 않았나를 생각해 보아야 한다. 예배는 엄격히 말해서 하나님께서 세상을 위한 구속적인 하나님의 일인 동시에 인간이 하나님을 향한 최고의 가치를 지닌 당연한 삶의 모습인 것이다. 그러므로 예배는 피조물인 인간이 현존하시는 창조주 하나님과의 인격적 만남이기 때문에, 예배는 힘있게 솟아 나오는 기쁨이요, 평화요, 자유요, 질서와 사랑의 표현이며, 복음인 것이다.[13] 그러므로 모든 사람은 생명의 근본이요, 사랑의 치유자이신 하나님의 현존 앞에 은혜를 입기 위하여 있는 겸손한 실존임을 명심해야 할 것이다.[14]

◆ 경배와 찬양

예배의 요소로서 경배와 찬양은 인간이 하나님을 향한 꾸밈이나 가식이

---

12) 엄세천, 『영성생활』, (기독교한국연수원출판부, 1986), p.18.
13) J. J. von Allmen, *Worship its Theology and Practice*, 정용섭외 4인 역, 『예배학 원론』, (대한기독교출판사, 1984), P.76.
14) Charles Stanley., *How to listen to God*, 이미정 역, 『하나님의 음성을 듣는 법』, (두란도서원, 1988), p.91.

없이 하나님께 드릴 수 있는 가장 신령하고 거룩한 행위인 것이다. 경배와 찬양은 그 자체로서 인간의 욕구를 충족시키며 하나님의 치유를 입을 수 있는 막강한 기적의 능력이 있다. 경배와 찬양은 인간의 도덕과 윤리를 초월하며, 인간의 사고나 재주나 경험이나 감각이나 편견이나 기질이나 종교적인 어떤 제도나 인간의 영적 잠재력이나 그 어떤 것에도 통제를 받거나 얽매이지 않고 인간 현실의 삶을 초월하여 역사 하는 힘이 있다.

그러므로 경배와 찬양에 임하는 자들은 평온한 마음으로 하나님을 경배하며 그 노랫말을 깊이 생각하며 온 정성과 몸으로 찬양할 때 우리가 예기치 못했던 신비로운 하나님의 은혜를 입게 되는 것이다.

◆ 기 도

하나님의 자녀로서 기도는 하나님께 당연하게 요구할 수 있는 자녀로서의 권리이자 의무인 것이다. 기도는 영적 기쁨(Spiritual joy)을 채우며 하나님의 힘을 직접적으로 체험하는 세상에서 가장 신령하고 위대한 힘인 것이다.15)

그러므로 기도는 믿음의 세계에 존재하고 있는 하나님의 신비로운 은혜를 현실화시키고 구체화시키는 근본적인 통로(Main road)이다.16) 그리고 단순히 자신의 목적을 이루려는 의도에서가 아니라 하나님의 뜻을 이루려는 더 높은 차원의 세계로 진보해 나가는 것이다.17) 이 길은 구하고 찾고 두드리는 자에게 반드시 응답으로 열매맺는 복음인 것이다.18) 그리고 기도는 믿음의 표현인 것이다.

필자는 본 논문에서 건강과 창조생기 활성화를 위하여 금식기도에 대해서 간략하게 언급하고 넘어가기로 하겠다. 금식기도는 신앙생활에서 매우 중요하다. 그러나 앞에서 지적한 바와 같이 자신의 목적을 이루는 것에 최

---

15) 전가화, 『기도』, (도서출판 은혜사, 1980), p.34.

16) 히 11:1.

17) 마 6:10.

18) 마 6:33, 7:7, 눅 11:9, 12:31, 요 15:7, 16:24.

우선을 두었다면 포기하는 것이 좋다. 그러한 기도는 응답도 되지 않을 뿐더러 배고픔에서 위 상태만 더 나쁘게 하는 결과만 초래하기 때문이다. 금식기도를 할 때에는 하나님의 현존 앞에 있는 자신의 실존을 발견하는 것이 우선적이고, 그 다음에는 하나님의 신령한 생명의 기운이 자신에게 충만하게 되기를 사모하고 그 신비로운 영적인 힘 속에 자신을 절대적으로 예속시키는 과정이 필수적이다.

그렇게 될 때 배고픔의 고행은 싸라지고 오히려 하나님의 창조생기로 충만하여 먹지 않아도 배고픔을 이길 수 있고 생동감이 더욱 넘치게 되는 것이다. 이로서 기도자의 영적인 욕구가 충족되어 내적인 기쁨이 넘치게 되고 창조생기의 극대화를 통하여 치유의 에너지가 넘쳐서 불가능하게 보이던 질병으로부터 해방되는 것이다. 그러므로 기도는 아담처럼 두려움에서 도피하는 인간이 아니라 자신이 질그릇과 같은 연약한 존재임과[19] 탕자와 같은 존재로서[20] 아버지 되시는 하나님 앞에 정당한 도움을 요청하는 자녀로서 표현되는 행위인 것이다. 이렇게 될 때 아버지 되시는 하나님께서는 응답해 주신다는 것이 복음인 것이다.[21]

◆ 복음 선포(설교)

주님께서는 말씀만으로도 치유를 하셨다. 이러한 치유의 사역이 오늘날 당신의 종들인 목회자들로 통하여 강단에서 선포되는 말씀으로 치유하고 계신다는 것은 부인할 수 없는 사실이다. 말씀을 통하여 내적인 치유는 강력하게 일어나고 있다. 좌절하던 사람이 용기를 얻으며, 절망하던 사람이 삶의 도전으로 희망을 가지게 된다. 불안하던 사람이 말씀으로 인하여 위로와 평안을 얻는다.

복음목회자는 오늘의 강단이 복음치유의 현장임을 인식하고 새 생명을

---

19) 시 2:9, 사 45:9, 고후 4:7.
20) 눅 15:11-24.
21) 렘 33:3.

탄생시키는 엄숙한 인큐베이터(Incubator)임을 잊어서는 안될 것이다. 그러 므로 복음치유목회자는 교회정치나 어떠한 힘에 끌려 다녀서는 안 된다. 의사와 환자는 그 기능 면에서부터 분명하게 구별되기 때문이다.

청중들은 주님께서 세우신 목회자를 통하여 말씀하시고 계신다는 것을 명심하고 인간적인 감정이나 자신의 경험이나 지식적인 차원에서 말씀을 받는 것은 바람직하지 않다. 그러므로 언제나 사랑과 감사의 마음으로 말 씀을 수용할 때 하나님의 복음치유는 기적이 현실로 나타나게 되는 것이 다.

그래서 미움이 사랑으로 변하게 되고, 반목과 갈등과 대립이 이해와 용 서와 화합의 꽃으로, 불평과 염려와 걱정이 감사와 평안함과 소망으로 변 하게 된다. 이런바 원수가 동지가 되는 치유의 역사가 복음치유로 이루어 지는 것이다.[22]

필자는 이러한 내적 복음치유를 위하여 집회를 인도할 때에는 마지막 저 녁 집회시간에는 사랑의 애찬을 온 교우들과 함께 나누는데 그 동안에 복 음으로 받아들인 말씀을 애찬을 나누므로 실제적으로 치유되게 하는 시간 을 갖는데 그 치유의 효과는 상상을 초월할 정도다.

필자의 내적 치유를 위한 집회 커리큘럼은 1991년도에 『삶의 자리』라는 장로회신학대학 신학대학원 제83기 동기회지 제2호에 기고한 「한국교회 부흥회의 어제와 오늘 그리고 내일」을 참조하면 도움이 될 것이다.[23]

◆ 헌금생활

헌금생활은 그 사람의 믿음의 표현이며 사랑의 표현이다. 그 이상도 그 이하도 아니다. 올바른 헌금생활이 이루어지지 않을 때 이미 그 사람은 전 인적으로 평화가 깨어지고 있다는 것을 스스로 느끼게 되는 것이다. 그러 므로 교육은 시키되 강요되어서는 안되며 어디까지나 자발적인 사랑과 신

---

22) 사 11:6-9.
23) 소정의, 『삶의 자리』, (성지출판사, 1991), pp.57-70.

앙의 고백으로 이어지도록 용기와 격려를 아끼지 않아야 할 것이다.

사람은 이 땅에 태어날 때 무엇을 가지고 태어난 사람은 하나도 없다. 그리고 무엇을 가지고 갈 수도 없다. 한 톨의 쌀도 가지고 가는 것이 아니다. 그러므로 세상의 물욕에 침식되지 않도록 자신을 관리하는 것이 현명한 사람일 것이다.

창조생기 극대화는 바로 인간이 모든 물질욕과 소유욕에서 과감하게 벗어났을 때 비로소 이루어지는 것인데, 미움도, 걱정도, 염려도, 불화도, 갈등도 사라지게 될 것이다. 그리고 그 기쁨과 함께 창조생기는 강력한 치료의 효과를 발휘하게 되는 것이다. 그러므로 헌금생활은 금액에 과소(過小)가 문제가 되는 것이 아니라 믿음이 문제인 것이다. 주님은 가난한 과부의 헌금을 칭찬해 주셨다는 사실을 기억해야 할 것이다.[24]

◆ 파 송

산제사의 현장인 삶의 현장으로 나아가는 것을 말한다.[25] 이제는 성령의 역사 하심을 믿는 믿음과 함께 섬김의 사명자로서 나아가는 것을 말한다. 인간의 생활현장은 바로 신앙의 열매를 맺는 현주소이다.[26] 그러므로 기쁨과 감사가 넘치는 생활과 하나님의 임재하심을 항상 느끼며 사는 생활을 할 때 사회공동체까지 살맛 나는 세상으로 치유가 되는 것이다. 이것이 복음치유인 것이다.

필자가 말하고자 하는 복음치유를 위한 인체 상관관계의 이해라는 의미는 종래의 일반적인 의학적 용어로서 역학의 기초가 되는 의학이나 생물학, 그리고 이에 연관된 경제학이나 사회학 등에 응용되는 질병의 예방이나 유행병학 또는 의학적 생태학을 말하고자 하는 것이 아니다.[27]

---

24) 눅 21:1-4.

25) 롬 12:2.

408) 롬 7:4, 고 후9:10, 갈 5:22, 엡 5:9, 빌 1:11, 골 1:10, 히 13:15, 약 3:17-18.

27) 역학(疫學)의 기초는 의학·생물학·경제학·사회학 등에 두는데 가장 중요한 것은 정밀한 실지조사이다. 현재는 질병의 전염이나 재해사고를 막기 위

환자의 질병을 치유하기 위하여 환자를 무엇보다 전인적인 역학적 관계를 보고자 하는 것이다. 다시 말해서 환자의 영적, 심적, 사회적, 육체적으로 서로 복합적인 관계를 가지고 일어나는 현상으로 변화되어 가는 형태의 관계를 말하고자 하는 것이다.

인체는 체외나 체내의 변화 정보를 서로 신속하게 전달하는 특징이 있으며, 그리고 인체는 각 지체로서 독창성을 가지고 있으면서도 서로 긴밀한 협조체를 이루고 있다. 그리고 직접 또는 간접적으로 연관성을 가지고 있음이 밝혀졌다. 그러기 때문에 인체 치유적 역학관계성을 살펴보는 것이 환자의 치유를 위하여 매우 중요하다.

제4절 복음치유를 위한 인체의 상관관계 이해

인체는 하나님의 최고의 창조물로서 제Ⅲ장 초두에 밝힌 대로 사람의 인체는 스스로 치유할 수 있는 창조항체를 가지고 있다. 이것이 본 필자가 환자들을 통하여 창조생기 극대화를 위하여 수비요법을 실시함으로서 얻은 임상경험이다.

예를 들어 하지가 붓고 칼로 도려내는 듯한 통증을 호소해 온 주부가 있었다. 소문난 병원들은 물론 이름난 한방병원은 모조리 찾았지만 병은 호전되지 않았다는 것이다. 그래서 환자는 자신이 죽을병에 걸렸다는 생각을 하고 있었다. 하지에 통증이 오면 그 고통이 말로 표현할 수 없을 정도라서 차라리 고통 없이 죽고 싶은 심정이라고 했다. 수영을 하면 좋다고 해서 수영도 하지만 차도가 없다는 것이었다. 약은 이름 있는 한의원에서 지어준 약을 계속 복용하고 있다는 것이었다.

한 의학의 한 분야로서 현재 암·고혈압·심장병·재해사고 등, 전염병 이외의 상해(傷害)도 연구대상으로 하고 있다.

필자가 볼 때는 이미 체세포가 약물중독으로 인하여 자극을 받아서 부을
대로 부어 있었다. 그래서 약 복용을 중지시키고 혈관순환계통과 신경계
계통에 수비요법을 실시했고 수영도 말렸다. 이유는 수영을 하게 되면 물
의 부력에 인체가 적응하기 위하여 체세포는 점점 그 공간을 넓힐 수 있기
때문이다. 놀랍게도 차도는 빨랐다. 그후 그 주부에게 혈관에 지장을 주는
기름으로 튀긴 음식은 삼가도록 했다. 그 주부는 여덟 번의 수비로 정상적
인 몸매도 찾았고 건강을 회복했다.

이러한 경우는 허다하다. 또 다른 경우는 왼쪽 하지가 아픈데 오른쪽 하
지가 아프다고 하는 경우다. 그것은 몸이 무의식 속에서 아픈 다리는 쉬게
하고 건강한 다리로 몸을 지탱하게 하고 더 운동을 무리하게 시킨 이유인
데, 왼쪽 하지를 수비를 해주었더니 오른쪽 하지도 상쾌하더라는 것이다.

이처럼 인체의 구조는 치유학적으로 역학적 연관성을 가지고 있음을 알
고 질병의 원인과 치유에 깊은 연구가 필요함을 밝힌다.

◆ 인체 구조적 자세의 중요성

인체의 척추는 인체 구조직으로 매우 중요하다. 건물로 예를 든다면 기
둥과 대들보에 속한다. 모든 인체의 체중을 쉬지 않고 떠받고 있기 때문이
다. 그러므로 인체의 자세가 삐뚤어지면 질병을 일으키게 된다. 즉 인체의
균형적 조화가 바르지 못하기 때문에 질병을 가지게 된다는 것이다.

예를 들어 경추(Cervical)가 바르지 못하면 목과 팔에 이상이 오고, 흉추
(Thoracic)가 바르지 못하면 순환계통이나 천식이나 호흡곤란이나 소화불량
등과 같은 질병을 앓게 된다. 요추(Lumbar)가 바르지 못하면 비뇨기관이나
하지에 이상이 온다. 그러므로 항상 인체의 자세를 바르게 가지는 습관을
가져야 한다.

대부분 사람들이 허리나 다른 관절에 이상이 있으면 침이나 약을 복용하
는데 그 효과가 지속적이지 못하다. 이유는 바른 자세를 갖는 습관이 중요
하다. 그런데 대수롭게 여기고 자세를 교정하지 않고 방치하면 결국은 지

병으로 키우게 된다. 그러므로 잘못된 자세에서 얻은 통증들은 침이나 약으로 되지 않는다.

여성들이 만약 정 자세로 앉지 않고 무릎을 꼬고 공손하게 앉는다고 삐뚤게 앉는다면 골반이 뒤틀려 좌골신경통이나 척추간판 측만증(일명 디스크 일종)을 앓을 수 있다. 기도할 때도 삐뚤어진 자세로 계속 지속이 되면 기도 때문에 병을 가지게 된다. 우리 인체의 자세는 이처럼 질병과 직접적인 관계를 가지고 있음을 알고 항상 자세를 바르게 갖도록 주의하여야 한다. 역설적으로 이야기를 한다면 자세만 바로 가져도 상해를 막을 수 있고 질병을 이길 수 있다.

필자를 찾아오는 환자들을 보면 많은 분들이 척추가 바르지 못함을 볼 수 있는데, 물론 척추가 돌출된 것은 아니지만 전체적으로 전, 후, 측면으로 다양하게 조금씩 비틀려 있음을 발견하게 되는데, 사람마다 각각 다르지만 심한 사람도 있다. 이렇게 자세가 휘어져서 체형이 달라지면 생활에 만성적인 피로가 싸이고 매사에 의욕이 없어지고 나중에는 일상생활도 못할 정도가 되는데 병원에서도 원인을 알 수 없는 질병으로 판정된다.

한 경우는 척추가 많이 굽었는데 너무 피곤해서 헬스를 다닌다고 했다. 헬스를 끝내고 샤워를 하고 나면 마음이 개운하다고 했다. 그러나 무릎도 아프고 허리가 아프다고 호소를 해왔다. 본 필자는 헬스를 당분간 하지 말라고 했다. 이유는 척추가 굽어 있어서 체중의 균형이 발바닥으로 가지 않고 허리와 무릎에 충격을 주기 때문이었다. 그리고 굽어진 척추를 보완하기 위하여 근육과 인대가 몹시 지쳐 있었기 때문이다. 헬스를 끝내고 샤워를 하면 땀을 씻어주고, 전신을 물로 마사지를 해주기 때문에 시원하지만 결국 지금은 헬스가 몸에는 해로운 것임을 설명해 주었고 자세 교정을 위하여 수비를 몇 차례 해주었더니 체형이 바로 잡히고 그렇게 아프던 허리나 무릎도 씻은 듯이 깨끗하게 되었다. 그리고 얼굴도 그렇게 환할 수 없었다. 운동을 하기 전에 먼저 자신의 신체를 알고 운동을 해야 한다. 이것은 너무나 당연한 상식이다. 건강은 바른 자세에서 시작되는 것이다.

◆ 인체 구조적 생활자세의 중요성

현대의 신종질환으로 '만성피로증후군'[28]이라는 것이 있다. 만성피로증후군은 다이옥신 등 맹독성물질이 몸에 들어와 두뇌와 척수에 염증을 일으키는 심각한 면역질환으로 현대인들이 섭취하는 각종 음식물 등에 들어있는 합성화학물질과 대기오염 등을 통한 공해물질, 그리고 정신적 스트레스 등에서 기인하는 것으로 알려져 있는데, 인체의 면역체계에 혼란을 가져옴으로써 각종 합병증을 야기하기도 한다는 것이다.

그런데 대부분의 환자들은 자신이 이 병에 걸렸는지도 모르고 있으며 의사들도 병명을 알지 못해 원인불명의 질환으로 치부되곤 한다. 이 만성피로증후군을 우리 한국 국내인구의 10%를 잠재환자로 보고 무서워하는데, 본 필자가 볼 때는 잠재환자의 수가 10%는 이미 넘는다고 보며 이미 청소년들에게도 일어나고 있는 현상으로 본다. 그러나 무서운 병이 아니라 문화생활 속에서 복합적인 원인에 의해서오는 질병으로서 창조생기수비요법으로 빠른 시일 내 100% 완치되는 '문화증후군'으로 본다.

문화증후군은 인체의 면역체계에 혼란을 가져옴으로써 각종 합병증을 야기하지만 창조항체의 원활한 소통이 되도록 하면 문제가 없는 질병이므로 무엇보다 자신의 일상적인 생활습관을 바로 가지는 것이 중요하다.

건강을 위해서는?

첫째로, 자신의 인체의 생리를 알아서 스스로 자신의 정서와 생활에 맞추어 스트레스를 해소할 수 있는 방법을 알아야 한다.

모든 생활에서 무엇을 하든지 생활을 즐기면서 산다는 방법을 택하는 지혜가 필요하다. 자신의 삶을 즐거움에서 의미를 발견하는 것이 좋다. 그래서 정서적으로 쫓기는 생활이 아니라 생활을 음미하며, 무엇이 유익하며 해로운지를 점검하면서 사는 생활의 자세가 필요하다. 그래서 성경은 항상

---

28) 김창기, 조선일보, 1997년 8월 13 일자 기사.

기뻐하라고 하지 않았던가![29]

둘째로 욕심을 버리는 일이다.

곧 소유욕을 버리면 자신의 진정한 모습을 발견하게 된다. 그런데 많은 사람들이 행복을 추구한다는 미명하에 끊임없이 소유하기를 원한다. 지식도 물질도 명예도 권력도 쾌락도 말이다. 이 소유욕 때문에 자신의 건강이 위험수준에 이르고 있다는 것도 망각한 채 말이다. 결국 돌이킬 수 없는 상해를 입고 환자복을 입고서는 인생의 무상함을 회고하는데 때는 이미 늦은 것이다. 이 소유욕 자체가 이미 불치병이라는 것을 잊어서는 안 된다. 주님께서도 "세상의 염려와 재리의 유혹과 기타 욕심이 들어와 말씀을 막아 결실치 못하게 되는 자요"라고 경고하셨다.[30] 그래서 사도 바울은 "너희는 성령을 좇아 행하라 그리하면 육체의 욕심을 이루지 아니하리라" 고 교훈을 했으며,[31] 잇따라 "너희는 유혹의 욕심을 따라 썩어져 가는 구습을 좇는 옛 사람을 벗어버리고 오직 심령으로 새롭게 되어 하나님을 따라 의와 진리의 거룩함으로 지으심을 받은 새 사람을 입으라"고 권면 하셨다.[32] 또 성경은 분명하게 "오직 각 사람이 시험을 받는 것은 자기 욕심에 끌려 미혹됨이니 욕심이 잉태한즉 죄를 낳고 죄가 장성한즉 사망을 낳느니라" 고 했다.[33] 현대인들은 소유욕이라는 불치의 병 때문에 자신의 고귀한 존재를 상실하고 있다. 마른 떡 한 조각만 있어도 화목하는 것이 행복이며,[34] 의를 구하는 것이 모든 것을 얻는 비결임을 알아야 할 것이다.[35] 건강은 바로 소유욕을 버리는 생활자세에서 오는 것이다.

---

29) 고후 6:10, 살전 5:16.
30) 막 4:19.
31) 갈 5:16.
32) 엡 4:22-24.
33) 약 1:14-15.
34) 잠 17:1.
35) 마 6:33.

셋째로는 건강을 위해서는 긍정적인 사고를 갖는 생활자세이다.

부정적인 사람은 결코 행복할 수 없음은 물론이요 건강할 수도 없다. 절대로 건강은 긍정적인 사람의 몫이다. 이런 사람은 회복도 빠르다는 것을 임상경험상 확인된 것이다. 매사에 긍정적인 사람은 생활에 감사가 있고 사랑이 있고 희망이 있고 이해가 있다. 이런 사람은 창조적인 삶을 살 수 있다. 좋은 일을 계속 생각하면 좋게 된다. 그러나 나쁜 일을 생각하면 나빠진다. 행복한 생각을 하며 행복한 그림을 마음으로 그리면 그 사람은 행복해질 수 있지만 불행을 생각하고 불행한 그림을 마음으로 그리며 불평하고 원망하면 불행해질 수밖에 없는 것이다.

Dale E. Galloway는 부정적 세상에서 긍정을 유지하는 여섯 가지 방법을 제시했는데, 서술하면 다음과 같다.[36)]

    ① 긍정적인 선택을 하라.
    ② 좋은 일에 생각을 고정하라.
    ③ 긍정적으로 생각하는 사람이 될 수 있도록 자신을 훈련시키라.
    ④ 인생의 지도력을 부정적인 상황에 맡기지 않도록 하라.
    ⑤ 구렁텅이에서 일어나 긍정적인 생각으로 마이너스를 플러스로
       바꾸라.
    ⑥ 긍정적인 기대감으로 과감히 살라는 것이다.

성경은 우리에게 끊임없이 긍정적인 삶을 살 것을 제시하고 있다.[37)] 그리고 주님께서도 할 수 있다는 긍정적인 믿음의 삶을 살도록 요구하셨다.[38)]

넷째로 웃음과 유머가 있는 생활을 해야 한다.

---

36) Dale E. Galloway, *Dare to discipline Yourself*, 권명달 역, 『극기』,(보이스사, 1985), pp.186-206.
37) 롬 12:2, 마17:20, 빌 4:13.
38) 막 9:23.

현대인들의 얼굴에는 웃음이 메말라져가고 있다. 생기가 없고 어둡고 침울하다. 성경은 "슬픔이 웃음보다 나음은 얼굴에 근심함으로 마음이 좋게 됨이니라"고 했다.39) 실지로 웃음은 하나님께서 우리 인간에게 주신 명약 중에 명약이다. 본 필자는 환자들과 치유상담을 할 때 먼저 울게 하고 그 다음에는 웃게 한다. 그것은 상담 기술에 달려 있다.

1999년 2월 14일 밤 8에서 9시까지 K.B.S 제 1 T.V에서 방영된 「신의 선물, 웃음과 울음」이라는 프로가 방영되었는데 본 필자는 매우 타당한 것으로 인정했다. 그 방송에서는 사람이 한 번 웃을 때 폐와 심장이 2배나 빨라져서 유산소 운동을 한다고 했다. 그래서 인체의 내분비계와 신경계와 순환계에 면역체계를 활성화시키고 심지여 놀라운 치료효과를 가져온다고 했다. 사람이 10분을 웃으면 2시간의 마취효과 있다는 것이다. 그리고 스트레스를 해소하고 우울증을 치료하는데 웃음보다 좋은 것이 없다고 했다.

필자가 연구한 결과 사람이 참 행복감을 느끼든지 기쁨이 완연하면 웃음보다 진한 눈물이 나온다는 것을 감지할 수 있다. 지난 과거의 응어리졌던 아픔 기억의 상처는 눈물로 씻어주어서 마음을 정화시켜 준다. 그리고 난 후 웃음과 함께 어느 누구도 느끼지 못하는 행복감의 눈물을 흘리게 될 때, 본 필자는 환자의 치유가 90%는 된 것으로 믿는다. 실질적으로 이상구 박사는 사람이 웃을 때 엔돌핀(Endorphin)이라는 호르몬이 많이 나와서 진통효과와 함께 질병을 치료한다고 했다.40) 이 엔돌핀이라는 호르몬은 백혈구의 일종인 림프인데, 이 림프가 질병과 싸우는 것이다. 그러기 때문에 순환계 질환이라고 할 때 성인병인 암도 포함되는 것이다. 암도 림프구만 강하면 별수 없다는 것을 상식적으로 알고 희망을 가져야 한다.

일본에서 큰 병원을 경영하는 하루야마 시게오(春山茂雄)라는 원장도 우리 뇌 속에서 웃을 때 모르핀(Morphine)이 나오는데, 그 뇌 속에서 나오는 모르핀이 몸을 건강하게 하고 기분도 즐겁게 한다는 것이다. 그리고 면역

---

39) 전 7:3.
40) 이상구, 『복음과 건강』, (홍성사, 1988), p.20.

성도 강하게 한다는 것이다.[41] 그러나 반대로 화를 내거나 긴장하면 뇌 속에서 분비되는 노르아드레날린이라는 호르몬이 나와서 면역력을 파괴하고 암과 같은 성인병의 원인을 만든다고 했다.[42]

모르핀이라고 하면 상식적으로 아편에서 축출한 마약이다. 모르핀을 맞으면 중독이 되고 사람을 망치기 때문에 법으로도 금기되어 만약에 모르핀을 주사하게 되면 향정신성 의약품관리법 위반으로 저촉이 되어 구속되게 된다. 그런데 이러한 모르핀이 우리의 뇌에서 나오는데 경찰이 잡아가지 않는다. 그리고 뇌 속에서 나오는 이 모르핀은 사람이 인위적으로 만든 것처럼 해로운 것이 아니라 오히려 우리 몸을 위하는 의로운 것이다. 이것이 하나님의 창조의 신비인 것이다. 그러므로 우리의 생활 가운데 웃음과 유머가 있도록 항상 노력하여 엔돌핀과 같은 모르핀이 많이많이 생성되도록 해서 자신의 건강뿐 아니라 타인에게도 밝은 정서를 제공하고 건강에 유익이 되도록 웃음이 있는 생활을 해야할 것이다.

다섯째, 평범하고 수수하라.

현대인들은 무엇인가 남보다 특별해야 인정받는 세상이라고 착각하고 있다. 특별하고 특출해야 한다는 강박관념 때문에 얼마나 자신의 건강을 해치고 있는지도 모르면서 말이다. 그러기 위해서 얼마나 자신을 과장하고 과시하고 위선의 족쇄로 자신을 학대하며 사는가! 특별하고 특출한 것이 자신과 가정에 진정한 행복을 제공해 주는가? 특별하고 특출한 것이 건강을 제공해 주는가? 고정관념을 깨야 한다. 평범하고 수수한 곳에 행복이 있고 건강이 있고 진리가 있는 것이다.

여섯째, 보다 나은 내일을 위하여 휴식으로 재충전을 하라.

---

41) 가와기타 요시노리(川北義則), 『인생의 즐거움을 발견하는 법』, 장경룡 역, (예영커뮤니케이션, 1997), p.38.
42) *Ibid.*, p.37.

현대인들에게 불행한 것은 자신과 자신의 주위를 돌아볼 수 있는 시간적인 여유를 상실하고 있다는 점이다. 휴식은 건강과 밀접한 관계를 가지고 있다. 하나님께서 안식을 제정한 것도 우리 인간의 건강과 밀접한 관계가 있음을 알아야 한다. 안식(安息)이라는 말이 무엇인가? 글자 그대로 편안하게 쉬는 것이 아닌가.

하나님은 분명하게 엿새 동안은 열심히 일하고 제 칠일은 안식하고 누구든지 아무 일도 못하게 하셨다.[43] 이렇게 하나님께서는 우리의 체질을 그렇게 창조하셨던 것이다. 어떤 환자들은 주일도 없이 열심히 살았는데 결국은 병만 얻었다고 눈물을 지었다. 특히 목회자들이 휴식 없이 살다가 건강을 잃고 본 필자를 찾아오는 분들이 의외로 많다는 것을 알고 힘들고 어려우면 어려울수록 심신을 위하여 오히려 충분한 휴식을 취하는 것이 바람직하다. 아내에게만 연락처를 주고 훌쩍 떠나는 것도 좋다. 교인의 건강을 책임져야 할 목회자들에게 건강은 무엇보다 중요한 것이다.[44] 목사는 감당해야 하는 그 많은 일 때문에 너무 지쳐서 기진맥진해지지 않도록 끊임없이 조심하여야 한다.[45]

말이 나온 김에 목회자의 부인에 대해서 한마디하겠는데 한국교회 목회자의 부인은 90%가 아니 99%인지도 모르지만 환자이다. 목회자인 본인으로서도 가슴아픈 일이다. 그만큼 한국 교회가 신앙과 사랑과 충성과 봉사라는 거룩한 단어로 인간의 기본권인 건강마저도 유린하고 있다. 어쩜 목사보다 더 힘든 직분이다. 이제 한국교회도 사람의 사생활도 인정하는 인식의 전환이 필요하며 구조적으로도 바꾸어야 할 시점에 와있다. 아무튼 건강을 위하여 휴식은 절대적으로 필요한 것임을 알아야 한다.

---

43) 출 20:8-10.
44) 곽안련, 『목회학』, (대한기독교서회, 1991), pp.48-52.
45) Robert C. Anderson, *The Effective Pastor*, 이용원 역, 『목회학』, (소망사, 1988), p.424.

◆ 인체 구조적 심적 안정의 중요성

인간은 심적 두려움을 스스로 해결하지 못한다고 본 논문에서 지적한 바가 있다.[46] 이 문제를 해결할 수 있는 방법은 하나님과의 확실한 대화의 보증으로 가능하다고 했다.[47] 하나님은 당신의 자녀들이 두려워함을 원치 않으며 마음에 평강을 원하신다. 하나님은 평강의 하나님이시다. 그래서 예수는 평강의 왕으로 오셨으며, 평안을 주시려고 오셨다고 제시했다.[48]

인간의 심적 질병의 치유는 하나님과의 만남과 인격적 대화로서 가능해지는데 하나님을 만남에 있어서 어떠한 모습이라도 상관없다. 탕자의 모습처럼 꾸밈이 없는 실존 그대로 모습이면 된다.[49] 이 얼마나 놀라운 하나님의 사랑인가!

요한복음은 바로 이러한 하나님의 사랑을 우리 인간과 상대적으로 묘사하기를 부자간(父子間)의 사랑으로 묘사했던 것이다.[50] 어느 아버지가 자녀가 불행하기를 바라겠는가! 그러므로 심적인 안정을 하나님 안에서 회복되어야 한다.

첫째로, 불안과 초조와 두려움과 염려와 걱정과 근심을 버려야 한다.

환자들의 일반적인 심적 상태는 질병으로 이한 불안과 초조와 두려움과 걱정과 염려로 지나치게 근심하는 것을 느낄 수 있다. 동아일보에서 설문조사를 한 통계에 따르면 우리 나라 성인남녀 절반이상이 일상생활에서 항상 불안감을 느끼고 있는 것으로 나타났는데, 20-30대 보다는 40대가, 여성보다는 남성이 일상생활에서 불안감을 더 느끼고 있는 것으로 조사됐다. 불안 요인으로는 자신과 가족의 건강문제가 48%로 가장 컸으며 일상의 경제생활은 36%, 불의의 사고 27%, 노후문제는 18%를 차지했다.[51]

---

46) 본 논문, p.28.

47) *Ibid.*

48) *Ibid.*

49) 눅 15:11-32.

50) 김춘기, 『요한복음연구』, (도서출판 한들, 1993), p.71.

심적으로 불안한 사람은 '불안신경증' 혹은 '불안공포증'이라는 질병을 앓을 수 있는데 그 질병을 앓는 사람은 심한 불안감이 일어나 가슴이 두근거리거나 식은 땀, 현기증, 구토증 등 다양한 자율신경계의 증상이 따르게 된다.

성경은 불안의 원인을 죄를 지었기 때문이라고 했으며[52] 또 장래 일을 알지 못하는 것과[53] 불신앙이 그 원인으로 보았다.[54] 불안을 극복할 수 있는 원인은 하나님을 바라보며 그리스도 안에 거하는 것이라고 했다.[55] 그리고 모든 짐을 하나님께 맡기는 것이라고 했다.[56] 불안과 초조와 두려움과 근심과 염려는 우리 신체에 반응을 일으켜서 건강을 해치는 악이다. 주님께서는 염려하지 말라고 하셨다.[57]그리고 근심도 하지 말라고 하셨다.[58] 인생을 달통(達通)한 솔로몬은 "마음의 즐거움은 얼굴을 빛나게 하여도 마음의 근심은 심령을 상하게 하느니라" 했고, 또 "마음의 즐거움은 양약이라도 심령의 근심은 뼈로 마르게 하느니라"고 하지 않았던가?[59] 그런데 중요한 것은 우리가 염려하는 일들 가운데 98%는 사실 일어나지 않는다는 것을 알아야 한다. 그러므로 적절한 운동과 함께 오히려 충분한 잠을 자도록 하고 자신이 즐기는 취미활동을 하는 것이 바람직하다.

둘째로, 마음으로 아름다운 희망의 그림을 계속 그려라.

---

51) 김필곤, 「동아일보」, 1995년 4월 18일자 기사.
52) 신 28:62-67, 시 38:8.
53) 잠 27:1, 약 4:13-17.
54) 마 6:26, 28:33, 눅 12:24.
55) 시 42:5, 마 11:28.
56) 시 37:5, 히 13:5-6, 벧전 5:5-7.
57) 눅 6:25.
58) 요 14:1; 「너희는 마음에 근심하지 말라 하나님을 믿으니 또 나를 믿으라」.
　　요 14:27; 「평안을 너희에게 끼치노니 곧 나의 평안을 너희에게 주노라 내가 너희에게 주는 것은 세상이 주는 것 같지 아니하니라 너희는 마음에 근심도 말고 두려워하지도 말라」.
59) 잠 15:13; 17:22.

사람의 마음은 백지와 같다. 어떤 색깔을 가지고 칠하느냐에 따라 다르다. 검은 칠을 하면 검게 나타나고 녹색을 칠하면 녹색으로 나타날 것이다. 마찬가지로 불행한 그림을 그리면 불행해 질 것이며, 행복한 그림을 그리면 행복해 질 것이다. 과격하게 그리면 과격하게 나타나고, 온순하게 그리면 온순하게 나타날 것이다. 어떠한 그림을 그리든지 그 선택의 자유는 자신 스스로에게 달린 것이다. 아름답고 희망찬 그림을 그리면 바로 그림이 본인의 것이 될 것이다.

프랑스의 철학자 알랭(Alain, 1868-1951)은 그의 저서 *Propos sur le bonheur*(행복에 관한 프로포)에서 "행복해지기를 바라지 않고서는 행복해질 수 없다는 사실이다. 그러니 자기 행복을 바라야 하고 만들어내야만 하는 것이다"라고 했다.[60] 진정 행복의 현주소는 외부에 있는 것이 아니라 우리의 마음에 있는 것이다.

다음의 성구들을 묵상하라.

「환난 날에 나를 부르라 내가 너를 건지리니 네가 나를 영화롭게 하리로다」(시 50:15)

「9)내가 땅 끝에서부터 너를 붙들며 땅 모퉁이에서부터 너를 부르고 네게 이르기를 너는 나의 종이라 내가 너를 택하고 싫어 버리지 아니하였다 하였노라, 10) 두려워 말라 내가 너와 함께 함이니라 놀라지 말라 나는 네 하나님이 됨이니라 내가 너를 굳세게 하리라 참으로 너를 도와 주리라 참으로 나의 의로운 오른손으로 너를 붙들리라 11) 보라 네게 노하던 자들이 수치와 욕을 당할 것이요 너와 다투는 자들이 아무것도 아닌 것같이 될 것이며 멸망할 것이라 12) 네가 찾아도 너와 싸우던 자들을 만나지 못할 것이요 너를 치는 자들은 아무것도 아닌 것같이, 허무한 것같이 되리니 13) 이는 나 여호와 너의 하나님이 네 오른손을 붙들고 네게 이르기를 두려워 말라 내가 너를 도우리라 할 것임이니라」(사 41:9-13)

---

60) Alain., *Propos sur le bonheur*, 박은수 역, 『알랭의 행복에 관한 프로포』,(홍성사, 1980), p.194.

「야곱아 너를 창조하신 여호와께서 이제 말씀하시느니라 이스라엘아 너를 조성하신 자가 이제 말씀하시느니라 너는 두려워 말라 내가 너를 구속하였고 내가 너를 지명하여 불렀나니 너는 내 것이라」(사 43:1)

「나 여호와가 말하노라 그들이 쫓겨난 자라 하며 찾는 자가 없는 시온이라 한즉 내가 너를 치료하여 네 상처를 낫게 하리라」(렘 30:17)

셋째로, 좋은 음악을 즐기라.

좋은 음악이라고 함은 좋은 음율과 가사가 실린 복음적인 찬송을 말한다. 물론 좋은 가사와 곡으로 되어 있는 음악도 좋으나 그래도 복음송이나 찬송이 제일 좋다. 그 이유는 영혼을 건강하게 살찌게 할뿐 아니라 실제적으로 사울 왕이 병들었을 때 다윗의 찬송으로 질병에서 치유되는 신비로운 능력을 입었기 때문이다.[61]

Terry. Law는 그의 저서 *The power of praise and worship*『찬양과 경배의 능력』에서 말하기를 '찬양과 경배가 신유와 축사를 가져다준다는 긍정적인 간증을 할 수 있다'고 했다.[62] 실제적으로 본 필자가 집회를 인도할 때에도 이러한 신유의 역사가 일어나는 것은 사실임을 경험했다.

Terry. Law는 또 찬양과 경배의 능력을 통해서 자신도 영적, 육체적, 감정적, 심리적인 병으로부터 고침을 받았다는 것이다. 그리고 찬양과 경배는 오늘날 당면한 환경에서 하나님의 기적의 역사를 체험할 수 있게 해줄 수 있다고 말했다.[63] 그렇다. 찬양은 대단한 능력으로 나타난다. 그리고 성도들의 영적인 무기이며 영적인 에너지(Energy)의 보고이다.

오순절의 역사도 열흘 동안 그들이 모여 찬양하고 성령의 강림을 기다리며 기도한 것에 기인한다.[64] 빌립보 감옥에 갇힌 바울과 실라가 한밤중에

---

61) 삼상 16:23.
62) Terry. Law., *The power of praise and worship*, 전가화 역, 『찬양과 경배의 능력』, (도서출판 은혜사, 1989). p.10.
63) *Ibid.*, p.27.
64) 행 2:47.

기도하고 하나님을 찬미할 때에 옥터가 흔들리고 옥문이 열리는 역사가 일어났다.[65] 우리의 인생에도. 한밤중과 같은 암흑이 드리울 수 있다.

다윗의 신앙은 바로 찬양에서 다져진 것이다. 그의 파란만장한 생애 속에서 그는 하나님을 향한 찬양을 항상 쉬지 않고 드렸다. 이러한 하나님을 향한 찬양이 다윗의 영적 무기였다. 그는 고백하기를 여호와는 나의 목자라고 찬양했다. 그래서 사망의 음침한 골짜기를 단일지라도 해를 두려워하지 아니한다고 했다. 그리고 어떠한 상황에서든지 은혜와 감사의 잔이 항상 넘친다고 했다.[66] 그의 주옥같은 찬양은 하나님을 기쁘시게 하고 자신에게도 영적인 힘이 되었다. 그래서 그는 "나의 힘이 되신 여호와여 내가 주를 사랑하나이다" 라는 고백적 신앙을 생활화하여 살았다.[67] 그래서 다윗은 철저하게 찬양을 권면하였으며,[68] 또한 다윗의 확신은 철저한 야훼 하나님의 신뢰로 함축한다. 그것이 시37편이다. 그러면 위의 성경본문들을 찾아보자.

「(시 23:1~6;1) 여호와는 나의 목자시니 내가 부족함이 없으리로다 2) 그가 나를 푸른 초장에 누이시며 쉴 만한 물가으로 인도하시는도다 3) 내 영혼을 소생시키시고 자기 이름을 위하여 의의 길로 인도하시는도다 4) 내가 사망의 음침한 골짜기로 다닐지라도 해를 두려워하지 않을 것은 주께서 나와 함께 하심이라 주의 지팡이와 막대기가 나를 안위하시나이다 5) 주께서 내 원수의 목전에서 내게 상을 베푸시고 기름으로 내 머리에 바르셨으니 내 잔이 넘치나이다 6) 나의 평생에 선하심과 인자하심이 정녕 나를 따르리니 내가 여호와의 집에 영원히 거하리로다」

「(시 18:1~50;1) 나의 힘이 되신 여호와여 내가 주를 사랑하나이다 2) 여호와는 나의 반석이시요 나의 요새시요 나를 건지시는 자시요 나의 하나님이시요 나의 피할 바위시요 나의 방패시요 나의 구원의 뿔이시요 나의 산성이시로다 3) 내가 찬송받으실 여호와께 아뢰리니 내 원수들에게서

---

65) 행 16:25.
66) 시 23:1-6.
67) 시 18:1.
68) 시 22:1-22.

구원을 얻으리로다 4) 사망의 줄이 나를 얽고 불의의 창수가 나를 두렵게 하였으며 5) 음부의 줄이 나를 두르고 사망의 올무가 내게 이르렀도다 6) 내가 환난에서 여호와께 아뢰며 나의 하나님께 부르짖었더니 저가 그 전에서 내 소리를 들으심이여 그 앞에서 나의 부르짖음이 그 귀에 들렸도다 …… 16) 저가 위에서 보내사 나를 취하심이여 많은 물에서 나를 건져내셨도다 17) 나를 강한 원수와 미워하는 자에게서 건지셨음이여 저희는 나보다 힘센 연고로다 18) 저희가 나의 재앙의 날에 내게 이르렀으나 여호와께서 나의 의지가 되셨도다 19) 나를 또 넓은 곳으로 인도하시고 나를 기뻐하심으로 구원하셨도다 20) 여호와께서 내 의를 따라 상주시며 내 손의 깨끗함을 좇아 갚으셨으니 21) 이는 내가 여호와의 도를 지키고 악하게 내 하나님을 떠나지 아니하였으며 22) 그 모든 규례가 내 앞에 있고 내게서 그 율례를 버리지 아니하였음이로다 23) 내가 또한 그 앞에 완전하여 나의 죄악에서 스스로 지켰나니 24) 그러므로 여호와께서 내 의를 따라 갚으시되 그 목전에 내 손의 깨끗한 대로 내게 갚으셨도다 25) 자비한 자에게는 주의 자비하심을 나타내시며 완전한 자에게는 주의 완전하심을 보이시며 26) 깨끗한 자에게는 주의 깨끗하심을 보이시며 사특한 자에게는 주의 거스리심을 보이시리니 27) 주께서 곤고한 백성은 구원하시고 교만한 눈은 낮추시리이다 28) 주께서 나의 등불을 켜심이여 여호와 내 하나님이 내 흑암을 밝히시리이다 29) 내가 주를 의뢰하고 적군에 달리며 내 하나님을 의지하고 담을 뛰어넘나이다 30) 하나님의 도는 완전하고 여호와의 말씀은 정미하니 저는 자기에게 피하는 모든 자의 방패시로다 31) 여호와 외에 누가 하나님이며 우리 하나님 외에 누가 반석이뇨 32) 이 하나님이 힘으로 내게 띠 띠우시며 내 길을 완전케 하시며 33) 나의 발로 암사슴 발 같게 하시며 나를 나의 높은 곳에 세우시며 34) 내 손을 가르쳐 싸우게 하시니 내 팔이 놋 활을 당기도다 35) 주께서 또 주의 구원하는 방패를 내게 주시며 주의 오른손이 나를 붙들고 주의 온유함이 나를 크게 하셨나이다 …… 46) 여호와는 생존하시니 나의 반석을 찬송하며 내 구원의 하나님을 높일지로다 47) 이 하나님이 나를 위하여 보수하시고 민족들로 내게 복종케 하시도다 48) 주께서 나를 내 원수들에게서 구조하시니 주께서 실로 나를 대적하는 자의 위에 나를 드시고 나를 강포한 자에게서 건지시나이다 49) 여호와여 이러므로 내가 열방 중에서 주께 감사하며 주의 이름을 찬송하리이다 50) 여호와께서 그 왕에게 큰 구원을 주시며 기름 부음받은 자에게 인자를 베푸심이여 영영토록 다윗과 그 후손에게로다.」

「(시34:1~22;1)내가 여호와를 항상 송축함이여 그를 송축함이 내 입에 계속하리로다 2) 내 영혼이 여호와로 자랑하리니 곤고한 자가 이를 듣고 기뻐하리로다 3) 나와 함께 여호와를 광대하시다 하며 함께 그 이름을 높이세 4) 내가 여호와께 구하매 내게 응답하시고 내 모든 두려움에서 나를 건지셨도다 5) 저희가 주를 앙망하고 광채를 입었으니 그 얼굴이 영영히 부끄럽지 아니하리로다 6) 이 곤고한 자가 부르짖으매 여호와께서 들으시고 그 모든 환난에서 구원하셨도다 7) 여호와의 사자가 주를 경외하는 자를 둘러 진치고 저희를 건지시는도다 8) 너희는 여호와의 선하심을 맛보아 알지어다 그에게 피하는 자는 복이 있도다 9) 너희 성도들아 여호와를 경외하라 저를 경외하는 자에게는 부족함이 없도다 10) 젊은 사자는 궁핍하여 주릴지라도 여호와를 찾는 자는 모든 좋은 것에 부족함이 없으리로다 11) 너희 소자들아 와서 내게 들으라 내가 여호와를 경외함을 너희에게 가르치리로다 12) 생명을 사모하고 장수하여 복받기를 원하는 사람이 누구뇨 13) 네 혀를 악에서 금하며 네 입술을 궤사한 말에서 금할지어다 14) 악을 버리고 선을 행하며 화평을 찾아 따를지어다 15) 여호와의 눈은 의인을 향하시고 그 귀는 저희 부르짖음에 기울이시는도다 16) 여호와의 얼굴은 행악하는 자를 대하사 저희의 자취를 땅에서 끊으려 하시는도다 17) 의인이 외치매 여호와께서 들으시고 저희의 모든 환난에서 건지셨도다 18) 여호와는 마음이 상한 자에게 가까이 하시고 중심에 통회하는 자를 구원하시는도다 19) 의인은 고난이 많으나 여호와께서 그 모든 고난에서 건지시는도다 20) 그 모든 뼈를 보호하심이여 그 중에 하나도 꺾이지 아니하도다 21) 악이 악인을 죽일 것이라 의인을 미워하는 자는 죄를 받으리로다 22) 여호와께서 그 종들의 영혼을 구속하시나니 저에게 피하는 자는 다 죄를 받지 아니하리로다」

「(시 37:1~40;1) 행악자를 인하여 불평하여 하지 말며 불의를 행하는 자를 투기하지 말지어다 2) 저희는 풀과 같이 속히 베임을 볼 것이며 푸른 채소같이 쇠잔할 것임이로다 3) 여호와를 의뢰하여 선을 행하라 땅에 거하여 그의 성실로 식물을 삼을지어다 4) 또 여호와를 기뻐하라 저가 네 마음의 소원을 이루어 주시리로다 5) 너의 길을 여호와께 맡기라 저를 의지하면 저가 이루시고 6) 네 의를 빛같이 나타내시며 네 공의를 정오의 빛같이 하시리로다 7) 여호와 앞에 잠잠하고 참아 기다리라 자기 길이 형통하며 악한 꾀를 이루는 자를 인하여 불평하여 말지어다 8) 분을 그치고 노를 버리라 불평하여 말라 행악에 치우칠 뿐이라 9) 대저 행악하는 자는 끊어질 것이나 여호와를 기대하는 자는 땅을 차지하리로다 10) 잠시 후에 악인이 없어지리니 네가 그 곳을 자세히 살필지라도 없으리로다 11) 오직 온유한 자는 땅을 차지하며 풍부한 화평으로 즐기리로다 …… 23) 여호와 께서 사람의 걸음을 정하시고 그 길을 기뻐하시나니 24) 저는 넘어지나 아주 엎드러지지 아니함은 여호와께서 손으로 붙드심이로다 25) 내가 어려서부터 늙기까지 의인이 버림을 당하거나 그 자손이 걸식함을 보지 못하였도다 26) 저는 종일토록 은혜를 베풀고 꾸어 주니 그 자손이 복을 받는도다 27) 악에서 떠나 선을 행하라 그리하면 영영히 거하리니 28) 여호와께서 공의를 사랑하시고 그 성도를 버리지 아니하심이로다 저희는 영영히 보호를 받으나 악인의 자손은 끊어지리로다 29) 의인이 땅을 차지함이여 거기 영영히 거하리로다(시 37:30) 의인의 입은 지혜를 말하고 그 혀는 공의를 이르며 31) 그 마음에는 하나님의 법이 있으니 그 걸음에 실족함이 없으리로다 32) 악인이 의인을 엿보아 살해할 기회를 찾으나 33) 여호와는 저를 그 손에 버려 두지 아니하시고 재판 때에도 정죄치 아니하시리로다 34) 여호와를 바라고 그 도를 지키라 그리하면 너를 들어 땅을 차지하게 하실 것이라 악인이 끊어질 때에 네가 목도하리로다 35) 내가 악인의 큰 세력을 본즉 그 본토에 선 푸른 나무의 무성함 같으나 36) 사람이 지날 때에 저가 없어졌으니 내가 찾아도 발견치 못하였도다 37) 완전한 사람을 살피고 정직한 자를 볼지어다 화평한 자의 결국은 평안이로다 38) 범죄자들은 함께 멸망하리니 악인의 결국은 끊어질 것이나 39) 의인의 구원은 여호와께 있으니 그는 환난 때에 저희 산성이시로다 40) 여호와께서 저희를 도와 건지시되 악인에게서 건져 구원하심은 그를 의지한 연고로 다.」

　　이처럼 찬양은 모든 문제에서 해결 받는 신비로운 능력이 있다. 그래서 기독교는 찬양의 종교라고 할 수 있다. 찬양의 대상은 하나님뿐이시다. 하나님은 찬미의 제사를 원하신다.[69] 주님도 찬미를 하셨다.[70] 신구약성서를 통해 찬양이란 낱말이 신약 48회, 구약 351회나 기록되어 있는데 그 말 앞에는 반드시 '여호와를' '야훼께' '주께'라는 말이 붙어 있음을 본다. 그 이유는 우리의 찬양의 대상이 오직 하나님뿐이심을 밝혀주고 있는 것이다.

---

69) 히 13:15.
70) 마 26:30, 막 14:26.

찬양하라 하나님을 찬양하라 찬양하라 우리 왕을 찬양하라(시 47:6).

하나님께 노래하며 그 이름을 찬양하라 타고 광야에 행하시던 자를 위
하여 대로를 수축하라 그 이름은 여호와시니 그 앞에서 뛰놀지어다(시
68:4).

수금으로 여호와를 찬양하라 수금과 음성으로 찬양할지어다(시 98:5).

할렐루야, 여호와의 종들아 찬양하라 여호와의 이름을 찬양하라(시
113:1).

여호와를 찬송하라 여호와는 선하시며 그 이름이 아름다우니 그 이름
을 찬양하라(시 135:3).

할렐루야 내 영혼아 여호와를 찬양하라(시 146:1).

너희 용들과 바다여 땅에서 여호와를 찬양하라(시 148:7).
여호와께 노래하라 너희는 여호와를 찬양하라 가난한 자의 생명을 행
악자의 손에서 구원하셨음이니라(렘 20:13).

사도 바울도 찬송할 것을 말했다.[71] 그리고 항상 노래가 있는 삶을 살아
야 한다. 성경에는 노래라는 단어가 176회가 나온다.

기독교나 찬송가를 모르던 시절 우리의 옛날 어르신네들은 자신의 가슴
속에 응어리진 한(恨)들을 손으로는 일을 하면서 흥얼거리며 때로는 눈물
을 흘리며 토해냈던 것을 필자의 어린 시절의 기억으로 알 수 있다. 그러면
한동안은 시원함을 느끼는 것이다. 우리에게는 이제 영적인 무기인 찬송이
있으며 환경과 취향에 맞는 복음송들이 있다. 이 영적인 무기들을 사용함
으로서 자신의 치유에 하나님의 개입과 역사 하심과 신령한 체험을 하기
를 고대한다.

---

71) 고전 14:15, 엡 1:6, 14, 5:19, 골 3:16.

넷째로, '사랑'이라는 도배지로 마음의 벽을 도배하라.

우리의 마음은 본인 자신에게 상처를 입힐 수도 있고 치유할 수 있는 놀라운 힘도 가지고 있다.[72] 우리는 가끔 타인으로부터 상처를 받았다는 피해의식을 갖는데 사실 따지고 보면 타인으로부터 받는 상처가 아니라 자신의 열등의식이나 이해와 사랑의 폭이 좁은 마음에서 기인된 것임을 알 수 있다. 상대가 어떤 나쁜 말을 해도 소화시킬 수 있는 여유와 너그러움이 있다면 상처가 되지 않기 때문이다. 받아들이는 마음의 자세가 감정으로 받아들이느냐 사랑과 수용으로 받아들이느냐에 사고방식에 따라 다르기 때문이다. 그러므로 사랑이라는 단어 역시 신비어(語)이다. 사랑은 자신을 치유할 수 있는 능력의 단어이다. 그래서 주님께서는 사랑이라는 계명을 최고의 계명으로 주셨다.[73]

주님의 수제자 베드로는 "무엇보다도 열심으로 서로 사랑할지니 사랑은 허다한 죄를 덮느니라"고 했다.[74] 사랑의 사도요한은 "사랑하는 자들아 우리가 서로 사랑하자 사랑은 하나님께 속한 것이니 사랑하는 자마다 하나님께로 나서 하나님을 안다" 고 역설했다.[75] 사도 바울의 사랑론(論)은 사랑은 이웃에게 악을 행치 아니하는 율법의 완성으로 보았으며,[76] 사랑은 덕을 세우는 것이며,[77] 사랑은 오래 참고 사랑은 온유하며 투기하는 자가 되지 아니하며 사랑은 자랑하지 아니하며 교만하지 않는 것이며,[78] 사랑은

---

72) Howard Clinebell., *Well Being*, 이종헌 · 오성춘 공역, 『전인건강』, (장로교출판사, 1997), p.72.

73) 마 22:37-40.「예수께서 가라사대 네 마음을 다하고 목숨을 다하고 뜻을 다하여 주 너의 하나님을 사랑하라 하셨으니 / 이것이 크고 첫째 되는 계명이요 / 둘째는 그와 같으니 네 이웃을 네 몸과 같이 사랑하라 하셨으니 / 이 두 계명이 온 율법과 선지자의 강령이니라」
　요 15:12.「내 계명은 곧 내가 너희를 사랑한 것같이 너희도 서로 사랑하라 하는 이것이니라」

74) 벧전 4:8.

75) 요일 4:7.

76) 롬 13:10.

77) 고전 8:1.

78) 고전 13:4.

언제까지든지 영원토록 떨어지지 않는 것으로 말했다.79) 이처럼 사랑은 새 세상, 새 마음, 새 환경을 만드는 신비로운 복음치유의 단어인 것이다.

Chuck Smith 목사는 그의 저서 *Healing and Pray*『기도와 치유』에서 요한복음 9장 1-5에 날 때부터 소경인 사람을 두고 제자들이 주님께 누구의 죄 때문이냐는 질문을 한 말씀을 중심으로, 이렇게 죄를 지적하는 제자들의 모습을 현실적인 예를 들어서 은유적으로 표현을 했는데, 교통사고를 당한 현장에 나타난 경찰과 구급차의 긴급구조대원으로 비유했다. 경찰이 사고의 소식을 듣고 빨리 왔지만 사고를 당한 사람의 생명에는 관심 없이 누구의 과실이냐? 어떻게 해서 이 사고가 일어나게 되었는가? 하는 사고경위를 조사하고 사건현장을 보존하고 목격자를 찾는데 급급해하는 모습과는 달리, 긴급구조대는 도착하자 곧 바로 사건과는 상관없이 환자에게 구급을 실시하며 구급차에 실어서 병원으로 달아나더라는 것이다. 그래서 그는 "잘못을 가리는 사람과 병을 고쳐주는 사람"이라는 제목의 글에서 잘못을 가리기보다 고쳐주는 사람의 입장에 있어야 한다는 것을 역설했다.80)

사랑은 모든 것을 변화시킨다. 그리고 모든 것을 아름답게 만든다. 사랑은 추상적인 단어가 아니라 현실적이고 구체적인 행동을 요구하며 미래를 지향하는 창조적인 신비로운 능력의 단어이다. 그러므로 '사랑'이라는 도배지로 마음의 벽들을 도배하면 마음의 공간들은 사랑으로 가득찰 것이다.

다섯째, '믿음'이라는 무기를 사용하라.

믿음이라는 단어는 불가능을 가능케 하는 또 하나의 신비어(語)이다. 그래서 믿음은 바라는 것들의 실상이요 보지 못하는 것들의 증거라고 하지 않았던가81) 이처럼 믿음은 실존인 것이다.82) 믿음의 사람은 절대 포기하

---

79) 고전 13:8.

80) Chuck Smith., *Healing and Pray*, 신동철 역, 『기도와 치유』, (도서출판 건생, 1997) pp.91-92.

81) 히 11:1.

82) 이종성, 『신학적 인간학』, (대한기독교출판사, 1986), p.73.

는 법이 없다. 일곱 번 넘어질지라도 여덟 번째 일어나는 사람이다.[83] 주님
께서도 "너희 믿음대로 되라" 하시지 않았던가?[84]

　현대 기독교인들에게 있어서 가장 무서운 불치의 병은 입으로는 믿는다
고 하면서 마음속에는 '요행' 혹은 '설마'라는 덫의 불신앙에 걸려 있다. 많
은 사람들이 하나님의 믿음의 신비로운 세계를 밖에서 배회하고 있는 구
경꾼에 불과한 것이다. 불행한 일이 아닐 수 없다. 다음의 성경 구절을 반
복해서 주시하기 바란다.

　　「예수께서 이르시되 할 수 있거든이 무슨 말이냐 믿는 자에게는 능치
　못할 일이 없느니라 하시니」(막 9:23)

　　「예수께서 저희를 보시며 가라사대 사람으로는 할 수 없으되 하나님으
　로서는 다 할 수 있느니라」(마 19:26)

　　「내게 능력 주시는 자 안에서 내가 모든 것을 할 수 있느니라」(빌 4:13)

　　「그러나 이 모든 일에 우리를 사랑하시는 이로 말미암아 우리가 넉넉
　히 이기느니라」(롬 8:37)

　　「대저 하나님께로서 난 자마다 세상을 이기느니라 세상을 이긴 이김은
　이것이니 우리의 믿음이니라」(요일 5:4)

　주님은 '두려워 말고 믿기만 하라'고 하셨다.[85] 그리고 구하는 것을 믿음
으로 받게 되는 것이다.[86] 이러한 믿음으로 믿는 자들은 하나님의 영광을
보게 되는 것이다.[87]

---

83) 잠 24:16.
84) 마 9:29.
85) 막 5:36, 눅 8:50.
86) 막 11:24.
87) 요 11:40.

◆ 인체 구조적 먹거리의 중요성

음식은 우리 인체가 필요로 하는 에너지 공급원이다. 음식이 우리 구강을 통하여 들어오면 구강에서는 타액이, 위에서는 위액이, 소장에서는 췌액과 장액이라는 소화액이 나와서 화학작용을 일으켜 인체에 필요한 에너지로 환원이 되어 혈관을 통하여 신체 각 부분으로 전달된다. 그러므로 먹거리는 인체에 가장 중요한 요소이다. 그런데 중요한 것은 무슨 음식이든지 다 우리의 인체에 유익한 것이 아니라는 것이다.

필자를 찾아오는 많은 환자들을 중심으로 해서 볼 때, 우리가 섭취하는 음식에서 질병의 원인이 있다는 것을 알 수 있었다. 음식문화가 서구화되고 풍부해서 옛날에 들어보지도 구경해보지도 못한 음식들을 많이 섭취함으로서 비만해지고 질병에 대한 저항력을 상실하고 있다는 것을 알 수 있었다.

현대인들 가운데 그렇게 마른 사람을 찾기란 쉽지 않은 일이다. 옛날에는 아이들이 아프면 닭 한 마리를 푹 고아 먹이면 힘을 얻었다. 이제는 못 먹어서 병이 난 것이 아니라 너무 먹어서 병이 난다. 그런데 거기에다 또 몸에 좋다면 무조건 먹고 보자는 식으로 무턱대고 먹어댄다. 현대인들의 질병은 과포화지방에서 오는 고질적인 질병들이다. 암, 고혈압, 당뇨, 심장병, 간경화 등 성인병의 대다수가 잘못된 식생활 습관에서 비롯되었다.

이런 나쁜 식생활 때문에 순환계 계통에 문제가 오는데, 즉 림프계에 문제가 와서 저항력을 잃게 만드는 것이다. 혈액은 적혈구와 백혈구가 있다고 했다. 적혈구는 산소를 운반한다고 했다. 그런데 산소를 운반해야할 적혈구가 지방으로 인하여 뻑뻑해져서 원활한 활동을 하지 못하기 때문에 잘 먹어도 몸에는 피곤이 싸이는 것이다. 그리고 백혈구 중에 가장 질병과 관련 있는 림프계가 힘을 잃어버리는 것이다. 그러므로 인체의 먹거리는 매우 중요하다.

또 한 경우에는 약이라면 무엇이든지 좋은 줄 알고 먹는 어리석은 사람들을 많이 보게 되는데, 사실은 우리의 먹거리만 잘 분별해서 즐겁게 먹는다면 상해를 입지 않는다. 그런 점에서 올바른 식생활 문화와 약물복용에 대한 올바른 인식을 가져야 한다.

◆ 올바른 식사생활 문화

앞에서 이미 말한 바와 같이 모든 것이 옛날과 달라서 현대인들은 많은 문화생활을 누리고 있지만 건강문화는 오히려 위협을 받고 있다. 주위에는 먹을 것도 많고 편리한 것들도 많지만 그것을 지혜롭게 이용하고 누리고 즐기는 것이 아니라 쫓김을 받고 바쁘게 살아가고 있는 것이 사실이다. 그러기 때문에 이로 인하여 오는 무의식 속에 받는 스트레스도 대단하다.

현대인들의 식사문화도 즐겁게 건강을 위하여 섭취하는 것이 아니라 생존을 위하여 좋다면 자신의 체질과 관계없이 과잉섭취를 하고, 또 대다수의 남성들은 일반적으로 직장인들이기 때문에 점심이든지 하루 일과를 끝내고 외식을 하는데 거기서 섭취하는 각종 음식물들은 우리의 입맛에 맞추어 콜레스테롤이 과다하게 들어 있다. 그리고 직장에서 받은 정신적 스트레스를 풀기 위하여 음주를 하는데 몸에는 더욱 해롭다. 이처럼 음식물의 합성화학물질과 대기오염 등을 통한 공해물질, 그리고 정신적 스트레스 등에서 기인하여 우리의 인체는 면역체계에 혼란을 가져옴으로써 각종 합병증을 야기하는데 결국 순환계계통에 질환을 가지게 됨으로 병원에서는 원인불명의 진단을 받게되는 것이다.

여기서 한가지 더 짚고 넘어가야 할 것은 어린이들의 비만문제이다. 역시 식생활 문화로 인한 질병이다. 우리들이 어린 시절에는 살찐 것이 바로 부의 상징이던 시절이 있었다. 하얀 쌀밥을 보면 저절로 군침이 돌고, 중화요리 집을 지나오면 괜스레 허기를 느끼는 시절도 있었다. 하지만 이제는 경제가 발달해 모두가 풍요롭게 먹고 살 수 있게 되면서 이제 우리 사회도 비만이 근심의 질병으로 바라보게 되었다. 요즘에 많은 어린이들이 살이 찌다 못해 뱃살이 접혀 층이 생긴 아이들을 많이 보는데 필자의 심정은 착잡하기만 하다. 어릴 때 제대로 먹지 못하던 시절이 생각이 나서 대수롭지 않게 넘어갔는데 그것이 비만이 되어 건강을 위협하고 있기 때문이다. 비만의 대부분은 우리 몸이 필요로 하는 것 이상의 음식을 먹어서 생긴 것이다. 정말 보릿고개를 겪던 시절에는 상상도 못할 만큼 식생활 습관이 바뀌어서 콜레스테롤이 대단히 많은 기름진 음식을 많이 먹고 여기에다 전부 기름에 튀긴 인체에 해로운 군것질거리들만이 주변에 널려 있다. 아이들의 놀이문화도 움직이는 운동과는 달리 컴퓨터나 오락실 게임으로 즐기니 비만은 어쩜 당연한 것이다.

청소년들은 입시지옥이라는 말과 같이 집과 학교와 학원을 다람쥐 쳇바퀴 돌듯 하다가 밤늦게 귀가하여 식사하고 잠을 자니 스트레스와 음식이 비만을 가지고 오는 원인이 되는 것이다. 이제 어린이들의 비만이 건강문제만 아니라 사회적인 문제로 위축되게 한다. 비만인 아이들은 흔히 성인병이라고 생각하기 쉬운 고혈압, 당뇨, 지방간, 동맥경화에 잘 걸리고 잠잘 때 숨쉬기 힘든 경우가 생긴다. 게다가 몸무게가 늘면 척추와 하지에 무리를 주어서 관절염의 위험이 있고 어른이 되어도 비만이 될 확률이 높다는 것을 알아야 한다.

방학 때가 되면 많은 어린이들이나 청소년들이 부모와 함께 필자를 찾아오는데 하나같이 잘못된 식생활습관이 원인임을 알게 되었다. 이렇게 된 원인에는 체격이 크면 건강한 줄 알고, 그리고 무엇이든 잘 먹으면 좋은 줄을 알고 있는 부모들의 그릇된 고정관념이 한몫을 했다는 것을 알아야 한다. 이런 청소년들을 보면 체격은 크지만 의외로 허약하다.

옛날에는 임산부들이 대퇴부 쪽에 피부세포가 갈라지는 현상이 있는데 요즘에는 임신 경험이 없는 청소년들에게 피부세포가 갈라지는 현상들이 있는데, 여고생인 경우 30-40%가 된다는 것을 알면 심각한 수준에 와있음을 알아야 한다.

필자가 확신하건대 이러한 현상의 원인은 잘못된 식사습관에서 온 것이다. 기름에 튀긴 군것질과 라면, 기름에 튀긴 통닭, 햄버그와 피자와 소세지같은 과포화지방으로 조리된 음식물들을 무분별하게 섭취함으로서 그렇게 된 것이다.

그렇다고 당장 살을 빼기 위해서 굶으면 안 된다. 이 방법은 가장 무식한 방법인데 인체의 면역기능을 상실하게 되는 치명적인 질병을 유발하게 되는 것이다. 필자는 이런 무식한 사람들을 많이 보았다. 그러므로 올바른 식사습관과 적당한 운동이 필수다. 청소년 때에는 두뇌성장과 신체적 발육이 왕성한 중요한 시기이기 때문에 함부로 굶어서 살을 뺐다가는 평생을 두고두고 후회할 수도 있기 때문에 주의해야 한다.

음식에 관하여 성경은 살펴보면 "부정하고 정한 것과 먹을 생물과 먹지 못할 생물을 분별한 것이니라"고 했다.[88] 그러나 구약 시대의 이러한 음식물에 대한 규정은 오늘날 크리스천들에게 의무화된 것은 아니라는 사실은 상식적으로 알고 있지만 무엇을 먹느냐의 문제도 중요하지만 어떻게 먹느냐가 얼마나 중요한가를 알아야 할 것이다.[89]

하나님은 이스라엘 백성들에게 "너희는 기름과 피를 먹지 말라 이는 너희 모든 처소에서 대대로 영원한 규례니라"고 하셨다.[90] 혹자들은 말하기를 "만약에 하나님께서 이스라엘 백성들이 남극이나 북극에 살았다면 달랐을 것이다" 라고 말한다. 이유가 되는 말이다. 그러나 극지방에 사는 사람들이 체온을 유지하기 위하여 생존을 위하여 그리고 그곳에는 이러한 음식만을 구할 수밖에 없다. 채소는 상상도 할 수 없다. 그러나 그들의 평균 수명은 40을 조금 웃돈다는 것을 인식할 때 피와 기름은 인체에 덕이 되지 않는다는 것을 쉽게 이해할 수 있다.

이길상 박사의 이론에 따르면 산성체질은 병에 약하고 알칼리성 체질은 병균의 번식을 막아주기 때문에 음식으로 체질을 알칼리성으로 바꾸어 주어야 한다는 것이다.[91] 이처럼 잘못된 음식은 사람의 노화를 촉진시키며,

---

88) 레 11:47.
89) 롬 14:14-20, 골 2:16, 딤전 4:3-4.
90) 레 3:17.
91) 최현기, 『연신원 목회자 세미나 강의집 제2집』, (유니온학술자료원, 1989), p.258.

사람의 체질을 산성화시킨다.

　음식물의 주성분을 과학적으로 분석하면 단백질, 당질, 지방질이 된다. 단백질은 몸을 만들어 주는 역할을 하며, 당질은 숨쉬고 운동하는, 생체에 필요한 원료가 되는 것이다. 이길상 박사는 우리 한민족은 조상의 체질을 유전으로 채식민족으로 접합하게 되어 있어서 육식을 하는 민족보다는 장도 길고, 섬유질이 많은데 서구문화의 침투로 식생활이 서구화되어서 성인병에 시달리고 있다는 것이다.

　이길상 박사의 지론을 밝히면 다음과 같다.[92]

◆ 산성 체질이 되는 이유

① 동물성 단백질 식사의 찌꺼기 → 이것들은 황산, 질산, 요산, 인산과 같은 산을 만든다 → 이 찌꺼기들이 관절에 모여 관절염, 류마티스가 되고 체질을 산성화시킨다.

② 밥, 빵과 설탕에서 오는 찌꺼기 → 간식에 있어서 콜라, 쥬스류도 문제가 되는데 밥, 빵과 설탕이 잘못되면 젖산이라는 찌꺼기가 되어 산성체질을 만든다.→ 이러한 음식을 섭취할 때는 반드시 비타민 B와 칼슘을 함께 먹어야 한다는 것이다.

③ 스트레스 → 불안, 공포, 시기, 질투, 미움, 노여움, 싸움, 욕심, 염려, 괴로움, 고민, 갈등이 스트레스의 원인이다. (이 박사는 미국 미네소타 주에서 쥐 100마리를 통하여 실험한 결과를 예를 들었는데, 쥐들에게 치츠와 우유를 잘 먹이고 그 다음에는 그물을 치고 고양이를 왔다갔다하게 했더니 50%가 위궤양에 걸리고 그 다음으로는 뇌종양, 간의 이상, 내출혈 등으로 이상이 없는 쥐는 하나도 없었다는 것이다) → 사람도 마찬가지로 스트레스로 인하여 체질이 산성체질이 된다는 것이다.

---

92) *Ibid.*, pp.259-264.

◆ 산성 체질의 판정법

① 자주 피로가 느껴진다.

② 성인병이 찾아온다.(심장병, 고혈압, 뇌일혈, 비만체, 당뇨병, 통풍, 심
  근경색, 뇌출혈, 간경화증)

③ 저항력이 떨어진다.(무좀왕국이 된다)

④ 성격이 포악해진다.(범죄도 체질과 관계가 있다)

⑤ 난산하게 되며 젖이 부족하게 된다.

⑥ 비만증에 걸리게 된다.

⑦ 몸 속의 칼슘분이 탈취되기 때문에 골절의 악순환이 계속된다.

⑧ 지능이 떨어진다.

◆ 우리 몸을 알칼리성으로 바꾸는 방법

① 칼슘분을 많이 섭취하여 한다.

② 멸치 같은 작은 고기를 섭취하는 일이다.

③ 웃으려고 노력하는 일이다.

④ 심호흡으로 몸 안에 있는 독기를 부지런히 밖으로 내보내는 일이다.

⑤ 현미와 같이 눈이 달려있는 곡식을 먹는다.(눈이 없는 곡식은 소화과
  정에서 산성물질이 생기기 때문에 산성체질의 원인이 된다.

⑥ 충분한 수면과 적당한 운동이다.

그럼 여기서 참고로 식품 100g 가운데 있는 칼슘과 인의 ㎎과 곡식 100g
에 들어있는 영양을 비교하면 식생활에 있어서 도움이 되므로 발췌하여
소개한다.[93]

아래의 표와 같이 올바른 식사생활 문화를 살펴보면 우리의 잘못된 식사
를 개선해야 한다는 것을 알 수 있을 것이다. 올바른 식사생활은 골고루
즐거운 마음으로 바른 자세를 취하여 섭취하는 것이 중요하다는 것을 미

---

93) *Ibid.*

루어 짐작할 수 있다.

식 품	칼 슘	인	식 품	칼 슘	인
무 우 청	190	30	쌀 밥	6	170
다 시 마	800	150	돼지고기	4	180
고 추 잎	360	58	쇠 고 기	4	190
미 역	1,300	260	닭 고 기	4	280
당 근	200	74	무 우	28	17
김	510	280	우 유	100	90
파 세 리	200	65	청 주 술	5	6
상 치	56	53	감	7	14
배 추	33	40	사 과	5	12
가 지	16	26	배	2	11
된 장	81	180	오 징 어	12	290
콩	190	500			

표 9 <식품 100g중의 칼슘과 인의 mg>

◆ 약물복용에 대한 올바른 인식

약은 환자의 치유에 있어서 필요 불가결한 것이다. 그런데 약을 어떻게 복용하느냐에 따라 효과는 다르게 나타난다. 약은 식전, 식중, 식후 등 약의 성분에 따라 약사가 처방하는데 무엇보다 철저하게 약사의 지시에 따라 복용해야 한다. 그런데 본 논문이 말하고자 하는 것은 환자들이 자신의 병증과 체질을 모르고 무조건 약이라면 좋은 것으로 알고 복용한다는 것이다.

약은 잘못 복용하면 독이 되고 병증을 더욱 악화시켜서 나중에는 돌이킬 수 없는 상태가 되는 치명적이라는 사실을 인식해야 한다. 그리고 약을 과다 복용한다든지 약사가 지시한대로 복용하지 않고 임의로 민간요법이라 하여 중복하여 복용을 하는 경우는 질병 치유에 조금도 도움이 안 된다.

본 필자를 찾아오는 환자들을 보면 제일 처음에는 양약을 복용하고 나중에는 한방, 그 다음에는 건강식품, 그 다음에는 좋다고 소문이 난 약이면 모조리 복용해보고 난 뒤(이른바 민간요법으로 탕 종류의 약) 찾아오는 분들이다. 이들은 하나같이 100%에 가까운 순환계계통에 만성적인 질병으로 전이된다. 목사라는 신분 때문에 나무라지도 못하고 그야말로 답답하다못해 가슴이 아프다.

이들의 혈관계와 피부세포를 보면 한마디로 엉망이다. 그래도 이름 있는 병원과 한방병원의 이름은 곧잘 댄다. 그리고 좋다는 건강식품과 영양식품은 마스터하고 온 터라 그들의 의학적인 상식은 어지간한 의사나 약사를 초월한 것처럼 보인다. 그런데 한마디로 성인병은 현대의학으로는 고칠 수 없다. 이 문제에 대해서는 이상구 박사도 한 말이지만[94], 의사들도 인정하는 것이다. 그리고 약으로도 고칠 수 없다. 다만 억제하는 것밖에 다른 처방은 없다. 히포크라테스의 말대로 치유는 자연의 힘으로 되는 것이다. 그런데 자신의 의욕이 앞서서 별난 것을 다 복용하여 오히려 저항력도 잃게 되어 찾아온다.

예를 들어 현대의학에서 암이나 당뇨병이나 고혈압 같은 병을 고쳤다는 발표는 아직 없다. 이상구 박사는 현대의학이 오히려 사람을 골탕먹게 한다는 표현을 했다.[95] 사실이다. 본 필자를 찾아오는 많은 사람들이 오히려 세상에 들어보지도 못한 것을 먹고 림프구(임파구)의 저항력을 더욱 악화시켜서 오는 것이다.

알기 쉽게 다시 말한다면 림프구는 백혈구(순환계에 같이 있음)의 일종으로 질병을 퇴치하는데 가장 중요한 역할을 하는데 오히려 무슨 무슨 탕(개소주, 흑염소, 유황오리, 오소리 등)이 좋다해서 먹어보니까 처음에는 기분이 괜찮은 것 같다가 나중에는 더욱 안 좋더라는 것이다. 그럴 수밖에 없다. 성인병은 오히려 혈관을 맑게 하여 혈액 순환이 잘 되게 해야 하는데 오히려 과포화지방으로 잔뜩 섭취했으니 걸어다니는 것만 해도 기적인 것이다.

---

94) 이상구, *Ibid.*, p.17.
95) *Ibid.*, p.18.

어떤 사람은 말하기를 지방은 다 제거해서 탕을 했다는 것이다. 그럼 그 고기 덩어리 단백질이 지방이 된다는 것을 모르고 있었다는 것일 께다. 그 야말로 탕을 하여 수분은 다 증발하고 고단위 단백질 군만 남았다는 것이 아닌가? 이토록 어리석을 줄이야. 그런데 탕 집에서는 병이 나으려면 병이 빠져나간다고 그렇다고 한 마리 더 먹어야 한다고 한다니 값비싼 돈을 주고 독약을 싸 먹는 것과 같은 꼴이다. 필자의 자세한 설명을 듣고 그들은 먹던 약을 중단하고 철저하게 식사습관을 하게 된다. 그러면서 동시에 창조생기수비요법을 실시함으로서 탁혈과 탁기를 몰아낸다. 그러면 환자는 명현(瞑眩) 효과96)와 함께 활기를 되찾게 된다.

그러므로 약 복용에 앞서 무엇보다도 질병의 원인부터 알아야 하는 것이 중요하며, 약 복용에 있어서는 철저하게 약사의 지시를 따라야 한다. 그리고 빼놓을 수 없는 것이 약물에 적응해나가는 자신의 신체적인 체질을 알고 대처하는 지혜가 필요하다.

◆ 인체구조적 운동의 중요성

운동(Movement)은 인체 구조적으로 매우 중요하다. 본 논문이 말하고사하는 운동은 인체 근육의 수축과 이완에서 일어나는 골격근 운동을 말하는 것이다. 인체의 운동은 운동기관(Locomotive Organ)을 통하여 운동기능이 활성화되고 이로 인하여 운동기능이 향상됨으로서 일상생활을 영위해나가는데 자율성을 가지게 하는 것이다.

오랜 투병생활을 지낸 환자들은 신체의 고통으로 인하여 운동을 못해서 골격근들이 점점 쇠퇴해져 있으며 움직이는데도 고통스러워한다. 결국 사지를 못쓰게 되고 지병으로 일어나지 못하게 된다.

우리의 인체는 움직이지 않으면 더 깊은 병을 앓게 되어 있다. 조금의 고통이 있어도 움직여야 한다는 의지를 지녀야 한다. 그렇지 않으면 모든

---

96) 한방에서는 환자가 낫기 위하여 일시적으로 나타나는 몸살과 같은 증세를 명현 효과 혹은 명현 현상이라 말한다.

기능이 점점 마비되고 만다.

예를 들어 오십견이나 관절염이나 류마티스는 움직일 때 고통 때문에 움직이기를 싫어하는데 움직이지 않으면 치유되지 않는 병이다. 순환계 질환도 마찬가지다. 움직여야 혈액이 순환되고 소화도 잘 된다. 그리고 뇌척수신경과 자율신경과 말초신경까지 자극을 주어 몸 속에 있는 탁기들을 몰아내고 혈액순환을 촉진시켜서 림프구들이 생성되어 질병을 퇴치하게 되는 것이다.[97]

우리의 인체는 앞서 6장에서 살펴본 바와 같이 계통의 구조를 이루고 있기 때문에 운동과 함께 건강해진다는 것을 항상 염두에 두어야 한다. 운동량은 무리하지 않는 범위 내에서 약간의 땀이 나온다는 정도로 마음이 상쾌할 정도로 하는 것이 바람직하다.

환자인 경우에는 많은 운동량이면 빨리 치유될 줄 알고 운동에 욕심을 내면 오히려 역효과이다. 가벼운 산책처럼, 걷다가 온 몸을 흔들어 틀어주는 정도와 가벼운 맨손체조가 좋다. 그리고 천천히 가슴을 열면서 깊은 숨쉬기 운동은 꼭 권장하고 싶다. 통증이 있는 골격근은 참을 수 있을 정도까지 반복해서 밀고 당기고 하는 것을 반복하는 것이 좋다.

제5절 복음치유를 위한 일반요법에 대한 이해

일반적으로 현대의학인 서양의학의 의사들이나 동양의학에 기반을 두고 있는 한방의학이나 민간요법의 모든 시술자들이 환자들의 영적 상태나 심리적 상태는 고려하지 않고 환자의 병증에만 관심을 가지고 병을 다스리려고 한다. 이로 인하여 많은 환자들이 병증이 더 악화되고 다른 장기로 전이(轉移)되어 고질적으로 손을 쓸 수 없을 정도가 되어버리는 경우를 많

---

97) 본 논문., p.108

이 보게 된다.

무엇보다도 시술자들은 사람을 전인적으로 보아 치유를 해야한다는 것이 본 필자의 임상경험에서 얻은 지론이다. 그러기 때문에 시술자들은 환자의 영적 상태와 심리적 상태 그리고 환자가 처해있는 환경적 요소들을 먼저 정확하게 파악하는 것이 우선적이다.

좀더 상세하게 설명하면 대다수의 환자들의 영적 상태는 지병을 앓게 된 이유가 자신이 믿음이 부족한 데서 온 결과라는 자괴감이나 하나님으로부터 버림받았다는 표현하지 않는 분노가 있을 수 있다. 그리고 심적 상태로는 불안과 두려움과 삶에 대해서 의욕을 상실하고 심적인 블랙홀 상태를 보일 수도 있다. 그리고 환경적 요소에서는 환자가 어떤 직업을 가지고 있는지, 어떤 취미를 가지고 있는지, 어떤 음식을 좋아하는지, 가족간에 불만은 없는지 주의 깊게 탐색해야 한다. 왜냐면 현대병들은 직업에서 오는 스트레스가 원인이 될 수 있고, 직업으로 인하여 장기간의 나쁜 습관에서 질병을 앓을 수 있기 때문이다. 그리고 많은 환자들이 잘못된 식생활 습관에서 병을 더 악화시키고 있다는 것을 발견했기 때문이다. 이러한 요소들을 피악하고 난 후 그 다음에 환자의 병증을 다스려야 한다.

본 논문은 이러한 의미에서 환자를 전인적으로 보아 치유해야 한다는 것이다. 그러므로 본 장에서 취급하고자 하는 것은 일반적으로 우리에게 알려진 치료의 요법들을 살펴보며 그 장단점을 고찰해보고자 하는 것이다.

◆ 운동 요법

본 논문에서 다루고자하는 운동요법은 일반적인 치료요법으로서의 운동요법을 말하고자 하는 것이다. 우리가 운동요법이라고 할 때 이미 상해를 입은 환자가 시술자를 통하여 어떤 일을 반복하여 연습함으로써 신경과 근(筋)의 조정력을 높여서 통증을 들어주고 몸을 유연하게 하여 일상생활에 적응할 수 있도록 조력하는 물리적인 치료효과를 말한다.

이 분야는 재활의학의 한 분야로서 상해를 입은 환자들에게 알맞은 시설을 갖추고 치료를 해야하기 때문에 아직 까지는 선진국보다는 시설면이나 전문적인 의료술이 많이 뒤떨어져 있는 상태이다. 대도시의 대형병원 몇 곳에만 재활의료장비를 그런대로 갖추고 있으나 이 분야만을 전문적으로 하는 병원은 없는 실정이다. 종합병원이라고 하지만 말 그대로 물리치료에 중점을 두고 통증을 완화하고 시간을 보내는 실정이며 물리치료가 아니라 자연치료가 될 때까지 환자를 붙들고 있는 실정이다.

일본에서 '전원도시 후생병원'이라는 종합병원을 경영하는 하루야마 시게오(春山茂雄) 원장은 동양의학과 서양의학 이 두 분야를 공부한 현대의 학자로서 자신의 저서 『뇌내혁명(腦內革命)』이라는 책 머리말을 통하여 말 하기를 현대의학으로 실제로 고칠 수 있는 병은 전체의 20%에 지나지 않 는다고 했으며, 나머지 80%는 의료비만 물 쓰듯 낭비하고 있는 실정이라 고 했다.[98]

하루야마 시게오 원장의 말에 본 필자는 양심적인 의사라고 공감을 보낸 다. 본 필자의 임상경험으로 미루어볼 때, 병원에서 행하는 물리치료는 일 시적으로 통증을 완화하고 몸의 유연성을 갖게 하는 장점은 있으나 일시 적일 수밖에 없는 단점이 있다. 이유는 물리치료를 받는 환자는 이미 신체 적으로 상해를 입고 많은 약물을 복용하여 자율신경이나 순환계통이나 소 화계계통에 이상을 입고 있다는 것이다. 그리고 견비통과 같은 증상을 입 은 환자들도 마찬가지로 이미 순환계통과 자율신경계통에 문제가 있기 때 문에 근본적인 원인을 해결하지 않으면 안 되는 병이기 때문이다. 그러므 로 물리치료를 받는 환자들은 죽을병이 아니기 때문에 원인부터 치유를 하고 수비로서 창조항체를 극대화시킴으로서 자신의 생활에 애정을 갖도 록 해야할 것이다.

다음으로는 일명 스트레칭(스트레치;Stretch)이라는 운동요법이 있는데 이것은 칭찬할만하다. 이 스트레칭 운동요법은 상해를 입기 전에 행하는 준비운동이라고 볼 수 있다. 예를 들어 운동선수들이 운동경기에 임하기

---

98) 하루야마 시게오, 『뇌내혁명(腦內革命)』, 박광식 역, (사람과 책, 1996), p.4.

전에 자신의 몸의 유연성과 민첩성을 위한 트레이닝으로도 할 수 있다. 아래 그림은 스트레치 맨손체조이다.[99]

그림 1 <스트레치 맨손체조>

일반적으로 건강관리를 위해서 상해를 입기 전에 몸을 유연하게 풀어줌으로서 심신의 스트레스를 해소할 뿐 아니라 기쁘고 상쾌한 마음을 가질 수 있도록 스트레칭 운동을 해주는 것이 생활에 큰 활력을 제공해 준다. 이 운동은 미리 말했듯이 치료의 효과보다 상해를 입지 않게 하는 장점을 가지고 있다.

스트레칭 운동의 어원은 스트레치(Stretch)라는 말에서 온 것인데, 뻗다, 펴다, 펼치다, 잡아늘리다, 잡아당기다 라는 말에서 온 것이다. 이러한 운동은 운동선수에게만 국한된 것이 아니라 모든 사람이 어떤 환경에서든지 손쉽게 할 수 있는 운동이다. 사무를 보는 사람은 자신의 사무실에서 그리고 운전자는 운전석에서 간단하게 할 수 있는 몸 관리를 위한 유연성 운동이라고 생각하면 될 것이다. 이렇게 간단한 운동이지만 건강한 몸을 유지

---

99) 하루야마 시게오, *Ibid.*, pp.122-123.

하고 신체기능을 활발하게 하는 특징을 가지고 있는 것이 장점이다.

운동요법에 빼놓을 수 없는 것이 있는데 바로 에어로빅 운동이다. 이 운동은 음악과 함께 음율에 맞추어 몸을 자유롭게 움직이는 운동이다. 이 운동은 심장과 폐, 혈액순환 계통을 효율적으로 조율하고 심신을 즐겁게 하고 심장계통과 호흡기계통에 도움을 주는 운동이다.

하워드 클라인벨(Howard Clinebell)은 Kenneth H. Cooper가 쓴 *The New Aerobics*에서 인용하여 소개를 했는데, 에어로빅 운동은 호흡 속에 들어있는 산소의 양과 심장의 박동마다 펌프되는 피의 양을 증가시킴으로서 호흡과 심장의 근육을 강화시키며, 신체의 모든 근육을 강화시켜서, 심장의 일을 감소시키고 혈압을 낮추어 줄 수 있다는 것이다. 그리고 피의 양과 적혈구와 헤모글로빈의 숫자를 증가시켜서 피가 더 많은 산소를 운반하고, 모든 신체부위의 찌꺼기를 없애 준다는 것이다.[100) 그러나 이 운동 역시 몸 관리를 위해서는 좋은 운동이지만 환자를 치유하는 운동요법은 아니다. 환자는 격렬한 운동을 피해야 한다. 이 에어로빅 운동은 환자에게 오히려 심신의 피로를 풀어주고 활력을 주는 것이 아니라 고역이 될 수 있기 때문이다.

◆ 식이(食餌) 요법

옛날 어른들은 잘 먹지 못하여 면역체계가 엉망이 되어 질병을 앓았다. 그래서 닭 한 마리라도 푹 고아 먹고 나는 질병에서 나았다. 그런데 현대의 질병들은 먹지 못해서 성인병을 앓는 것이 아니라 과다섭취에서 얻은 질병들이다. 그러기 때문에 이제 식이요법으로 질병을 고쳤다는 말을 들으면 먼저 의심부터 해보아야 한다. 단언하건대 현대병이라는 성인병은 절대 식이요법으로 질병을 치료하지 못한다. 그러나 이 부분에서는 신경쓸 것이 없다. 상식적으로 먹어보고 우리의 몸에 좋으면 먹고, 그렇지 않으면 안 먹으면 되는 것이다.

현대인들이 섭취하는 음식은 기름 덩어리라고 해도 과언이 아닌데 너무

---

100) Howard Clinebell, *Ibid.*, p.110.

많은 동물성 단백질을 섭취하기 때문에 체질이 점점 산성화 되어가고 노화되어 간다.

그런 나머지 나중에는 현대의학으로도 알 수도, 고칠 수도 없는 질환을 앓게 되고, 매사에 의욕을 상실하게 되는데 끝내는 치명적인 상해를 입게 된다. 필자를 찾아오는 많은 환자들이 주로 음식을 통한 순환계 계통에 질병을 앓고 있는 환자들이 많다는 것은 바로 이러한 점을 입증하는 것이라고 하겠다. 필자가 음식에 대한 도표를 준비했는데, 아래의 도표는 동양의학의 8체질에 대한 식이요법이다. 이 도표는 사상의학의 창시자인 이제마 선생의 4체질을 한 단계 더 발전시켜 사람의 체질을 8체질로 구분한 권도원 선생의 논문을 참고했다.[101]

아울러 8체질의 종류와 특성 그리고 체질에 유해되는 음식을 정리하여 아래에 실었다.[102]

◆ 기구를 사용하는 요법(침. 부항. 뜸)

주로 한방이나 민간요법에서 기구를 사용하는 요법 중에는 침(鍼)과 부항(附缸)과 뜸이 주류를 이루고 있다고 해도 과언이 아니다.

- 침은, 경락(經絡)을 따라 '경혈(經穴)'이라는 치료점에 침을 놓아 자극을 줌으로써 막힌 곳을 소통하게 하고, 어혈(瘀血)을 사혈(瀉血)함으로서 치료하는 요법이라고 생각하면 된다.
- 부항은, 고름이나 부패된 나쁜 피를 빨아내기 위하여 부항단지를 붙여 흡입하여 치료하는 요법으로 이해하면 되겠다.
- 뜸은, 뜸쑥을 경혈의 치료점에 올려놓고 불을 붙여 뜨겁게 자극을 주

---

101) 권도원 선생의 본 논문은 1965년도 논문이다. 권도원 선생은 체질의학회 회장과 경희대학 의과대학 강사이다.
102) 권도원, 『팔체질 침법 정리집(八體質鍼法整理集)』, (동국한방병원 침구과, 1996), pp.102-103, 108-111.

어 치료하는 요법이다.

체질의 종류	체 질 의 특 성	음 식	
		해로운 것	유익한 것
① 금양체질 (金陽體質) Pulmotonia	뒷머리 아랫부분이 윗부분보다 나왔다. 자기과시를 싫어하며 모방도 싫어하며 창의적인 것을 좋아한다. 인공섬유를 입으면 정전기가 일어남. 일광욕과 땀을 내는 것을 피해야 한다.	모든 약이 효과가 없고 도리어 해가 된다. 모든 육식은 금물이다. 인스턴트식품, 술, 밀가루, 고추, 마늘, 무, 당근, 도라지, 밤, 사과, 은행, 계란, 녹용, 인삼, 장어, 영지버섯, 금니, 주초. 비타민 A B D.	모든 조개 종류, 메밀,보리, 팥, 쑥, 오이, 배추, 고사리, 게, 새우, 굴, 젓갈, 생선, 초코렛, 복숭아, 바나나, 파인애플, 딸기, 포도당주사.
② 금음체질 (金陰體質) Colonotonia	화를 잘 내고 화를 내면 오른쪽이 무력해진다. 육식을 많이 하면 파킨슨 병 같은 희귀병에 걸린다. 대변이 항상 가늘고 불만스럽다. 모든 약이 효과 없고 일광욕이나 사우나 보다는 오히려 수영이 좋다.	모든 육식, 모든 기름, 인공조미료, 밀가루, 수수, 콩, 우유, 설탕, 커피, 율무, 복숭아, 수박, 잣, 은행, 도라지, 연근, 무, 당근, 마늘, 굴, 녹용, 장어, 금니, 모든 약물, 영지버섯, 주초, 비타민 A D E.	메밀, 쌀, 모든 조개 종류, 모든 생선, 모든 채소, 김, 젓갈, 포도, 앵두, 겨자, 후추, 코코아, 포도당 주사,
③ 수양체질 (水陽體質) Renotonia	건강하면 땀이없고 허하면 땀이난다. 봄,여름은 허하고 가을 겨울은 건강한데, 통변은 2-3일에 한번을 본다. 성품과 몸매가 좋다. 운동은 잘한다.	보리, 팥, 오이, 돼지고기, 계란흰자, 생굴,게, 새우, 감, 참외, 바나나, 맥주, 얼음, 비타민 E, 수은	찹쌀, 현미, 감자, 옷수수, 미역, 김, 육류, 참기름, 상추, 무, 파,생강, 마늘, 겨자, 후추, 계피, 카레, 토마토, 귤, 오렌지, 사과, 망고, 복숭아, 벌꿀, 인삼.
④ 수음체질 (水陰體質) Vesicotonia	건강은 소화기 계통과 관계가 있다. 항상 더운 음식을 취하고 과식을 피해야 한다. 그리고 땀을 많이 흘리지 않도록 해야 한다.	보리, 팥, 오이, 돼지고기, 계란흰자, 생굴, 조개, 새우, 게, 참외, 바나나, 맥주, 얼음, 비타민 E, 모든 냉한 음식,딸기, 사우나탕, 담배.	찹쌀, 현미, 감자, 옥수수, 시금치, 무, 닭, 염소, 노루고기, 참기름, 파, 생강, 마늘, 토마토, 사과, 귤, 벌꿀, 인삼, 비타민 B군, 밝은 색깔.

표 12 - 1 <인체 8체질의 종류와 특성에 따른 음식의 유해비교>

체질의 종류	체질의 특성	음 식	
		해로운 것	유익한 것
⑤ 토양체질 (土陽體質) Pancreotonia	성질이 급하고 한자리에 오래 있지를 못하고 주선력은 강하나 뒷처리는 흐리다. 소화력이 강하여 식도락가이기도 하다.화가 많고,독신주의자가 많다. 머리가 일찍 희여진다.	찹쌀, 현미, 감자, 파,미역, 닭, 개, 염소, 노루고기, 참기름, 파, 생강, 마늘, 토마토, 사과, 귤, 벌꿀, 인삼, 비타민 B군, 소화효소, 밝은 색깔.	쌀, 보리, 밀가루, 콩, 팥, 배추, 무, 오이, 당근, 배, 쇠고기, 돼지고기, 장어, 계란, 생굴, 새우, 게, 마늘, 감, 참외, 수박, 딸기, 바나나, 비타민 E, 구기자차, 영지버섯.
⑥ 토음체질 (土陰體質) Gastrotonia	몇 10만 중의 하나가 있는 특이한 체질이다. 비교적 잔병이 없고 병원에 가기 싫어하며 오른쪽이 약하다. 페니실린 쇼크를 받는 체질이 바로 토음체질이다.	감자, 미역, 닭고기, 염소, 개, 노루고기, 후추, 겨자, 계피, 파, 생강, 사과, 귤, 오렌지,망고, 인삼, 벌꿀, 비타민B군, 페니실린,녹용, 담배.	쌀, 보리, 팥, 배추, 오이, 배, 쇠고기, 돼지고기, 생굴, 새우, 게, 마늘, 감, 참외, 딸기, 바나나, 비타민 E, 포도, 파인애플, 얼음, 쵸코렛.
⑦ 목양체질 (木陽體質) Hepatotonia	풍채가 좋고 체구가 큰 사람이 많다. 체구에 비해 어깨가 좁고 땀이 많다. 평소 말이 적고 호흡이 짧아서 음치가 많다. 오른쪽으로 오는 병이 많다.	술, 모든 조개 종류, 모든 푸른채소, 게, 새우, 낙지, 오징어, 비추,코코아, 쵸코렛, 노과자, 포도당주사, 수영, 메밀, 푸른색깔의 벽지.	모든 육식, 쌀, 콩, 밀가루, 수수, 두부, 무, 당근, 도라지, 연근, 우유, 커피, 장어, 미꾸라지, 마늘, 배, 사과, 수박, 호두, 잣, 밤, 버섯, 설탕, 비타민 A,D군.
⑧ 목음체질 (木陰體質) Cholecystotonia	건강하고는 상관없지만 대변이 잦은 것이 특징. 몸이 약해지면 배꼽 주위가 불편하고 몸이 냉하면 다리가 무겁고 잠을 잘 못잔다. 감정이 약하여 자극을 잘 받는다. 오른쪽이 약하고 성질은 급한 편이나 독하지 못하다.	술, 모든 조개종류, 메밀, 고등어, 게, 새우, 오징어, 배추, 망고, 쵸코렛, 인삼, 포도당주사, 푸른색깔의 방 벽지	쌀, 콩, 밀가루, 수수, 두부, 모든 육식, 장어, 미꾸라지, 우유, 호박, 무, 도라지, 연근, 밤, 배, 잣, 호두, 은행, 수박, 율무, 버섯, 설탕, 마늘, 비타민 A,B,D, 녹용, 스쿠알렌, 심호흡 운동은 들이마시기를 길게.

표12 - 2 <인체 8체질의 종류와 특성에 따른 음식의 유해비교>

이렇게 기구를 사용하는 요법은 위험부담도 있으며 한계가 있다. 특히 침은 완전 경지에 달한 시술자에게 받아야 한다. 물론 가벼운 타박상 같은 것은 별개이지만 모든 병이 침으로 다스려지는 것이 아니다. 그리고 침 치료는 장기간이 되면 안 된다. 우리의 인체는 침이라는 자극에 적응을 해서 치료의 반응이 무기력하게 되기 때문이고, 인체는 자극을 받으면 반사자극이 나타나는데 인체는 거부반응을 나타내는데 침 치료를 계속한다는 것은 역효과이다. 심지어 침 치료를 오래 받다가 기운이 더 없어서 필자를 찾아온 사람들도 부지기수다.

특히 척추 디스크나, 관절염이나 견비통으로 오래 고생을 한 환자들을 보면 위의 세 가지 치료요법을 차례로 거쳐서 필자를 찾아오는 환자들을 보면 오랜 침 치료에 피부가 함몰되어 있고, 둔탁해져서 감각을 느끼지 못하는 분들도 있었다. 더욱 충격적인 것은 뜸 치료를 받고 관절에 화상을 입어서 진물을 흘리며 오는 분들도 있었다.

이미 본 논문에서 밝힌 바와 같이 우리의 피부에는 눈을 감고 있어도 주변을 언제나 느낄 수 있는 감각기능 즉, 신경말단이라는 감각점을 가지고 있다고 했다. 그리고 인체피부에는 1㎠당 약 230개의 특별한 신경말단이 있으며 이것이 촉감과 아픔과 압력과 온도를 느낄 수 있게 하는데, 말단신경의 수는 1㎠당 촉점은 25개, 온점은 0~3개, 냉점은 6~23개, 통점은 100~200개가 있다고 했다. 중요한 것은 피부의 통점의 개수인데 피부의 통점은 신체의 외부적인 접촉뿐만 아니라 모든 질병에 민감하게 반응한다. 이렇게 반응해야하는 신경세포들을 뜸으로 화상을 입게 해서 오히려 치료를 할 수 없도록 해서 올 때는 가슴이 아프다. 뜸 치료는 절대 일시적이다. 그 이유는 다음 창조생기수비요법에서 밝혀질 것이다.

◆ 마사지(Massage) 요법

마사지(Massage)가 어떻게 치유요법에 들어갈 수 있느냐고 생각을 하는 사람도 없지 않을 것이다. 그러나 분명하게 마사지는 치유요법의 하나이며 그 치료효과는 다른 어떤 의료행위보다도 부작용 없이 매우 뛰어나다.

마사지의 어원은 학자에 따라 그 견해가 조금씩 다르지만 헬라어 Masso

에서 유래되었는데, 근육을 주무른다는 뜻이다. 이후 라틴어 Massa로 직역 되었다가 영어의 Massage로 되었다.[103]

마사지의 역사는 필자가 생각으로서는 원시시대로 추정하는 것이 옳다 고 본다. 그 이유는 사람이 어떤 신체 부위에 상해를 입으면 무의식 속에서 본능적으로 통증이 있는 부위를 손으로 비비거나 문지르거나 누르거나 쓰 다듬는다. 이러한 자연적 적응행위를 현대에 와서 마사지라 부른다고 할 수 있다. 더욱이 현대에 와서는 대체의학의 연구가 활발하게 연구되고 있 는 시점에서 마사지 요법은 대단히 각광을 받고 있다.

필자의 창조생기수비요법은 마사지의 기본동작과 유사한 방법들이 사용 되나 근본적으로 많은 차이가 있다는 것을 본 논문 "복음치유를 위한 창조 생기수비요법"을 대해보면 알게 될 것이다. 실지로 스포츠 마사지사의 자 격증을 소유한 분들(본 필자도 이와 같은 민간요법 자격증을 다섯 개나 소 유하고 있음)이 필자를 방문해 왔는데, 필자가 환자들을 시술하는 것을 보 고 난 후 근본적으로 차이가 있음을 시인하게 되었다.

마사지와 지압(指壓; Digital Compression)과 안마(按摩)의 차이점은 마사지 는 유럽에서 전래된 것으로 피부와 근육을 주무러줌으로서 순환계 계통을 원활하게 하여 유통시킴으로서 신진대사를 왕성하게 하며 근 수축력을 증 대시키는 근육 자극법이며, 지압은 엄지손가락이나 손바닥 등으로 몸 표면 의 일정 부위를 압박함으로써 생체의 변조(變調)를 교정하거나 건강의 증 진 또는 질병의 치료를 도모하는 수기요법(手技療法)이며[104], 안마요법은 글자 그대로 눌러서 신경의 흥분을 가라앉히고 쓰다듬어줌으로서 신체기 능의 쇠약을 회복시키는 방법으로 경락과 경혈의 중요함을 강조하는 경혈 을 자극하는 수기요법(手技療法)으로 의료보조요법의 하나이기도 하다. 안 마는 중국의 황하문화권에서 침(鍼)·구(灸)와 함께 발달한 한방의술의 물 리요법의 한 과로 '안교도인법(按導引法)' 이라 하여 중국→한국(560년경)

---

103) 우영, 『목사님 손은 약손 Ⅱ권』, p.119.
104) 김현식, 『동아원색세계대백과사전 26』, p.35.

→일본 등으로 전해졌다.105)

여기서 이해를 돕기 위하여『동아원색대백과사전』에서 마사지와 지압과 안마에 대하여 발췌하여 소개한다.

◆ 마사지(Massage) 106)

주로 손을 사용하여 직접 피부에 일정한 방법으로 역학적 자극을 줌으로써 생체반응을 일으키게 하여 신체의 변조(變調)를 바로 잡아 병을 치료하고 건강을 증진시키는 일종의 수기시술(手技施術). 마사지에 의해 혈액이나 림프의 순환을 촉진하고 신진대사를 왕성하게 하여 조직의 영양을 높여 주며, 노폐물을 배설하도록 하고 저항력을 증강시켜 준다. 이 촉압자극(觸壓刺戟)은 신경을 자극하여 진통적으로 작용하기 때문에 마비된 신경의 회복을 촉진하고, 내장기능의 변조를 바로잡는 효과가 있다. 마사지가 치료법으로 체계화된 것은 16세기 후반부터 19세기 말에 유럽에서 비롯되었으며, 엄밀한 의미에서 의료상의 마사지는 이학요법사(理學療法士)가 의사의 지시나 처방에 따라 기능 훈련과 함께 사용하여 행하는 기술로서 현대의학에서 순환생리학(循環生理學)의 원리를 기초로 하여 전신에 퍼진 혈액을 효율적으로 심장에 되돌려 보내기 위한 구심성(求心性) 치료법이다. 마사지를 할 때는 아연화(亞鉛華)·녹말·향료(香料) 등을 섞은 마사지 파우더나 유지(油脂)·글리세린·올리브유·크림 같은 마사지 오일을 사용하며, 시술시간은 국소는 5～15분, 전신은 30～40분으로 하루 한 번이면 충분하다. 적응증에는 근육운동의 도움·근육피로·근위축(筋萎縮)·연축(攣縮)·만성 관절질환·신경통·만성 변비증 등이고, 금기증(禁忌症)으로는 급성질환·발열시·전염성 피부질환·결핵증·출혈성 순환기질환·악성종양·지나친 쇠약 등이 있다. 마사지는 안마와 혼동되기 쉽다. 안마는 원심성(遠心性)의 수기라는 차이가 있기는 하나, 실제의 시술에 있어서는 둘 다 함께 실시한다. 그리고 마사지사(師)의 자격은 법으로 정해져 있으며, 소정의 시험에 합격해야만 면허가 주어진다. 따라서 마사지사는 1975년 12월 31일 개정 시행된 의료법 제6장 제61조의 적용을 받는다.

---

105) 김현식,『동아원색세계대백과사전 19』, p.606.
106) 김현식,『동아원색세계대백과사전 11』, pp.262-263.

◆ 지압(指壓;Digital Compression)[107]

엄지손가락이나 손바닥 등으로 몸 표면의 일정 부위를 압박함으로
써 생체의 변조(變調)를 교정하거나 건강의 증진 또는 질병의 치료를
도모하는 수기요법(手技療法). 종래의 안마를 중심으로 하여 유도(柔
道)의 활법이나 도인(導引:道家가 실시하는 치료나 양생법) 등을 가미
하여 만들어진 독특한 경험요법이며, 여기에 미국으로부터 도입된 정
체요법(整體療法)의 이론과 수기(手技)를 함께 엮어 오늘에 이르고 있
다. 그 수기로서는 척주(脊柱)의 교정법, 술자(術者)의 엄지손가락에
의한 보통압법(普通壓法), 각 관절의 운동조작 등 세 가지가 있다.

◆ 척주교정

다리를 뻗고 머리를 숙인 채 엎드려 누운 피술자(被術者)의 양쪽
어깨높이의 척주로부터 미골까지 손바닥으로 여러 차례 쓰다듬는다.
다음에 오른손 위에 왼손을 얹고서 한 군데에 대고 3~4초 동안씩 보
통압법에 의한 장압(掌壓)을 실시한다. 이 동안에 척주의 요철(凹凸)이
나 굴곡 등의 유무에 주의하며, 이상이 있으면 양 손목이나 양 엄지
손가락 등으로 그것을 누르면서 정복(整復)한다. 신경통 등은 척주에
가벼운 자극을 주어도 일어나기 쉬운데 이러한 것을 정복하고자 하
는 것이므로 이 정복에는 숙련을 요하며 쉬운 일은 아니다.

◆ 압법조작

손바닥이나 엄지손가락 등으로 누를 뿐이지만, 지압의 요점은 단지
손끝으로 누르면 된다는 것이 아니라 술자의 몸 전체의 무게를 피술
자의 몸의 굳은 정도에 따라서 가감하면서 손끝에 압력을 주어가는
듯이 한다. 압력의 정도에는 경중(輕重)·완급(緩急)·점증(漸增)·점감
(漸減)·충격 등의 변화를 주면서 안배하며 압반사(壓反射)에 의한 효
과적인 생체반응을 기대해야 한다. 손끝만으로의 지압에서는 오히려
통증만을 느낄 경우가 있다. 또 누르는 방향도 피술자의 몸의 중심을
향하는 모양으로 하여 항상 수직압(垂直壓)의 원칙을 지키도록 주의
해야 한다. 압법을 실시하는 부위의 간격은 대체로 3~5 cm로 중앙으
로부터 말초방향으로 차례차례 눌러 나가면 된다.

---

107) 김현식, 『동아원색세계대백과사전 26』, *Ibid.*

◆ 운동조작

몸의 각 관절을 생리적 운동의 한계까지 구부리거나 펴는 조작으로 관절운동의 원활화와 전신의 생리적 조정을 도모한다. 몸이 가벼워지고 기분이 상쾌해진다.

◆ 적응증

고혈압·불면증·신경통·류머티즘·위장병 외에, 견통·두통·피로 등 적응범위는 넓으나 다음과 같은 경우에는 금기이다. 피술자가 극도로 쇠약해졌을 때, 38 ℃ 이상의 열이 있고 전신에 통증이 있을 때, 화농성 질환이나 습진 등의 피부병이 있을 때, 악성종양이 있을 때, 충수염 등 급성 질환일 때는 지압을 피하여야 한다.

◆ 지압할 때의 주의

체질이나 몸의 비만도(肥滿度) 등 피술자의 신체적 조건을 충분히 고려하고, 거칠게 다루는 일이 없도록 주의하면서 힘을 가감한다. 배쪽이나 허리부분의 지압은 식후 30분 이상 경과한 다음에 실시하며, 될 수 있으면 배변(排便)한 후에 한다. 벨트·밴드 등은 느슨하게 하고 기분좋은 상태에서 실시한다. 시술자는 손톱을 짧게 깎고 손을 깨끗이 씻는다.

◆ 안마(按摩)108)

손이나 특수한 기구로 몸을 쓸거나, 주무르거나, 누르거나, 잡아당기거나, 두드리거나, 움직이거나 하여 혈액순환을 돕고, 피로가 풀리게 하는 일. 근육·관절·내장의 변조를 조정하여 그 기능을 높이며, 신경의 흥분을 가라앉히는 수기요법(手技療法)으로, 의료 보조요법의 하나이기도 하다. 안마는 중국의 황하문화권에서 침(鍼)·구(灸)와 함께 발달한 한방의술의 물리요법의 한 과로 '안교도인법(按導引法)'이라 하여 중국·한국(560년경)·일본 등으로 전해졌다. 안교란 피부나 근육을 주물러 그 기능의 항진을 억제하고, 도인은 신체근육을 부드럽게 하며 마디마디를 움직여서 대기를 체내에 도입하는 경락유주법

---

108) 김현식, 『동아원색세계대백과사전 19』, *Ibid.*

이다. 안마라면 흔히 맹인을 연상하는데, 그것은 안마의 특수한 손기술이 시력을 잃고 오랜 촉각에 의존해온 생활경험에서 얻은 그들의 적성과 일치하여 '안마와 맹인'이 불가분의 관계에까지 발전 보급된 것으로 보인다. 그리고 흔히 안마와 마사지를 혼동하는데, 마사지는 서양에서 발달한 구심성의 수기이고 안마는 원심성으로 행하는 차이가 있다. 현재 한국에서는 자격증을 가지고 전문적으로 안마시술을 하는 사람을 안마사라 하며, 안마사는 안마·마사지·지압 또는 전기기구의 사용, 기타 자극방법으로 인체에 대한 물리적 시술을 하도록 되어 있다. 안마는 불면·두통·고혈압, 혈액과 체액의 순환장애, 근육과 관절의 물리적 기능 이상, 각종 신경통과 교감신경의 실조, 그리고 소화기·비뇨기 등의 기능장애 회복에 효과가 있다. 그러나 급성질환으로 열이 높거나 습진·화농창 등의 피부병, 악성종양(암·육종), 중증의 위궤양, 임신했을 때의 복부안마 등은 피해야 한다. 안마를 할 때는 식후 30분 정도 지나서 오줌을 누고, 벨트 등을 풀어 심신이 편안한 상태에서 안마사를 믿고 시술을 받는 것이 좋다.

마사지의 종류는 크게 네 가지가 있는데, 첫째로는 병원에서 환자의 회복을 위하여 물리치료시하는 의료마사지가 있으며, 둘째는 주로 여성을 대상으로 하는 미용마사지(피부마사지)가 있으며, 셋째로 직업상 같은 동작을 오래하여 생기는 직업병의 상해를 예방하기 위하여 실시하는 산업마사지가 있다. 끝으로 운동마사지로서 스포츠 현장에서 운동으로 인한 상해예방 차원에서 그리고 선수들의 컨디션 조절을 통하여 경기력을 향상시키기 위한 스포츠마사지가 있다. 마사지 요법의 단점은 지압이나 안마보다는 힘이 적게 들지만 체력소모가 많으며 순환계 계통에 끼인 불순물을 완전히 제거하지는 못하는 것이 단점이라 하겠다.

◆ 일반의료요법

한국 개신교의 선교의 시작은 현대의학과 무관하지 않다. 이 한국 땅에 생명의 존엄과 가치에 대하여 새롭게 눈을 뜨게 한 것이 개신교 선교사들이었다. 그들은 한국교회사와 한국 의학사에 영원히 남아 빛날 주님의 복음의 종 들었으며, 이 땅에 현대의학의 시작과 뿌리를 내리게 했던 분들로서 한국의 현대의학의 아버지라고 칭송을 받아도 될 것이다. 그들은 바로 1884에 서울에 들어와 고종 황제의 어의가 되고 광혜원(廣惠院)이라는 병원을 세운 의사 알렌(H. N. Allen)과 1885년 4월 5일 부활절에 인천에 상륙한 선교사 언더우드(H .G. Underwood)와 아펜셀라(H. G. Appenzeller)부부와 의학박사인 스크랜톤(W .B. Scranton) 선교사 등이다.109)이들은 주님의 복음의 종들로서 하나님께서 창조하신 인간의 생명을 가장 존귀하게 여기는 사람들이었다. 이처럼 한국 개신교의 선교 시작은 의료선교와 깊은 관계를 맺고 있기에 현대의학을 이 땅에 뿌리내리게 한 것에 대하여 개신교인으로서 자부심을 가져도 좋을 것이다.

이제 현대의학의 발전은 생명과학이라고 할 수 있을 정도로 발전하여 복제 양(洋)을 만들기까지 이르게 되었고, 한국에서도 복제 양에 이어서 복제 소까지 만들어 내었다. 이로서 인체의 장기까지도 복제하여 환자들에게 이식하여 치료를 한다는 미래에 당찬 계획을 가지고 있는 것이다. 그 성과는 어떻게 될지는 의문이지만 아무튼 현대의학의 발전은 날이 더할수록 놀랍기 그지없다. 그리고 그들의 수고와 연구는 '네 이웃을 네 몸과 같이 사랑하라'신 주님의 적극적인 선과 사랑의 의무라는 당위성에 찬사를 보내야 할 것이다.110) 그리고 그늘진 곳에 주님의 사랑의 손길이 느껴질 수 있도록 노력해야할 것이다.111)

그런데 유감스럽게도 현대의학의 눈부신 진보에도 불구하고 원인불명의 질병들이 날이 갈수록 늘어나고 있다는 것은 현대의학과 의술이 풀어나가야 할 과제임에 틀림없다. 현대의학은 좋은 시설을 갖추고 많은 환자들을 수용하고 치료하는 영리적인 입장에서 벗어나, 이제 더 큰 물줄기인 인간

---

109) 이영헌, 『교회의 발자취』, (대한예수교장로회총회교육부, 1987), p.209.
110) Norman L. Geisler., *The Chrisian Ethic of Love*, 이숙희 역, 『크리스챤 사랑의 윤리』, (서광문화사, 1985), p.107.
111) Charler M. Sheldon., *In His Steps*, 조항래 역, 『예수라면 어떻게 할것인가』, (서도출판 예찬사, 1987), p.84.

질병의 예방차원과 재활(再活) 서비스를 제공할 수 있는 진보적인 정책적 개혁이 요망된다. 다시 말해서 질병의 결과를 찾아내서 병명을 규명하는 것도 중요하지만 질병의 발단과 그 원인을 찾아 상해를 입지 않도록 하는 예방차원이 더 중요하다는 것을 염두에 두어야 할 것이다. 그 이유는 본 논문에서 이미 밝힌 바와 같이 이미 규명된 질병의 80%는 현대의학이 치유하지 못하고 있기 때문이다. 그러나 모든 사람들은 인간생명을 중시하고 끊임없이 연구 노력하는 의학에 종사하는 사람들에게 감사하고 존경해야 할 것이다.

현대의학의 업적과 그 성과는 대단한 것이지만 전인건강이라는 입장에서 볼 때는 아직 부족한 부분이 많이 있는 것은 사실이다. 이것이 현대의학의 단점이기도 하다. 많은 사람들이 치유될 것을 믿고 멋도 모르고 치료비를 물 쓰던 부어대는 이러한 상황은 곧 하나의 의료 과소비라 아니할 수 없으며, 낭비에 불과한 것이다.[112] 현대의학의 또 하나의 치명적인 단점은 사람의 영적 특성에 대해서 모른다는 점이다. 그리고 하나님께서 인간을 창조하실 때에 모든 질병에 대한 면역성을 모든 인간에게 이미 기본적으로 주어진 창조항체(Creative an Antibody)에 대해서는 규명하지 못하고 있는 점이다. 이로서 필자는 환자들이 현대의학적으로 의료검진을 받고 그 곳에서 병명을 알고(원인 불명의 환자는 어쩔 수 없지만) 현대의학으로서는 고칠 수 없다는 판명을 받은 자들을 상대로 수비요법(手秘療法)으로 돌보고 있다.

제6절 복음치유를 위한 창조생기수비요법

복음치유를 위한 창조생기수비(創造生氣手秘)요법은 필자가 그 동안 수많은 환자들을 치유하면서 얻은 임상 결과를 토대로 하여 독창적으로 창안한 것이다. 이 치유요법의 근거는 하나님께서 인간을 창조하실 때에 흙

---

112) 하루야마 시게오, *Ibid.*, p.4.

으로 사람을 지으시고 생기를 그 코에 불어넣으심으로 생령(生靈)이 된 사실에 근거를 두고 있다.[113) 이 하나님의 신비로운 창조생기(창조항체)는[114) 인간에게 근본적인 생명을 주입시킨 것으로서 살아있는 모든 사람들에게는 이 신비로운 생기가 있다. 이 신비로운 생기는 곧 사람의 생명의 힘인 동시에 영혼의 힘인 것이다.[115)

이 생기는 본 논문에서 이미 밝힌 바와 같이 히브리어로 루아흐(רוח)인데, 사람이 사람이 되려면 성령의 사역을 통하여 가능하며 성령은 죽은 것에 생명을 불어넣는 바람과 같은 기운이며 하나님의 창조의 힘인 동시에 생명의 힘인 것이다.[116) 이 생명의 힘인 성령의 생기가 무(無)생명체인 흙을 하나님의 형상을 닮게 하여 진정한 생명의 기운인 생기를 그 코에 주입시킴으로서 생명체인 사람으로 창조하신 것이다.

질병은 인간의 육체 속에서 생명을 빼앗아 가지만 하나님의 생명인 생기는 인간에게 새 생명을 제공한다.[117) 이 생명의 생기를 주장하시는 분은 오직 하나님뿐이시다.[118) 이 신비한 생기는 인간에게 근본적인 치유의 능력을 제공하고, 삶의 근본적인 거룩한 힘으로도 작용한다. 주님께서 부활하셔서 제자들을 찾으시고 그들을 향하여 "숨을 내쉬며 가라사대 성령을 받으라"고 하셨다.[119) 이처럼 하나님의 기운을 받지 않고는 인간은 살 수 없다. 그러므로 필자는 사람을 영과 마음과 육체를 분리할 수 없는 하나로 보며 이러한 전인적인 사람이 생명을 유지하고 건강하기 위해서는 하나님의 창조생기를 체내에 활성화시킴으로서 질병에 대한 면역은 물론 질병으

---

113) 창 2:7.

114) '창조생기(創造生氣)'라는 말을 앞으로 본 논문에서는 필자의 치유적인 입장에서 '창조항체(創造抗體;Creative an antibody)'라는 말과 동일하게 사용한다는 것을 미리 밝혀두는데 혼돈 없기를 바람.

115) Heny M. Morris., *The Biblical Basis for Modern Science*, 이현모 · 최치남 역, 『현대과학의 성서적 기초』, (요단출판사, 1988), p.433.

116) 본 논문, p.80.

117) 겔 37:1-28.

118) 전 8:8, 사 40;7.

119) 요 20:22.

로부터 복음치유가 된다는 것을 깨닫게 되었고 수천 명을 치유(모든 것이 하나님의 치유하심의 은혜이지만)하게 되었다.

이 신비한 창조생기, 즉 창조주 하나님의 기운은 과거와 현재와 미래까지 우주만물을 운행하시는 신비로운 힘(The Great Power)으로 온 우주에도 충만하다.[120] 그리고 하나님의 신비한 이 기운은 하나님께서 천지를 창조하실 때나 지금도 계속적으로 우주만물을 주관하고 있는 확실한 실체로서의 하나님의 창조력(創造力; The Creative Power)이라고 하겠다.

필자는 이 복음치유요법을 창조생기수비요법(創造生氣手秘療法)이라고 말한다. 이 창조생기수비요법은 치유사가 내담자(환자)를 상담과 기도와 맨손(手)으로 창조항체를 극대화시켜서 치료하는 요법이기 때문에 "수비(手秘)요법"이라고도 필자는 말할 때도 있다. 이러한 요법들은 환자들을 치유함에 있어서 상담과 기도와 수비를 함께 복합적으로 실시되어진다.

창조생기수비요법은 필자가 창안한 것으로서 환자를 치유하는 방법은 일반의료요법에서 사용하는 약물치료요법이나 의료장비를 사용한 수술요법과는 전혀 다르며 부작용이 전혀 없다는 것이 특징이다. 그리고 지금까지 선통적으로 선수된 사상의학이나 동양의학이나 한방요법이나 민간요법과도 어떤 것은 유사점은 있으나 근본적으로 다르다. 예를 들어 민간요법에서 기(氣)로서 질병을 치유하는 방법이 있는데 이 방법은 단전호흡요법으로 밖으로부터 기를 받아들여서 인체 속에 있는 나쁜 기를 밖으로 배출하는 것인데 비해, 필자의 창조생기수비요법은 우리 인체 내에 잠자는 (침체되고 정체된) 창조생기(창조항체)를 깨워서 활성화시킴으로서 치유하는 성서적인 인체생명과학적 치유방법이라고 하겠다.

다시 말해서 창조생기수비요법은 시술자가 어떠한 의료기구를 사용하지 않고 오직 맨손(手)으로 피시술자에게 창조생기를 활성화시키며 극대화시켜줌으로서 불편하던 몸을 회복시키고 치료하는 방법인데 그 효과는 매우 뛰어나며 환자가 치유현장에서 곧바로 많은 효과를 경험하게 되므로 환자

---

120) 창 1:2.

들의 마음도 활력이 넘치는 것을 볼 수 있다. 그래서 필자는 이 요법을 수비(手秘)요법이라고도 말한다.

앞서 말한 바와 같이 하나님의 창조생기(創造生氣)는 호흡하고 살아있는 사람에게는 신앙인이건 비신앙인이건 간에 인간생명 자체인 이 신비로운 생기를 가지고 있다. 그러나 병증(病症)에 있는 사람은 바로 이 신비로운 생기가 몸 속에서 활기를 잃고 있거나 차단되어 있거나 잠자고 있기 때문에 병을 앓게 되는 것이다. 그리고 질병은 계속적으로 전이하게 된다는 것을 알게 되었다.

창조생기수비요법은 이러한 병증의 증세를 가지고 있는 사람을 맨손으로 하나님의 신비로운 생기(창조항체)를 활성화시켜줌으로서 건강회복은 물론 행복에로의 창조적 생활을 할 수 있도록 영적, 심적, 육체적으로 희락을 주는 아주 쉽지만 신비로운 치유요법이다. 그런데 왜 창조생기를 「창조항체」라고 명하느냐?고 반문할 수 있는데, 이유는 다음과 같다. 1988년도에 KBS - TV를 통하여 전국에 폭발적인 화제를 일으켰던 **이상구** 박사가 의학적으로 말하기를 사람이 질병이 걸리는 이유는 티임파구가 약해져서 '임파독소' 생산이 안 되는 원인이라고 했다.[121] 그리고 사람이 웃을 때 **'엔돌핀'**이라는 호르몬이 나오는데 이 호르몬이 사람의 질병을 퇴치한다고 했다.[122] 그리고 일본의 **하루야마 시게오** 박사는 이를 **'뇌내 모르핀'**이라고 명명했다.[123] 이처럼 학자들마다 각기 다르게 주장하는 것을 볼 수 있는데, 본 필자는 그 본질적인 것을 성서에서 찾아야 한다는 원칙에 입각하여 이를 **"창조항체(Creative an antibody)"**라 명명하는 것이다.

---

121) 이상구, *Ibid.*, p.13.

122) *Ibid.*, p.19.

123) 하루야마 시게오, 『뇌내혁명 (腦內革命)』, *Ibid.*, p.5.

1. 복음치유를 위한 수비(手秘)요법

창조생기수비요법에서 치유의 기법으로서 또 한가지 유의할 것은 치유사가 내담자(환자)를 상담과 기도와 함께 실제적으로 맨손(手)으로 환자를 치유하는 요법이기 때문에 "수비요법(手秘療法)"이라고 필자는 명명한다. 그렇다면 왜 구태여 수비요법이라고 말하는가 라고 반문할 것이다. 그 이유는 본 필자가 치유목회자로서 무엇보다도 성서를 기반으로 했기 때문이며, 치유의 복음신학이라는 관점에서 이보다 더 합당한 단어는 없기 때문이다.

예수께서 복음치유 사역을 하실 때 일반적으로 환자들에게 손을 썼다는 것에 근거를 둔다.[124] 그리고 사도들도 많은 환자들을 손으로 치유를 했던 것이다.[125] 주님께서는 제자들에게 말씀하시기를 "병든 사람에게 손을 얹은즉 나으리라" 고 하셨다.[126] 그러기에 제자들도 사도행전 4:30에 "손을 내밀어 병을 낫게 하옵시고 표적과 기사가 거룩한 종 예수의 이름으로 이루어지게 하옵소서" 라고 기도했던 것이다.

하나님은 늦깎이 바울에게도 사도행전 19:11~12을 보면 "하나님이 바울의 손으로 희한한 능을 행하게 하시니 심지어 사람들이 바울의 몸에서 손수건이나 앞치마를 가져다가 병든 사람에게 얹으면 그 병이 떠나고 악귀도 나가더라"고 기록되어 있다. 이처럼 예수의 손을 닮은 목사의 손으로 환자들을 치유할 때 신비한 일들이 나타나기 때문에 수비요법이라고 명명한 것이다. 수비로서 환자들의 몸 속에 잠자는 창조항체를 깨우고 흐름이 막혀진 통로는 열어줌으로서 창조항체를 활성화시키고 극대화시켜서 치유하는 것이다. 이제 그 수비의 실제를 구체적으로 밝히고자 한다.

---

124) 마 8:3, 15, 12:13, 14:31, 36, 17:7 막 1:31, 41, 5:27, 6:56, 8:23, 9:27, 16:18 눅 4:40, 5:13, 7:14, 8:54.

125) 행 4:30, 5:12.

126) 막 16:18.

1) 경락 및 경혈을 자극하라

인체의 구조는 소우주(小宇宙)와도 같다. 인체는 아주 신비로운 정밀한 과학기계와도 같다. 하나님께서 인간을 창조하실 때 참으로 인간의 구조를 신비롭게 창조하셨다. 인간뿐 아니라 모든 동물이나 식물 또 한 그렇다. 하나님은 인간을 창조하실 때 자기의 형상 곧 하나님의 형상대로 창조하셨다.[127)

여기서 형상이란 말은 '첼렘(צֶלֶם)'과 '테무드(דְּמוּת)', 인데 곧 "~와 같다"는 뜻으로, 영어로 Image와 Likeness의 용어의 뜻으로 사용되었다. 한마디로 인간을 하나님의 형상(The Image of God)대로 지었다는 것이다. 하나님은 원형이며 인간은 모형으로 이해하면 될 것이다. 그리고 그 재료는 흙이었고, 사람으로 완성시키는데는 하나님의 기운이신 '생기(רוּחַ.루아흐)'를 그 코에 불어넣으심으로 생령(Living soul)이 되었다. 이것이 사람인 것이다.[128)

인간을 복음치유학적으로 볼 때에 인간이 어디까지나 하나님의 피조물로서 '생령(Living soul)'이라는 점을 꼭 짚고 넘어가야 한다. 그리고 인간이 어떻게 치유학적인 구조를 가지고 있는지 명확히 알아야 한다. 이유는 하나님께서 인간의 신체구조를 과학적이고 신비롭게 창조하셨기 때문이다. 그렇기 때문에 사람을 치유함에 있어서 이점을 고려하지 않고 무턱대고 손을 얹고 기도한다는 것은 무모한 발상이며 하나님의 신비로운 자연질서를 무시하는 처사이다.

혹자들은 사람의 인체를 우주에 비교하기도 하며 가장 복잡한 과학적인 기계에도 비교를 한다. 그러기에 일반 의사들도 사람의 신체의 구조를 알고 환자들을 진료를 하는데, 목회자들도 상식적으로 사람의 기본적인 인체구조는 알아야 한다. 그래야 환자들의 질병의 원인을 알 수 있고, 그 질병

---

127) 창 1:27.
128) 창 2:7.

에 대해서 환자에게 설명할 수 있기 때문에 치료의 효과도 눈으로 확인할 수 있을 정도로 매우 빠르게 치유됨을 알 수 있었다.

무엇보다도 사람의 인체는 그 기능 면에서는 독창성을 가지고 있으나 서로 보안성을 가지고 있으면서 연관성을 지니고 있기 때문에[129], 사도 바울은 고린도 교회에게 하나님께서 주신 은사들을 그리스도와 비교하여 우리의 인체구조를 예를 들어 심도 있게 교훈하였다.[130]

「고전 12:12) 몸은 하나인데 많은 지체가 있고 몸의 지체가 많으나 한 몸임과 같이 그리스도도 그러하니라 13) 우리가 유대인이나 헬라인이나 종이나 자유자나 다 한 성령으로 세례를 받아 한 몸이 되었고 또 다 한 성령을 마시게 하셨느니라 14) 몸은 한 지체뿐 아니요 여럿이니 15) 만일 발이 이르되 나는 손이 아니니 몸에 붙지 아니하였다 할지라도 이로 인하여 몸에 붙지 아니한 것이 아니요 16) 또 귀가 이르되 나는 눈이 아니니 몸에 붙지 아니하였다 할지라도 이로 인하여 몸에 붙지 아니한 것이 아니니 17) 만일 온 몸이 눈이면 듣는 곳은 어디며 온 몸이 듣는 곳이면 냄새 맡는 곳은 어디뇨 18) 그러나 이제 하나님이 그 원하시는 대로 지체를 각각 몸에 두셨으니 19) 만일 다 한 지체뿐이면 몸은 어디뇨 20) 이제 지체는 많으나 몸은 하나라 21) 눈이 손더러 내가 너를 쓸데없다 하거나 또한 머리가 발더러 내가 너를 쓸데없다 하거나 하지 못하리라 22) 이뿐 아니라 몸의 더 약하게 보이는 지체가 도리어 요긴하고 23) 우리가 몸의 덜 귀히 여기는 그것들을 더욱 귀한 것들로 입혀 주며 우리의 아름답지 못한 지체는 더욱 아름다운 것을 얻고 24) 우리의 아름다운 지체는 요구할 것이 없으니 오직 하나님이 몸을 고르게 하여 부족한 지체에게 존귀를 더하사 25) 몸 가운데서 분쟁이 없고 오직 여러 지체가 서로 같이하여 돌아보게 하셨으니 26) 만일 한 지체가 고통을 받으면 모든 지체도 함께 고통을 받고 한 지체가 영광을 얻으면 모든 지체도 함께 즐거워하나니 27) 너희는 그리스도의 몸이요 지체의 각 부분이라」(고전 12:12)

이처럼 복음치유는 하나님의 피조물인 인간의 신체구조를 기본적으로 알아야 하는 것이 필수적이기 때문에 인체의 치유학적 구조를 골격계, 근

---

129) 롬 12:4.
130) 고전 12:12-27.

육계, 순환계, 신경계, 림프계, 소화계, 배설계, 호흡계, 생식기계, 내분비계 등, 10개 계통을 간략하게 소개하고자 한다.

◆ 인체의 골격계(骨格 : Skeleton)의 구조

인체의 골격은 몸을 지탱하게 하고 체형을 형성하는 건물의 골조와 같은 주요기관이다. 골격은 인체를 지탱하며 조화를 이루게 한다. 그리고 일상생활을 하는데 지장이 없도록 여러 가지 내장 기관과 근육과 교묘한 조화를 이루어 생활을 증진시킨다. 아울러 인체의 골격은 운동의 토대가 되며 인체 내장의 모든 기관을 보호하는 역할을 한다.

기본적으로 인체의 골격은 두골과 척추가 중심을 이루며, 거기에 사지골(四肢骨)이 이어진다. 골격의 결합 방법에는 다음의 3종류가 있는데, 첫째는 관절결합으로 골격의 대부분은 관절로서 움직이도록 되어 있고, 둘째로는 봉합(縫合)결합인데 두개골처럼 골격의 결합부분이 톱니바퀴를 맞춘 듯이 결합되어 있으며, 셋째는 연골결합으로 좌우의 치골(恥骨)이나 척추골 사이에는 연골조직이 있어 그것이 골격과 골격을 결합시킨다.

인체는 206개의 뼈(bone)로 구성되어 있는데, 연령이나 개체에 따라 뼈의 유합상태가 다르다. 뼈는 결합조직 속에서 직접 만들어지며, 뼈의 성분은 수분 25%, 단백질 30%, 무기질 45%인데, 뼈가 일정한 탄성을 가지는 것은 유기질을 함유하고 있기 때문이다. 나이가 들면서 무기질(주로 인산칼슘)이 증가하면 뼈의 경도가 커진다. 먼저 인체의 전신 골격구조를 살펴보면 쉽게 이해할 수 있다.

인체의 뼈는 매우 튼튼하지만 생각하는 것처럼 딱딱하거나 무겁지가 않다. 뼈는 여러 층으로 이루어져 있는데 표면은 빽빽한 물질로 된 고체 기둥이지만 속은 스펀지처럼 구멍이 숭숭 뚫려 그리로 혈관과 지방, 그리고 골수로 차 있다. 우리 인체의 뼈대는 서로 관절(Joint)로 이루어져 있어서 자유롭게 움직일 수 있도록 되어 있다.

관절은 인대(Ligament)라는 아주 강한 힘줄로 연결되어 있다. 인대는 뼈가 움직일 때 제자리에서 이탈되지 않도록 보호하는 역할도 한다. 인체의 관절에는 머리처럼 움직이지 않는 부동관절과 부분적으로 조금만 움직이는 척주와 같은 부분 운동 관절, 그리고 자유운동관절이 있는데, 일반적으로 무릎 관절과 같은 경첩관절과 목이나 팔꿈치 같은 회전축관절, 그리고 손처럼 자유롭게 움직일 수 있는 안장 모양 관절과 어깨와 엉덩이의 관절처럼 유연하게 움직일 수 있는 구상관절이 있다.

두개골(머리뼈)은 부동관절에 속하며 29개의 뼈로 구성되어 있는데, 서로 톱니바퀴처럼 연결되어 있다. 이 중에 14개의 뼈는 얼굴의 모양을 이루고 있으며, 8개의 뼈는 뇌두개를 형성한다. 그리고 아래턱뼈와 귀에 있는 작은 뼈들을 합하면 모두 29개가 된다.

척주는 33개의 척추골로 결합되어 있는데, 경추(목뼈) 7개와 흉추(가슴등뼈) 12개, 그리고 요추(허리등뼈) 5개와 선추(선골 혹은 천골이라고도 함) 5개, 미추(미골이라고도 하는 꼬리뼈) 4개인데, 선추와 미추는 각각 융합하여 이루어져 있다.

척주는 머리뼈에서 골반까지 기둥처럼 뻗어져 있으며, 옆에서 보면 33개의 척추골들이 S자 모양으로 이어져 있는데, 이는 용수철처럼 인체의 충격을 흡수하고 유연하게 하기 위해서이다. 각 척추골의 뒷면과 옆면에는 돌기처럼 되어 있는데 여기에 붙어 있는 근육과 인대는 척주를 강하게 하고 움직일 수 있게 한다.

척추골의 중앙에는 구멍이 나있는데 이것을 추공이라고 한다. 이 추공속에는 가장 중요한 척수신경을 보호하고 있다. 천골에는 4쌍의 구멍이 나있는데 이것을 천골공이라고 하며, 신경의 원심처럼 추공으로 통하여 내려오던 신경이 혈관과 함께 이 천골공을 통하여 하반신으로 뻗어 내려간다. 이러한 원리 때문에 천골공에 압박을 받으면 좌골신경통이 유발되며, 여자들의 생리통도 유발된다는 점을 상식적으로 알 수 있다. 척추는 우리 몸에 대들보라고 생각하면 된다.

흉곽은 흉골(약15㎝로 세개의 뼈가 융합되어 있는 가슴뼈)과 흉추와 12

쌍의 늑골 등으로 구성되어 심장이나 폐 등을 보호하고 있다. 그리고 우리
의 혈액은 바로 뼈에서 만들어지기 때문에[131] 뼈가 가장 집중적으로 많이
모인 곳이 바로 흉곽이다. 흉곽은 우리 몸에 석가래 라고 생각하면 되겠다.

상지골은 우리의 어깨와 팔과 손 부분에 해당되는 것으로서 쇄골과 견갑
골(어깨쭉지)로 상지대를 이루고 있으며, 팔에는 상완골과 그 아래로 요골
과 척골, 그리고 손(27개의 뼈로 구성)에는 수근골과 중수골과 지골이 이에
속한다.

하지골은 우리의 인체의 다리와 발에 속한 부분으로서 좌우의 관골과 대
퇴골, 그리고 종아리 부분에는 비골과 경골 그리고 발(26개의 뼈로 구성)
부분에는 족근골과 중족골과 지골이 이에 속한다.

손뼈는 상지골에 속하며, 발 뼈는 하지골에 속한다. 손뼈는 한 손에 27개
씩의 뼈가 있으며, 발 뼈는 각각 26개의 뼈가 있다. 우리의 인체구조는 손
(Hands) 안에도 우리의 인체구조의 전부가 들어있고, 발(Feet) 역시도 그렇
다. 그리고 귀(Ears)도 그렇다. 손가락과 발가락의 골절을 위에서부터 기절
골, 중절골, 말절골로 되어 있으며, 손목을 수근골, 손바닥 부위를 중수골
이라 한다. 역시 발목을 족근골, 발바닥 부위를 중족골이라 한다.

골반은 인체의 허리부분을 형성하고 있는 깔때기 모양의 골격인데, 관골
(엉덩이 뼈)과 천골(선골)과 미골로 구성되어 있다. 골반은 체간골을 지탱
하며 골반장기(성기·분비기관·소화기관의 하부)를 수용하고 보호하는
동시에 양쪽 다리와 연결되어 몸을 떠받치고 있다. 골반을 라틴어로
'pelvis'라고 하는데 그 뜻은 대야' 라는 뜻이다. 골반 안에는 남자의 경우,
방광·전립선·정낭·직장 등이 있고, 여자의 경우는 방광·자궁·직장이
들어 있다. 골반은 남녀의 차가 가장 뚜렷한 부분으로, 남자의 골반은 높고
좁으나 거칠고, 여자의 골반은 반대로 매끄럽고 낮고 넓어서 수태·임신·

---

131) 사람의 혈액은 뼈에서 만들어진다. 보통 두개골에서 골반까지에서 생성이 된
     다. 주로 심장과 폐를 보호하고 있는 늑골(갈비뼈)에서 가장 많이 만들어진다
     고 보면 된다.

분만에 적합한 형태를 이루고 있다.

중요한 것은 골반의 경사도인데, 골반이 뒤틀리면 자세와 운동에도 큰 영향을 미칠 뿐 아니라 걸음걸이도 이상할 뿐 아니라 통증을 유발할 수 있다. 천골과 미골은 척주를 설명할 때 이미 말한 바 있는데 천골에는 5개의 뼈가 서로 융합되어 삼각형의 모양을 이루어 척주를 지탱하고 척추를 골반에 연결한다. 그리고 천골공이라는 4쌍의 구멍이 있으며, 미골(꼬리 뼈)은 4개의 작은 뼈가 서로 융합하여 이루어져 있다. 이해를 구하기 위하여 인체 골격에 대한 그림들을 보면 참조가 될 것이다.

◆ 인체의 근육계의 구조

인체의 근육(Muscle)은 신체를 움직이고 활동할 수 있도록 골격과 함께 붙어 있어서 수축하기도 하며 이완하기도 한다. 인체에는 약 600개 이상의 골격근이 있다.[132] 우리 인체의 근육을 3종류로 나눌 수 있는데 다음과 같다.

1. 골격근(骨格筋) : 골격근은 손과 발과 가슴, 그리고 복부 등에 골격에 붙어 있는 근육을 말한다.
2. 심근(心筋) : 심근은 심장벽을 이루고 있는 근육을 말한다.
3. 내장근(內臟筋) : 내장근은 위나 방광, 그리고 여자의 자궁 등의 벽을 이루고 있는 근육을 말한다.

우리가 보통 말하는 살이라든가 근육이라든가 할 때는 골격근을 말한다. 골격근은 의지에 관계 있는 운동신경이 전달해 주는 자극에 의해 움직이지만, 심근이나 내장근은 의지와 관계가 없는 자율신경의 신호에 따라 움직이는 것이 특징이라고 할 수 있다. 그런데 심근의 또 하나의 특성은 뇌나 신경이 쉬고 있는 수면 중에도 혈액을 순환시킬 수 있어서 생명을 유지하

---

132) 우영, 『목사님 손은 약손 II』, (한국 사랑의 치유상담협회, 1998), p.108.

게 한다.

근육의 기능은 인체 균형의 조화를 이루게 하고, 운동을 유발시켜서 다양한 일을 하게 하며, 인체내의 혈액을 운반하며, 호흡을 하게 하며, 소화계통과 배설계통에서 수의를 조절할 뿐 아니라 우리의 체온을 조절하여 우리의 몸을 유지시킨다. 근육의 크기도 다양하다. 대퇴부의 근육에서 봉공근 같은 근육은 30cm 이상인 것도 있고, 손가락 근육에서는 수mm의 것도 있다.

근력(筋力)이 좋으면 운동의 힘이 강하게 나타난다. 근육이 운동으로 인하여 수축할 때는 에너지가 소비되며, 아울러 혈액 순환도 빨라지게 된다. 혈액순환이 빨라짐으로 통해서 모든 신진대사가 원활하게 되며 몸을 유연하게 관리할 수 있다. 이와 같이 근육의 수축은 열 발생을 수반하므로, 운동을 하면 몸이 따뜻해진다. 그러나 지나친 운동은 오히려 좋지 않다.

인체의 근육계의 구조는 골격을 중심으로 해서 근육의 조직이 인체의 형태를 이루고 있다. 인체의 근육은 결합조직으로 된 지지막에 의해 다발로 묶여 있는데 이것을 근섬유(근육세포)라 한다. 이러한 근섬유는 더 작은 근육세포로 다발로 이루어지는데, 이 근원의 섬유세포는 필라멘트라고 하는 매우 가는 섬유로 이루어진다. 근육이 수축하게되면 이 필라멘트가 서로 겹쳐져 줄무늬 모양을 나타낸다.

근육의 양끝에는 인대(Ligament - 힘줄)라는 질기고 뻣뻣한 끈 같은 탄력섬유성 조직이 결합이 되어 촘촘히 나 있는데 이것이 골격에 서로 연결되어 관절 등에 운동을 안전하게 하거나 제한하게 하여 골격을 움직이게 한다.

근육의 조직에는 역시 혈관계, 림프계, 신경계, 감각계통이 매우 세밀하게 서로 연결되어 있으며 이를 피부가 바깥쪽으로 보호층을 이루고 있다.

환자를 창조생기수비요법으로 치유함에 있어서 무엇보다도 피부의 상태를 살펴보는 것이 매우 중요함으로 먼저 인체 피부의 조직을 살펴보는 것이 좋다. 왜냐하면 필자의 임상실험으로 미루어 볼 때 환자에게 질병이 있는 부분에는 피부가 이미 그 증세를 나타내고 있음을 발견했기 때문이다.

예를 들어 질병이 있는 부분에는 피부가 어둡게 되어 있다든지, 거칠다든지, 함몰이 되어 있다든지, 부풀어 있다든지, 몰려 있다든지. 늘어져 있다든지 하는 등의 피부의 증세가 나타나기 때문이다. 물론 이러한 현상들이 인체의 내장에 원인이 있는 사람들이 있는가 하면, 인체 여러 기관계통에 원인이 된 사람도 있다.

그래서 그곳에 창조생기수비요법을 실행하면 압통을 느낀다든지 시원함을 느끼는 사람들을 볼 수 있는데 바로 그 곳이 치료점이다. 심한 사람은 신체 여러 곳에 이러한 증상들이 나타나는데, 곧 우리의 인체는 서로 연결되어 교감을 이루고 있기 때문이다.

이러한 질병들은 현대의학으로 고칠 수 없으며, 고가의 의료검진기에도 잡히지 않는 특징이 있다. 그리고 인체의 질병은 계속적으로 발전되고 전이되기 때문인데 나중에는 완전히 저항력을 상실하게 되고 인체에 치명적인 상해를 입힌다. 그러므로 인체의 피부조직을 살펴보는 것이 매우 중요하다.

우리 인체의 피부의 중량은 약 4kg에 달하며 총면적은 성인의 경우 1.6㎡에 달하며 피하조직을 제외한 두께는 부위에 따라 다른데 약 1.5~2㎜가량 된다.[133] 피부는 두 층으로 되어 있는데, 위층에는 표피라는 표면을 이루고 있으며 아래층은 모근과 혈관과 신경말단 등을 포함하는 진피로 구성되어 있다.

피부는 또한 눈을 감고 있어도 주변을 언제나 느낄 수 있는 감각기능을 가지고 있는데 이것은 신경말단이라는 감각점을 가지고 있기 때문이다. 피부에는 1㎠당 약 230개의 특별한 신경 말단이 있다. 이것이 촉감과 아픔과 압력과 온도를 느낄 수 있게 한다. 말단신경의 수는 1㎠당 촉점은 25개, 온점은 0~3개, 냉점은 6~23개, 통점은 100~200개가된다.[134] 여기서 중요한

---

133) 김현식, 『동아원색세계대백과사전 29』, p.267.
134) *Ibid.*

것을 발견할 수 있는데 피부의 통점의 개수이다. 피부의 통점은 이처럼 신체의 외부적인 접촉뿐만 아니라 모든 질병에 민감하게 반응한다는 점이다.

◆ 인체의 순환계의 구조

인체의 순환계에는 혈액(Blood)이 통과하는 혈액순환계와 림프(Lymph)가 통과하는 림프(임파)순환계로 나눌 수 있다. 여기에서 신체의 각 부분에 영양을 실어다 주며 인체에 불필요한 물질을 제거하기 위한 액체를 공급하는 기관이다.

혈액관계는 심장이 중심이 되고, 여기에서 인체로 나가는 혈액이 통하는 동맥이 있고 말초로부터 노폐물을 함유한 혈액을 심장으로 되돌려 보내는 정맥으로 이루어진다. 동맥과 정맥이 분지된 끝은 가는 모세혈관으로 연결되어 있다. 혈액은 폐에서 가스교환으로 산소를 얻고 신장에서 노폐물을 여과한다.

림프순환계는 말초의 모세혈관 영역에서 시작하여 림프를 모으고 점차 합류되어 굵어지는 림프관과 그 도중에 개재하는 림프절로 이루어진다. 그리고 림프계는 최종적으로 정맥에 유입하는데, 혈구의 생성과 파괴가 이루어지는 지라도 순환기의 일부이다.[135]

인체의 순환계의 중요성은 치유에 있어서 절대적인 자리를 차지하고 있다. 인체의 혈액과 림프는 모든 질병에 대하여 억제하거나 저항하여 치료할 수 있는 항체를 가지고 있기 때문에 피가 맑고 깨끗하면 질병이 있을 수 없다. 성경에도 그래서 피는 생명이라고 했다.[136]

필자를 찾아오는 환자들을 보면 많은 사람들이 바로 순환계 계통에 질병을 가지고 있는 것을 발견하게 되는데, 대다수가 잘못된 약물복용이나 음식생활에서 질병이 유발되었음을 짐작할 수 있다. 이 또한 현대의학에서는 질병의 원인을 찾지 못하며 나타나지 않는 경우의 사례이다.

---

135) 김현식, 『동아원색세계대백과사전18』, p.228.
136) 신 12:23.

일반적으로 인체의 혈액은 선명한 적색을 띠고 있으나 현미경으로 보면 그 속에 혈구들이 부유하고 있기 때문에 균일하지 않음을 알 수 있다. 혈액량은 사람의 체중에 따라 다양하지만 체중이 60kg인 사람은 4.5 ℓ 정도가 된다. 그리고 혈액은 끊임없이 화학작용을 일으켜서 우리 몸이 건강하도록 돕는데 그 중에 중요한 것은 당(糖; 포도당)과 식염수(염화나트륨)로 볼 수 있다. 이 균형이 깨지면 당뇨병이나 빈혈과 같은 질병을 유발할 수 있다.

이처럼 우리 몸에 포도당과 식염수가 중요하기 때문에 환자들이 병원에 입원하면 주로 혈관 주사를 통하여 포도당이나 식염수를 공급하는 것이다. 그러면서 병원에서는 짜게 먹지 말라는 모순된 이야기를 하는데 그 이유는 소금이 중금속으로 오염되어 있기 때문이다.[137] 우리의 몸에는 소금이 모자라면 질병을 일으키게 된다는 것은 상식적이다. 그러기 때문에 순수한 소금을 섭취해 주어야 한다.

인체의 혈액에는 적혈구와 백혈구 그리고 혈소판이라는 것이 있는데, 적혈구는 지름이 약 7μm이며 두께는 약 2 μm이지만 탄력성이 우수해서 모세혈관이라도 형태를 바꾸어 통과한다. 우리의 몸 속에는 약 25조(兆)의 적혈구가 있는데 골수에서 만들어지며 매초에 약 1억개의 적혈구가 파괴된다고 한다.[138] 백혈구는 혈액 1 mm³에 평균 7,000개 정도가 있으며, 혈소판은 완전한 세포가 아니고 지름 2μm 정도의 세포질의 작은 조각으로 이 속에 응혈을 형성하는 데 중요한 물질이 들어 있어서 손상된 곳에 이것들이 중심이 되어 혈액응고가 시작된다. 혈소판 수는 혈액 1mm³ 속에 30만~60만개이다. 백혈구나 혈소판도 골수에서 만들어진다. 골수의 거핵세포라고 불

---

137) 지금 우리들이 식염으로 사용하고 있는 천연염도 도자기에 담아 뜨거운 불로 재련을 해보면 심한 중금속으로 오염이 되어 있기 때문에 그러한 중금속이 우리의 혈관에서 질병을 유발하기 때문이다. 필자가 전남 자라도에 부흥회 인도차 방문할 기회가 있어서 거기서 염전을 가 보았는데 썰물일 때 바닷물을 가두는 모습을 보았다. 곧 천연염이라고 해도 깊은 바다에서 정화된 바닷물을 올려서 소금을 만드는 것이 아니기 때문에 가장 오염된 바닷물을 가지고 만든다는 것을 알게 되었다.

138) 김현식, 『동아원색세계대백과사전 30』, p.207.

리는 거대한 세포가 그 세포질을 헛발처럼 골수의 정맥동속에 뻗쳐서 그 끝에서부터 떨어져 나와 혈소판이 된다. 혈액 속에서 혈소판의 수명은 9~12일로 짧다.139)

림프(Lymph)계는 림프관과 림프절로 이루어지며 림프(임파)를 순환시켜 준다. 림프는 혈장과 함께 한 방향으로만 밀리어 흐른다. 림프구는 신체의 면역체계에서 질병을 퇴치하는 역할을 하는 중요한 백혈구이다. 이들은 침입하는 세균으로부터 몸을 보호하고 암을 막는 데 도움을 주는데, 림프구에서는 두 가지 종류가 있는데 첫째는 침입자를 직접 공격하는 T 림프구(임파구)와 항체라는 화학물질을 생성해서 침입자에 붙어 파괴시키는 B 림프구가 있다.

림프의 화학조성은 혈장과 비슷하나 단백질량은 적다. 이것은 림프의 단백질이 혈장의 여과에 의하여 생긴 것이며, 분자량이 큰 것은 여과되기 어렵다는 것을 나타내고 있다. 인체에서는 전신의 모세혈관에서 하루에 여과되는 양이 약 20ℓ이며, 이 중 16~18ℓ가 흡수되고 나머지 2~4ℓ가 하루의 림프액 생성량이다.

림프계에 있어서 두 가지 중요한 기관이 있는데 지라와 흉선이다. 지라는 감염에 맞서 싸우는데 도움을 주는 매우 귀중한 기관이다. 지라는 복부의 왼쪽 부위에 있으면서 아래쪽 늑골에 의해서 보호되고 있다. 지라가 하는 중요한 기능은 세균과 노폐물 및 생명을 잃은 적혈구 세포를 제거하기 위하여 혈액을 여과시켜주며, 림프구라고 하는 백혈구 세포를 생성하여 침입 유기체를 찾아서 파괴시킨다. 흉선 조직은 흉선에 의해서 형성된 호르몬에 영향을 받아 성숙하는데, 이 백혈구는 침입하는 세균 바이러스들을 공격함으로 질병이 발생하지 않도록 도와준다.

◆ 인체의 신경계의 구조

인체 신경계(Nervous System)는 인체 온몸에 걸쳐 하나의 연결망을 이루

---

139) *Ibid.*

는 특수한 조직이다. 신경 조직은 수많은 신경세포(뉴런: Neurone)로 구성되어 있는데, 신체의 내부와 외부에서 일어나는 여러 가지 자극을 받아들이고 적절하게 대응한다. 예를 들어 요추 간판돌출(디스크)로 인한 통증을 호소하는 환자는 사실은 뼈가 아픔을 느끼는 것이 아니라 요추신경이 압박을 받아서 통증을 느끼는 것이다. 신경계는 뇌와 척수로 구성되는 중추신경계(Central nervous system) 여기서 출발하여 신체의 말초에 이르는 말초신경계(Peripheral nervous system)는 뇌신경(12쌍)과 척수신경(31쌍)으로 나뉜다. 그리고 내장에 분포하여 장기를 자율적으로 조절하는 자율신경계(Autonomic nervous system)는 교감신경과 부교감신경으로 나뉜다.[140] 그런데 특정한 말초신경이 그 기능을 잃고 근육이 수축하지 않는 질환을 신경마비라 하고, 말초신경의 경로에 따라 일어나는 통증을 신경통이라고 한다.

흔히들 신경계통의 질환을 앓고 있는 환자들 가운데는 이미 통증으로 인하여 움직이지 못해서 근육이 수축되어 보행이나 일상생활에 막대한 지장을 받고 있는 사람들이 의외로 많다. 이러한 질환자는 병원에서 물리치료나 한방에서 침으로도 고칠 수 없다. 왜냐하면 이미 근육계통과 순환계 계통과 골격 계통까지 질병이 전이되어 있기 때문이다. 이러한 환자들이 어렵게 소문을 듣고 소개를 받아 필자를 찾아오는데 창조생기수비요법으로 완치되어 감격하는 모습은 참으로 아름다운 기쁨이다. 그럼으로 치유를 위해서 인체의 신경계 구조를 자세히 눈여겨보고 직접 살펴보아야 도움이 된다.

중추신경은 척주의 뼈 가운데 척주관이라는, 즉 추공 속에 들어 있어서 그 길이는 신장에 따라 다르지만 42-45㎝가 되며 굵기도 다르다. 그리고 경부와 요부에서 굵어져 경추 및 요팽대를 이루고 있다. 척수를 횡단하여 보면 추공 속에 H자형의 회백질과 그 밖을 둘러싼 백질로 구분되어 있음을 관찰할 수 있는데, 좀더 자세한 이해를 구한다면 인체구조의 그림을 보면 척주의 뼈와 관계됨을 알 수 있다.

---

140) 우영, 목사님 손은 약손Ⅱ권, p.38.

	영 역	질병의 관계
경 추	1. 머리, 뇌하수체 2. 눈, 청각신경 3. 빰, 치아 4. 코, 입 5. 성대 6. 어깨, 편도선 7. 어깨, 팔꿈치, 편도선	두통, 불면증, 고혈압, 소아마비 사팔뜨기, 알레르기, 벙어리, 귓병 신경통, 여드름, 습진 산청 쉰목소리 편도선염 감기
흉 추	1. 전왕식도 2. 심장, 관상동맥 3. 폐, 기관지, 늑막 4. 담낭 5. 간, 혈액 6. 위 7. 췌장, 십이지장 8. 비장 9. 부신 10. 신장 11. 신장, 요도 12. 소장, 림프계	천식, 호흡곤란 심장기능장애 기관지염, 늑막염, 유행성감기 담낭병, 황달 간장병, 저혈압, 빈혈 소화불량, 가슴앓이 당뇨병, 궤양, 위염 딱꾹질, 백혈병 알레르기 동맥경화, 만성피로 피부병 불임증, 류마티스
요 추	1. 대장, 결장 2. 하복부, 대퇴부, 맹장 3. 무릎, 방광, 고환, 자궁 4. 요근, 좌골신경 5. 발목, 하퇴부	변비, 이질, 설사, 탈장 경련, 호흡곤란 월경장애, 유산, 방광질환 요통, 좌골신경통 족냉증
선 추	1. 좌골, 둔부 2. 직장, 항문	선골관절질환, 요추만곡 치질, 미골통

표 12 <척추신경의 영역 및 질병과의 연관성>

※ 위의 표는 **척추신경의 영역 및 질병과의 연관성의** 표이다.

그리고 앞서 말한 바와 같이 자율신경계(Autonomic nervous system)는 내장
에 분포하여 장기를 자율적으로 조절하는 교감신경과 부교감신경으로 나

넌다.

우리 인체에 있어서 가장 중요한 부분은 뇌다. 뇌신경에는 후신경과 시신경 그리고 동안신경과 활차신경, 그리고 삼차신경과 외전신경, 안면신경과 내의신경, 설인신경, 미주신경, 부신경, 설하신경 등 12개 신경이 있는데, 얼굴의 안면신경은 여러 근육과 함께 연관되어 있다. 안면 근육과 신경을 수비해주면 비염이나 안면마비로 인한 질환을 퇴치할 수 있다. 그리고 안면의 주름도 없앨 수 있다.

필자를 찾아오는 환자들에게 안면에 수비를 실시해 주는데 신기하게도 주름이 한결같이 없어지고 얼굴의 피부색이 밝아짐을 경험할 수 있었다. 얼굴에 주름을 없애기 위하여 성형외과를 찾아가 많은 돈을 주고 성형을 하지만 그에 따른 부작용도 많다. 그러나 수비를 실시한 결과 부작용은 100% 없으며 모두가 밝고 깨끗한 얼굴을 간직하게 되는데 자신의 질병도 치유를 받고 얼굴까지 맑아지니 이 또한 창조생기수비요법의 신비라고 할 수 있다.

◆ 인체의 소화계의 구조

인체는 수많은 세포들로 구성되어 있어서 움직이고 생활을 하기 위해서는 많은 에너지가 필요하다. 이 에너지의 원천은 우리가 섭취하는 음식물이다.

생체세포는 음식물로 통하여 얻어진 영양 에너지를 얻어 인체의 작용을 촉진시키고 또한 성장한다.

인체의 생체세포는 포도당과 단백질 그리고 지방의 미세한 음식물 조각들을 흡수하며, 생체세포는 또 혈액에서 산소를 받아들여 음식물 조작의 산화를 촉진하여 에너지를 공급한다. 사람이 인체에 필요한 에너지를 위하여 음식물을 섭취하면, 음식물은 구강을 통하여 위에 도달하게 되고 이어서 소장에 들어가서 우리 인체에 필요한 에너지 영양소들이 간으로 전달

되고 심장을 통하여 혈액으로 신체에 공급되는 것이다.

소화계의 중요한 기관은 위와 소장과 대장인데, 위는 수축작용으로 인하여 음식물을 유미죽이라는 질쭉한 액체로 만든다. 유미죽은 곧 소장으로 들어가데 소장의 길이는 6-7m에 달하는데 아랫배의 대부분을 차지한다. 섭취한 영양분의 대부분은 소장 내에서 효소라는 화학물질에 의해서 소화되어 소장 벽(융털)에서 흡수되어 혈액 속으로 들어가는데 우리 몸의 에너지원으로 사용된다.

소장과 대장이 이어지는 맹장에는 충수(충양돌기)라는 약 8㎝ 정도의 벌레처럼 생긴 관이 있는데 배 아래쪽 오른편에 자리잡고 있다. 무슨 일을 하는지는 알려져 있지는 않으나 음식물이 이곳에 들어가면 염증을 일으킬 수 있는데 이것을 흔히들 맹장염(충수염)이라고 한다.

대장의 길이는 1.5m의 굵은 관으로 되어 있는데, 크게 네 부분으로 맹장과 결장과 직장과 항문관으로 되어 있다. 대장은 소장에서 소화 흡수되고 남은 음식물 찌꺼기는 맹장으로 들어가고 이 중에서 수분과 아직도 남은 무기질은 대장의 벽을 통해 혈액으로 재 흡수되고, 남은 찌꺼기는 고체의 똥이 되어 직장에 머무른다. 직장이 차면 항문 관의 근육 고리가 느슨해져 똥을 몸밖으로 배설시킨다.

필자를 찾아오는 환자들 중에는 많은 사람들이 소화계의 문제를 가지고 있음을 발견할 수 있었다. 그래서 병원에 가서 내시경을 해보아도 별탈은 없다면서 신경성이라고 하는데 소화가 안 된다고 호소를 한다. 얼굴은 기미가 끼여 있기도 하며 안색은 어둡다. 약을 먹어도 안 된다. 원인은 내장근의 무기력에서 온 것이다. 이런 환자들에게 수비를 실시하면 하나같이 돌덩이 같은 것이 뱃속에 자리잡고 있다. 이유는 내혈관 문제와 자율신경계 계통에 문제가 있는 것이고, 소화가 안되다 보니 그에 따르는 약물 장기 복용으로 인하여 기능저하로 내장 전체가 무기력한 상태가 된 것이다. 이런 분들에게 창조생기수비요법을 실시하면 그 효과는 대단히 놀랍다. 그야말로 질병을 퇴치하려면 밥통(소화계)부터 고치라는 말을 하고 싶다.

◆ 인체의 배설계의 구조

배설이라고 하고 것은 생물체가 체내에서 생긴 노폐물을 체외로 보내는 작용을 배설 혹은 배출이라고 한다.[141] 음식물이 인체 내에서 화학반응을 받고 그 결과 생긴 노폐물, 즉 수분이나 무기염류 등을 내보내는 경우를 말하는데, 흡수되지 않고 남은 음식 찌꺼기를 말하는 것이 아니다. 배설기관을 비뇨기관이라고도 한다. 인체의 배설계는 두 개의 신장과 한 개의 방광으로 구성되어 있음을 볼 수 있다. 그리고 신장을 방광과 연결하는 수뇨관이라는 두 개의 긴 관과 오줌을 밖으로 내보내는 관인 요도가 포함된다. 수뇨관은 오줌을 방광으로 나르는 가느다란 근육질의 관이다.

신장은 배설계의 제일 첫 부분으로 혈액에 있는 노폐물을 거르고 이를 오줌으로 만드는 일을 책임지고 있는데, 하루 평균 신장에서 걸러지는 혈액은 약 180ℓ이며 이중에 1.5리터 정도의 오줌이 만들어진다. 신장의 길이는 약 12㎝이고, 폭은 5㎝, 두께는 2.5㎝ 정도로 적갈색의 강낭콩 모양으로 생겼다.

방광은 신장에서 오줌을 받아 저장했다가 배뇨 작용을 통해 몸밖으로 내보내는 탄력성이 있는 주머니라고 생각하면 되는데, 약 500㎖ 이상의 오줌을 저장할 수 있다. 방광의 아래쪽에는 오줌의 배출을 조정하는 고리 모양의 근육인 괄약근이 두 개 있는데, 오줌이 방광에 차면 중추 신경계에 전달이 되고 요의를 느끼게 된다. 그리고 고리 모양의 두 괄약근이 열리면 오줌이 나가고 방광은 원상태로 이완되어 다시 채워지기를 시작한다.

오랜 투병생활을 거친 사람들 중에 배설기관까지도 질병이 전이되어 시원한 배설을 위하여 이뇨제를 많이 복용하는 사람들을 볼 수 있다. 인체는 빠른 속도로 적응하기 때문에 이뇨제 복용량은 점점 더 많아진다. 뇨실금증으로 고생하시는 분들이 간혹 있는데 이 모두다 배설계통의 질환이다. 그러나 수비(手秘)로서 가능하다.

---

141) 김현식, 동아원색세계대백과사전 13, p.508.

◆ 인체의 호흡계의 구조

호흡계는 산소를 포함하는 공기를 인체 속으로 보내고 노폐물인 이산화탄소를 가져간다. 이러한 작용은 호흡을 할 때 일어나는 현상인데, 호흡은 횡금막과 늑골의 근육이 늘어나고 수축하여 호흡을 돕는다. 공기에는 약 16%의 산소와 4%의 이산화탄소가 들어있다. 인체에 들어간 공기는 인체의 가슴양쪽에 있는 폐에 들어간다. 폐는 기관지라는 관과 연결되어 있으며, 그 안에는 6억 개가 넘는 폐포(허파꽈리)가 주머니를 이루고 있다. 공기 중의 산소는 혈액으로 들어가고 이산화탄소는 배출된다.

척주가 바르지 못하면 늑골에 이상이 생겨서 폐에 지장을 주게 된다. 이로 인하여 자연적으로 횡금막이 압박을 받아서 호흡에 장애를 일으키게 되는 원인도 있다.

◆ 인체의 생식기계의 구조

사람의 생식기계는 남녀가 확실히 다른 기관을 가지고 있는데, 양자의 생식기는 뚜렷이 달라서 성별을 구별한다. 남녀는 각각 외성기와 내성기가 있는데 외성기는 외부로 나타나 있는 것으로서 성교에 관여하고 내성기는 생식에 관여하고 있다.[142]

◆ 인체의 내분비계의 구조

내분비계는 인체내의 조직이나 내분비선에서 특유한 호르몬을 생산한다. 그리고 직접 혈액 중에 분비한다. 내분비계에 속하는 것은 갑상선, 부갑상선, 뇌하수체, 송과체, 흉선, 부신, 이자, 생식선 및 태반, 그리고 현대에 와서는 위나 소장, 침샘, 비장 등에서도 호르몬으로 간주되는 물질이 내분비 되는 것이 확인되었다.[143] 필자의 임상경험으로 볼 때 내분비선이 신

---

142) 김현식, 『동아원색세계대백과사전』 1, p.475.
143) 김현식, 동아원색세계대백과사전 7, p.227.

경계와 밀접한 관계를 가지고 있으며 또한 순환계 계통과도 매우 밀접한 관계를 가지고 있음을 알 수 있었다.

필자가 갑상선 질환을 앓고 있는 환자에게 수비를 통하여 신경계와 순환계통을 원활하게 해주었더니 치유가 되었다는 점이다. 이처럼 우리의 인체는 서로 유기적 연대를 맺고 있음을 상식적으로 알아야 한다.

이와 마찬가지로 동양의학에서는 14개의 경락(經絡)이 있는데, 이 경락은 기를 순환시키는 통로라고 보면 된다. 14개의 경락 중에는 인체의 그 장기를 지배하는 이름에 붙여져 있는 것이 12개인데, 그 이름은 ①폐경 ②대장경 ③위경 ④비경 ⑤심경 ⑥소장경 ⑦방광경 ⑧신경 ⑨심포경 ⑩삼초경 ⑪간경 ⑫담경이 있으며 또 맥(脈)자가 붙은 경락의 이름이 2개 있는데, 이는 산맥(山脈)이라는 맥자처럼 큰 줄기를 이루고 있다는 의미로서 ⑬임맥과 ⑭독맥이라는 경락이다.

이 경락들은 657개의 경혈(經穴)을 지배하고 있는데, 이를 이해하기 쉽게 설명하자면 우리 인체는 네트워어크(network) 방식으로 되어 있다. 즉 14개의 지역 전신전화국이 있으며 그 전신전화국을 통하여 657개의 가정의 전화로 연결되어 있다고 보면 쉽게 이해가 될 것이다. 어떤 전신전화국은 가입된 가정을 많이 소유하고 어떤 전신전화국은 적게 가지고 있다고 이해하면 되는데, 그 지역의 전신전화국과 같은 역할을 하는 경락이 고장이 나면 그 전신전화국과 연결된 전화가 불통이 되는 것과 마찬가지로 우리 인체도 그렇다고 보면 되겠다.

수비요법을 실시할 때에는 이러한 기본적인 인체구조를 알고 실시하면 그 치유의 효과는 기적적이기 때문에 복음치유를 위한 인체구조 이해를 기본으로 하고 그 위에 동양의학의 14경락도를 접목하여 수비를 실시하면 필자가 명명한 창조항체를 더욱더 극대화시킬 수 있는 것이다. 그러나 수비요법은 이러한 원리를 전적으로 의식하지 않아도 되지만 인체의 구조와 경락과 경혈도를 알면 치유효과나 그 작용이 놀랍기 때문에 14경락도와 유혈과 모혈도를 한의학의 서적을 구하여 참조하면 도움이 될 것이기 때

문에 아래 미주를 참조하기 바란다.[144]

우리 인체는 각 지체가 서로 나뉘어져 있는 것처럼 보이지만 경락과 경혈도를 통하여 보면 사실은 그렇지 않고 서로 미묘한 관계를 유지하고 서로 보안을 해주고 있음을 쉽게 발견할 수 있다. 예를 들어 이 말은 폐에 문제가 생기면 다른 장기에도 그 영향을 미치게 된다는 것이다. 경락과 경혈의 흐름은 경락선이 안팎으로 되어 있음을 발견할 수 있을 것인데 이유는 바로 경락과 경혈에도 음양(陰陽)이 있다는 것이다.

	음　　경(陰莖)	양　　경(陽經)
1	① 폐경(肺經)	② 대장경(大腸經)
2	④ 비경(脾經)	③ 위경(胃經)
3	⑤ 심경(心經)	⑥ 소장경(小腸經)
4	⑧ 신경(腎經)	⑦ 방광경(膀胱經)
5	⑨ 심포경(心包經)	⑩ 삼초경(三焦經)
6	⑪ 간경(肝經)	⑫ 담경(膽經)
7	⑬ 임맥(任脈)	⑭ 독맥(督脈)

표 13　　　　　<14경락의 음양 비교표>

음(陰)은 찬 것과 어두운 것을 말하고, 양(陽)은 뜨거운 것과 밝은 것을 말하는데 너무 차면 뜨거운 것으로 보(補)해 주고, 너무 뜨거우면 찬 것으로 사(瀉)해 주는 것을 음양보사(陰陽補瀉)라고 동양의학에서는 말한다. 그

---

144) ① 권도원, 八體質 鍼法 整理集, 동국한방병원 침구과, 1996.
　　② 김현식, 동아원색세계대백과사전,(서울 : 동아출판사), 1989.
　　③ 동국대한방. 그림으로 보는 근골격 해부학, (동국대학교 한방의학과), 1998.
　　④ 우 영, 목사님 손은 약손 Ⅰ,Ⅱ, (서울 : 한국 사랑의 치유상담협회), 1998.
　　⑤ 이은모, 經絡 및 經穴 자극 MASSAGE 學, (부산 : 한국기독경락맛사지학회), 1998.
　　⑥ 정남숙, 家庭醫學大典, (서울 : 교육출판공사), 1979.
　　⑦ 천재들의 인체백과, ㈜솔빛, 소프트웨어 솔빛CD-ROM 학습백과4, 1997.
　　⑧ 홍태수, 기적의 추마요법, (서울 : 청림출판), 1997.

리고 허실보사(虛實補瀉)라는 말도 있는데, 이 말은 허(虛)는 작고 약한 것으로서 음(陰)에 해당되는 것이고, 실(實)은 크고 강한 것으로서 양(陽)에 속한 것인데, 허(虛)는 보(補)해 주고, 실(實)은 사(瀉)해 주는 것을 허실보사(虛實補瀉)라 한다. 이런 말들은 바로 우리 인체의 균형과 조화를 바로 잡아야 건강할 수 있다는 것을 말하는 것이다. 그리고 수비요법을 실시하기에 앞서 눈으로 미리 감지하는 진단법이기도 하다. 그러면 14경락이 서로 음양을 이루고 있는 것을 도표로 만들어서 비교하여 소개하기로 하겠다.

표 14와 같이 경락이 서로 음양(陰陽)을 이루고 있듯이 우리 인체의 장기들도 서로 음양을 이루고 있는데, 이것들을 도표로 만들어서 비교하여 소개하기로 하겠다.

필자를 찾아오는 90% 이상의 환자들이 양(陽)과 실(實)에 속한 사람들이다. 한 마디로 현대병이라는 성인병을 앓고 있다는 것인데, 경락 부위의 피부가 삼겹살처럼 되어 있거나 피부가 탄력을 잃고 늘어져서 그 속에는 머루 알처럼 몽울몽울한 것들이 운집되어 들어 있는데 이것들이 순환계통(경락)을 맞아서 성인병을 유발하게 하는 것이다.

	음(陰)에 속한 장(臟)	양(陽)에 속한 부(腑)
1	폐장(肺臟)	대장(大腸)
2	비장(脾臟)	위장(胃腸)
3	심장(心臟)	소장(小腸)
4	신장(腎臟)	방광(膀胱)
5	심포(心包)	삼초(三焦)
6	간장(肝臟)	담(膽)

표 14　　<인체의 육장육부의 음양 비교표>

일반적으로 인체를 오장육부라고 하는데, 바로 경락상으로 심포(心包)라

는 음에 속한 장기 때문이다. 심포는 존재하지 않는 비해부학적 장기라고
이해하면 될 것이다. 그래서 보통 심포를 빼고 5장 6부라고 말하는 것이다.
심포라는 것은 마음의 담력이라고 이해하면 되는데 담력이 강한 사람들은
잘 놀라지 않지만 반대로 담력이 약한 사람들은 조그마한 일에도 가슴이
두근거리고 불안하고 안절부절하고 안색이 달라지고 심장의 맥이 불규칙
해 진다. 그래서 신경안정제를 복용하는 사람들도 있다. 이처럼 심포는 보
이지는 않지만 감성으로 느낄 수 있다. 또 하나는 심포와 상반되는 양에
속한 것으로 삼초(三焦)라는 것이 있는데, 이것도 역시 존재하지 않지만 인
체의 열을 조절하는 기능적 역할을 담당한다. 경락과 경혈도에서 심포경
(心包經)과 삼초경(三焦經)을 살펴보면 이해가 빠를 것이다.

신경(腎經)은 인체의 스태미너(Stamina)를 측정해주고 조절하는 매우 중
요한 작용을 하는 경락이라고 보면 된다. 이 경락 부위를 수비를 해주면
피곤한 몸이 가벼워짐을 금방 느낄 수 있다. 그런데 의외로 필자를 찾는
환자들 중에 간질환을 앓은 환자들이 많이 오는데 그 증상은 하는 일도 없
이 쉽게 피곤함을 느끼고 무기력해 지는 것이다. 원인을 분석해보면 주로
음식에서 많이 온다는 것을 알 수 있다. 음주를 인한 지방간은 상식적으로
알고 있는 것이지만 과다한 영양을 섭취하고 바로 눕는다는 데 그 원인이
있다. 간은 음식으로 흡수된 영양소를 저장하고 인체의 독을 해독하는 작
용을 한다. 그런데 오늘날의 식생활문화가 너무 영양가가 높은 고단백질을
섭취하고 바로 눕는다는 것은 생명을 단축하는 지름길이다.

특히 간은 스트레스에 약하다. 근심과 걱정과 염려하는 생각에서 항상
마음을 즐겁게 하고 낙천적으로 살아야 한다. 간 질환에 문제가 되는 것은
바이러스에 의한 치명적인 손상을 입은 환자들인데 그 한계를 벗어나지
않은 사람들은 회복되지만 한계를 벗어난 환자들은 양에 속한 담이 매우
실하기 때문에 그 부분을 수비해 주면 놀랍게도 건강의 균형이 잡히는 것
을 알 수 있다. 상식적으로 간경과 담경을 계속적으로 수비해주면 머리도
맑아지고 시력도 회복되고 만성적 피로감과 무기력에서 해방된다. 창조생

기수비요법을 실시하면 완전히 도가 지난 환자가 아니면 기적같이 치유되는 것이 간질환이다.

담(膽)이란 쓸개를 말한다. 그러나 단순한 것 같아도 그 역할은 매우 크다. 왜냐하면 담이 약하면 상대 경락인 간이 약해질 수 있기 때문이다. 그러므로 담이 약한 사람이 기름진 음식을 많이 섭취하면 관절염을 유발할 수 있기 때문에 삼가야 한다.

임맥은 경락상 음경(陰經)으로서 턱 중앙의 승장혈(承獎穴)에서 회음혈(會陰穴)까지 인체의 전면 중앙을 흐르는 경락과 연결된 것을 볼 수 있다. 또 독맥은 임맥의 상대 경락으로서 양경(陽經)에 속하는데, 인체의 후면 백회(百會)에서 장강(長强)까지 역시 중앙을 흐르는 경락임을 알 수 있다.

임맥과 독맥은 어느 장기를 다스리는 것이 아니라 인체의 전과 후, 음양(陰陽) 전체의 기(氣)를 다스리는 경락으로 생각하면 된다. 대부분의 인체의 질병들이 바로 임맥과 독맥과 연관이 있다고 해도 무리는 아니다. 그러기 때문에 필자가 수비를 실행할 때 가장 중요하게 여기는 경락으로서, 빠짐없이 수비를 실시해 주면 창조항체의 활성이 가장 두드러지게 극대화되는 것을 느낄 수가 있고, 환자 역시 활력이 넘치고 상쾌함을 느끼게 된다.

그러므로 상식적으로 독맥에 해당하는 경락이 잘 소통될 수 있도록 척추를 항상 바르도록 자세를 가지는 것이 중요하다. 그러면 자연적으로 임맥도 강화되는 것을 볼 수 있다. 임맥을 강화하기 위해서는 항상 어깨를 바로 펴고, 복부를 시계방향으로 자주 수비를 해주고 안정된 마음으로 심호흡을 길게 하는 호흡운동을 하면 스태미너도 강화되고 항상 패기가 넘치는 정열적인 삶을 살 수 있다.

인체의 골격계의 구조와 근육계의 구조를 살펴보면 알지만, 동양의학에서도 골격과 골격 그리고 골격과 근육이 이어지는 부분에 중요하게 여기는 혈이 있는데 그것이 곧 극혈(隙穴)이라고 하며, 발가락 끝이나 손가락 끝에 있는 혈이 정혈(井穴)이다.

인체가 네트워어크 형식으로 이루어져 있다고 말했듯이 극혈 또한 관절

과 관절, 그리고 관절과 근육이 서로 교차하는 곳에 위치하고 있는 중요한
자리이다. 이곳이 막히면 모든 연결망이 막히게 된다. 그러므로 이 곳을 빠
짐없이 수비해주면 아프고 시리던 통증이 풀어지고 신기할 정도로 관절이
원활하게 움직이는 것을 알게 된다. 정혈은 손과 발끝에 위치하고 있지만,
자동차의 도로를 연상한다면 ○형의 로터리(Rotary)나 ⊃ 형의 되돌아오는
형태의 혈로(穴路)이다.

   인체에 탁혈(濁穴)이나 탁기(濁氣)가 가장 많이 정체되는 곳이 바로 극혈
과 정혈이라고 볼 수 있는데, 극혈에 이상이 생기면 관절염과 같은 관절계
통의 질환이 생긴다. 정혈에 문제가 생기면 손발이 차고 소화기능에 장애
가 생긴다. 그래서 급체를 했을 때 정혈을 바늘로 찔러서 피를 빼면 체한
것이 뚫린다. 정혈에 문제가 있는 사람들은 발에 무좀 천국을 이루는데 수
비요법은 이러한 무좀은 한두 번의 수비로서 거짓말같이 간단하게 치유한
다. 그래서 무좀이 있는 환자들에게 말하기를 무좀은 보너스(Bonus)로 치유
해 드린다고 말한다.

   또 인체에는 유혈(流血)과 무혈(毛穴)이라는 것이 있는데, 동양의학에서
는 유혈은 기를 직접 받아들이는 혈이며, 무혈은 유혈을 통하여 들어온 기
가 모이는 곳을 무혈이라고 하는데 매우 중요한 자리임을 알 수 있다.

   유혈은 척추의 좌우에 위치하면서 각 장기를 대표하고 있다는 것을 알
수 있다. 다시 말해서 오장육부(육장육부)를 다스린다는 것이다. 이해를 돕
기 위해서 이미 본 논문에서 밝혀 놓은 「척주신경의 영역 및 질병과 관계」
를 참조하기를 바란다.[145]

   이처럼 건강을 유지하기 위해 척주가 발라야 하는 이유는 바로 유혈과
관계되기 때문이다. 그만큼 건강을 유지하기 위해서는 자세가 중요하다.
유혈만을 수비를 잘해주어도 웬만한 질병은 치유가 되는 이유도 바로 이
때문이다. 무혈 역시 경락에 속해 있으면서도 무혈 작용을 한다는 것은 현
대의학이 밝혀낼 수 없는 또 하나의 신비이다. 유혈과 무혈의 경혈자리를

---

145) 본 논문, p.195

매우 중요한 치료점으로 활용하면 놀라운 치유효과를 보게 된다.

  2) 근육을 자극하라

  근육은 인체의 운동을 위하여 분화한 조직으로 힘살이라고도 하는데, 이미 본 논문에서 자세히 살펴본 바와 같이 골격근(骨格筋)과 심근(心筋)과 내장근(內臟筋)으로 이루어져서 제각기 역할을 감당한다. 근육은 인체의 형태를 바로 잡아주고 움직이게 하는 역할 외에 매우 중요한 기능을 담당하고 있는데 그것이 바로 혈액순환을 원활하게 돕는 기능으로 인체의 제2의 심장과 같은 기능을 하는 것이다. 만약 근육이 수축해서 줄어들면 혈관을 압박하기 때문에 아무리 심장이 펌프질을 해도 소용이 없으며 오히려 치명적인 상해를 입게 된다.

  뿐만 아니라 육안으로 보아서 근육이 늘어져 있어도(사실 근육이 늘어진 것이 아니라 근육은 줄어들어 있고 피부가 늘어진 것임) 문제가 되는데, 이유는 피하(皮下)에 지방질이 누적되어 있어서 혈액순환을 방해하고 창조항체의 순환을 저해하여 성인병을 유발케 하는 원인이 된다는 것을 상식적으로 알아야 한다. 피하지방을 지방독 이라고도 하는데 가능한 피하에 지방이 생기지 않도록 하는 것이 건강을 유지하는 지름길이다. 그러나 지방이 들어있는 음식이 더욱 맛이 있으니 먹지 않고는 안될 것이다. 그렇다고 지방을 뺀다고 식사를 굶는 사람이 있는데 이런 행위야말로 자신과 가정을 망치는 자살행위임을 알아야 한다.

  필자를 찾아오는 많은 사람들이 순환계 계통에 이상이 있음을 보는데 바로 위의 경우라고 보면 된다. 이러한 사람들을 간단한 수비요법으로 근육을 단련하고 자극하여 고질적인 비만을 치유하고 창조생기항체를 활성화시킴으로서 건강한 생활을 하게 한다. 그러므로 필자가 수비요법으로 실시하는 근육 자극 치유요법을 구체적으로 간단하게 소개하고자 한다.

◆ 활기를 잃은 긴장된 근육을 풀어라

인체의 근육은 신경과 연결되어 있다는 것은 상식이다. 그래서 근육은 감각을 느끼고 반사 운동을 일으키는 것이다. 체내에서 감각을 느끼고 그 신호를 전달하는 체계가 두 가지 있는데, 하나는 특수 화학물질로 된 신경 전달 물질인 호르몬이며 또 하나는 뉴론(Neuron)이라는 신경세포이다.

이러한 신호전달 계통을 신경계라 하는데, 신경계에는 외부에서 전달된 정보를 신속하게 중추신경에 전달하는 말초신경이 있으며 중추신경은 다시 말초신경으로 몸을 움직이도록 명령하는 체계를 이루고 있다. 이 체계를 유지하기 위해서는 근육은 독자적으로 움직이는 것이 아니라 연합체계를 이루고 몸을 움직이게 한다는 것을 알 수 있다.

인체의 근육은 탄력성과 흥분성과 수축성과 신장성을 가지고 있으면서 골격을 움직여 인체의 운동과 체온을 유지하며 인체의 균형을 유지하게 하는 기능을 한다. 그러므로 근육이 긴장되면 피곤함을 느낌으로 운동성이 떨어짐은 물론, 혈액순환의 저하로 인하여 인체 리듬(Rhythm)이 깨짐으로 심리적으로나 생활적으로 정상적인 활동을 하기가 어렵고 각종 질병을 일으키게 한다. 그러므로 수비로서 근육을 자극해줌으로서 활력을 잃은 긴장된 근육을 풀어주고 창조항체를 활성화시켜줌으로서 질병퇴치는 물론 정상적이고 쾌적한 생활을 하게 한다.

◆ 함몰된 근육에 창조항체를 넣어라

근육이 함몰된 부분에는 혈관이 수축되어 있다. 이로 인하여 손발이 저리거나 냉증을 느끼게 되어 호소하게 된다. 심지어는 함몰된 그 부분으로 인하여 자유롭게 움직이지 못하게 되는데 이는 근육이 수축이 되어 신경까지 누르고 있기 때문이다. 한방에서는 이 곳에 보침 이라고 해서 가는 침으로 경혈 자리에 놓는데 효력이 별로 없다. 이유는 함몰된 부분에 이미 막혀있기 때문에 침 자극으로 완전히 뚫어주든지 열지 못하기 때문이다. 오히려 근육에 침의 자극으로 인하여 함몰된 부분에 신경의 자극이 둔화되어 더욱 굳어져서 필자를 찾아오는 사람들을 볼 수 있다.

이미 함몰이 되어 있는 곳은 놀랍지만 그 주위에는 독혈(毒血)들이 자리를 잡고 있기 때문에 함몰이 되어 있는 것이다. 독혈이 들어 있으면 부항으로 빼면 되지 않느냐는 반문도 할 수 있으나 그렇지 않다. 이유는 근육을 활성화시켜서 그 함몰된 부분을 더욱 강화시켜서 모든 혈관과 신경을 강하게 만들어 주어야 하기 때문이다. 부항은 오히려 근육의 활성화를 막아버린다.

함몰된 부분에는 경찰법과 고타법과 굴신법[146]으로 수비를 해주고 창조항체를 활성화시키면 신기하게도 함몰된 부분에 근육이 되살아나고 움직이지 못하고 장애를 가졌던 부분이 움직이게 되는 것이다. 이만큼 우리 몸속에 잠재된 창조항체는 질병을 고치고 새롭게 하는 하나님께서 주신 생명의 원초적인 힘인 것이다.

◆ 어혈(탁혈)이 있는 곳을 풀어라

어혈(탁혈)이 있는 곳은 피부색이 대체로 어둡거나 피하에 몽울몽울한 것이 군집을 이루고 있으면서 부풀어 올라있거나 늘어져 있는 곳에 자리를 잡고 있다. 이곳을 수비해 주어야 한다. 주로 팔(날개쭉지; 상완삼두근)과 다리(대둔근이나 대퇴근) 그리고 관절에 많다. 이러한 탁혈이 생기는 원인은 3가지로 분석할 있는데 일차적으로 기름진 음식에 때문에 생긴 것이며 또 하나는 스트레스 때문에 생긴 것이며 마지막으로는 장기간의 잘못된 약 복용 때문이라는 것을 알게 되었다.

혹자는 어떻게 스트레스나 잘못된 약이 어떻게 탁혈이 될 수 있는가 하고 반문할지도 모르지만 설명을 하자면 육류를 먹지 않고 밥만 먹어도 스트레스를 받으면 젖산이 많아져서 음식물이 지방으로 변하게 되는 화학반응을 우리 몸이 하기 때문인 것이다. 그리고 잘못된 약(자신의 체질에 맞지 않는 약)을 장기간 복을 하게 되면 탁혈이 된다는 것은 약이 독이 되었다는

---

146) 본 논문, 제6장 제6절 4항에 「수비요법의 기본동작」을 참조할 것.

것이고 우리 몸은 독성을 지닌 물질이 들어오면 밖으로 배출하지 않고 지방이 나와서 이것을 보자기처럼 싸서 각 피하 혈관에 분산시킨다. 그래서 탁혈이 되는 것인데 심한 사람은 피부 세포까지도 스트레스를 받아서 살이 찐 것이 아니라 부어 있는 사람들을 많이 보게 된다.

이런 사람들은 손만 되어도 소스라치게 통증을 느끼는데, 부어있는 것만큼 혈관은 수축되어 있고 신경도 압박을 받고 있기 때문에 더욱 아픔을 느끼는 것이고 그만큼 위험하다는 것을 알아야 하고 수비로서 빨리 풀지 않으면 안 된다. 한마디로 지방독 때문에 일어나는 병이라고 보면 되겠다. 사람이 노환으로 운명하게되는 원인은 결국 근육의 알칼리성이 파괴되고 산성화되어 지방독을 이기지 못하기 때문이라면 이해가 쉽게 될 것이다.

◆ 극혈(隙穴)이 있는 곳을 수비로 풀어주라

극혈이라는 곳은 이미 말했듯이 골격과 골격 그리고 골격과 근육이 이어지는 혈이 모이는 부분을 극혈(隙穴)이라고 한다. 인체에 탁혈(濁穴)이나 탁기(濁氣)가 가장 많이 정체되는 곳이 바로 극혈이라고 볼 수 있는데, 극혈에 이상이 생기면 관절염과 같은 관절계통의 질환이 생긴다. 그러므로 이곳을 빠짐없이 수비를 해주면 관절이 원활하게 움직이게 되고 인대와 건이 건강해진다.

관절계통에 질환이 오래된 환자들을 보면 섬유연골(Articular Cartilage)과 섬유연골판(Disc of Cartilaginous Plate), 또 관절강(Articular Cavity)과 인대에 손상이 되어 고질화되어 있는데 이런 환자들은 현대의학으로서는 고칠 수 없다. 관절염 자체를 현대의학은 고칠 수 없다. 그러나 수비는 가능하다. 단, 손상이 깊은 환자들은 원래 상태로는 안되지만 활동하기에는 그리 불편을 느끼지 않을 정도로 치료가 가능하다. 다만 환자의 건강 상태에 따라 기간이 좀더 걸린다는 것뿐이다. 그러므로 극혈이 있는 부위는 창조항체를 원활하게 소통하게 하는 통로임을 알고 수비를 철저하게 해 주어야 한다.

3) 복음치유를 위한 골격교정 요법

　보통 골격 교정이라고 말할 때 환자가 디스크(Disc)가 전면 혹은 후면, 또는 측면으로 돌출이 되어 신경을 누르고 있어서 통증을 유발한 경우에 골격을 바로 놓아줌으로서 치유하는 것을 말한다. 이러한 추간판돌출증은 경추나 흉추 그리고 요추에 주로 나타나지만 골반이 삐뚤어져 있을 때에도 좌골신경통을 일으키게 된다. 이러한 병증들은 간단한 수비로서 바로 잡을 수 있는데 너무 심해서 신경이 파열되었거나 인대가 끊어져 있을 때는 불가능하다.

　현대의학에서는 주로 수술을 하지만 얼마가지 않아 재발하는 것이 허다하다. 그래서 나중에는 완전히 몸을 망치는 경우를 많이 보게 되는데 필자로서는 병원에서 디스크라는 판정이 나오면 신경이 파열되지 않았다면 수술을 하지 않고 수비로서 치유를 받아야 하는 것을 절대적으로 권유한다. 왜냐하면 디스크가 돌출된 원인이 무리한 운동이나 반복되는 연속적인 자세에서 올 수도 있고, 요추 디스크의 경우에는 복부가 나옴으로 인하여 체중 때문에 디스크가 돌출이 되었기 때문이다. 그러므로 일차적으로 수비로서 복부의 비만을 제거하고 수축된 근육과 인대를 정상의 위치로 돌려주고 골격을 교정하게 되면 기적적으로 치유되는 것이다.

　그렇지 않고 수술을 하면 디스크의 재발은 기정사실이 된다. 한마디로 현대의학으로서는 디스크를 고칠 수 없다는 것이 상식적으로 알려져 있다. 어디까지나 하나님께서 만들어 놓으신 인간은 인체 생리적으로 그리고 순리적으로 치유를 해야 옳은 것이다. 필자를 찾아 온 환자들 중에 이러한 골격계통에 질환을 앓고 있는 사람들을 많이 만나는데 하나같이 이름 있는 병원이나 유명한 활기도 선생을 찾았다는 이야기도 듣는다. 그런데 재발했다는 것이다. 이유는 간단하다. 아무리 척추의 골격을 바로 놓았다해도 근본적으로 자세를 고치지 않으면 일시적일 수밖에 없고, 원인이 되는 복부의 비만을 제거하지 않고는 치유될 수 없다는 것을 알아야 한다. 이러한 이야기는 상식적이지만 많은 사람들이 모르고 있다는 데 문제가 있는 것이다.

　더 중요한 것을 필자가 소개하고자 하는데, 만성 소화불량이나 만성피로 증후군이나 열증을 앓는 환자나 냉증을 앓는 환자들이나 모든 질병을 가지고 있는 환자들은 대개가 척추가 바르지 못하다는 것을 알게 되었다. 물론 디스크처럼 돌출 된 것은 아니지만 척추 뼈가 가지런히 골짜기를 형성하며 뻗어 내려와야 하는데 그 골짜기가 없는가 하면, 측면으로 약간 휘어져 있던지 후방으로 나와있든지, 늑골이 척추와 약간 벌어져 있다는 것을 알게 되었다. 이렇게 되면 골격근이 긴장이 되어 피곤함을 쉽게 느끼게 되고 결국은 긴장된 근육이 수축됨으로 인하여 혈관과 신경을 압박해서 통증을 유발하게 되어 짜증을 느끼게 되어 인체에 해로운 아드레날린이나 더욱 독성이 심한 노르아드레닐린이 더욱 분비하게 하여 나중에는 순환계 계통에 치명적인 질환을 앓게 되어 성인병으로 옮겨가게 되는 것이다.

　척추를 바르게 교정해 주지 않으면 창조항체가 소통하지 못하기 때문에 어떠한 약을 써도 치료는 되지 않는다. 그러기 때문에 필자는 독맥과 유혈의 자리를 매우 중요하게 여기며 수비를 해주고 이어서 균형을 잃은 척추를 바르게 교정을 해준다. 이때 수비를 할 때 통증을 느끼는 자리가 있는데 바로 그곳이 치료점이다. 그런데 교정을 실시할 때는 숙달된 기술이 필요하다는 것을 알아야 한다. 그리고 임맥과 무혈이 있는 곳, 즉 복부부분을 수비해 주어서 창조생기를 활성화시킴으로서 소화를 촉진시키고 자율신경계를 자극함으로서 내분비 계통을 통하여 창조항체가 극대화되도록 도와주어야 한다.

　다음으로는 얼굴과 머리(두개골)부분을 수비를 해주어야 하는데, 두개골은 29개의 뼈가 톱니처럼 서로 맞물려 있다고 했다.147) 이렇게 서로 맞물려 있는 틈 사이로 혈관과 신경이 흐르고 있다. 그러므로 이 부분을 골고루 수비를 해주면 얼굴 앞면마비나 떨림, 그리고 비염이나 안질환이나 만성두통 같은 것이 치유가 되며 심지어 얼굴의 기미나 주름까지 제거가 된다.

---

147) 본 논문., p.189.

그리고 난 후 경추를 좌우로 순간적으로 교정을 해주는데 숙달된 기술이 필요하다. 그렇게 교정을 해주면 뇌에서 생성된 창조항체들이 모여 후두골에 자리 잡고 있는 골수와 잠자던 창조항체를 활성화시켜 놓은 척추속에 있던 골수들이 보통 사람보다 2-3배 빠르게 순환이 되므로 그 즉시 상쾌함은 물론 질병의 치유가 되는 것이다. 이것이 바로 기적인 것이다.

질병이 깊을수록 목 신경 얼기 부분인 경추부분이 굳어져서 손으로 만져도 딱딱한 느낌을 느낄 수 있는데 그만큼 근육이 돌덩이처럼 수축이 되어 있다는 것이고 위험이 더 가까이 와 있다고 보면 된다. 이러한 환자들은 목을 자유롭게 움직일 수 없다. 그래서 손을 되면 환자가 곧 바로 통증을 느끼고 호소하는데 그것은 그만큼 신경얼기가 자극을 받고 있다는 것을 통보해 주는 것이기 때문에 환자도 자신의 병이 얼마나 위험 수준에 있다는 것을 알고 눈물을 흘리면서도 수비를 받아야 한다. 그러면 일정한 기간이 지나면 빨리 회복이 된다. 이유는 창조항체의 집합소가 후두골 쪽에 있어서 목 신경과 제일 가깝게 있기 때문이다. 그러므로 수비에 있어서 골격교정은 창조항체를 극대화시켜서 환자를 치유하는 필수적인 치유행위이다.

4) 수비(手秘)요법의 기본 동작

치유목회자가 환자의 몸(병증이 있는 부분)에 손을 얹어서 어루만지면서 그 병이 낫기를 기도하는 것을 안찰기도(按擦祈禱)라고 말하지만, 본 논문에서는 치유의 극대화를 위하여 좀더 학문적으로 세분화하고 구체화하고 체계화된 용어가 필요하기 때문에 이를 정리해 보고자 하는 것이다.

수비요법을 실행할 때 손놀림에 따라 그 치유효과는 크게 달라진다. 그러므로 무엇보다도 수비요법의 기본동작인 손놀림에 대해서 알아야 하고 그 기본동작이 숙달되도록 계속적인 반복훈련을 통하여 기민하게 움직일 수 있어야 한다. 필자의 지론은 목회자가 어차피 환자에게 손을 얹고 병 낫기를 위하여 안찰 기도를 해야할 의무가 있기 때문에, 알고 기도해 주는

것과 모르고 기도해 주는 것과의 차이는 말로 표현할 수 없을 정도로 엄청
나다는 것을 필자의 경험으로 알 수 있었기에 수비요법의 손놀림의 기본
동작기법을 여기에 소개한다.

◈ 경찰법—경찰법은 손가락이나 손바닥으로 쓰다듬듯이 가볍게 근육
　을 자극해서 근육의 스트레스나 긴장된 근육을 이완시켜주어 인체내
　의 잠자는 창조항체를 깨워서 소통하게 하는 방법이다.

◈ 유념법—유념법은 수축된 근육이나 피부를 짜내듯이 문지르고 비벼
　주어 피부와 혈관조직내의 이물질(콜레스테롤)이나 함몰된 부위에 자
　극을 주어 창조항체를 활성화시키는 방법이다.

◈ 강찰법—강찰법은 보다 강하게 문지르고 주무르는 방법인데, 치료의
　극대화를 위하여 행하는 방법이다. 그러나 환자의 병증에 따라 강약
　을 조절해야 한다.

◈ 고타법—고타법은 손바닥을 펴서 근육이 함몰된 부분이나 탄력성을
　잃고 늘어져서 이물질(탁혈)이 낀 부위에 자극을 주어 창조항체를 원
　활하게 소통하게 하는 방법이다.

◈ 진동법—진동법은 환자의 근육을 손으로 잡든지 손바닥으로 약간 누
　르든지 하여 그 부위를 흔들어 주어 창조항체가 원만하게 소통되도록
　하는 방법이다.

◈ 압박법—수축된 근육이나 관절에 압력을 가하여 조직을 진정시키고
　신장시키는 방법이다.

◈ 굴신법—관절의 굴신 운동을 통하여 관절근과 근육을 풀어주어 환자
의 운동 반경을 넓혀주는 방법이다.

5) 각종 질병증세에 대한 수비(手秘)요법의 제언(提言)

필자를 찾아왔던 많은 수천 명의 환자들, 그리고 지금도 찾아오는 대다
수의 환자들은 현대의학으로는 고칠 수 없는 고질병이거나 병명이 없는
휘기 병이라고 해도 과언이 아니다. 그리고 현대의학으로서 병명은 알았으
나 날이 갈수록 병증이 심해지고 차도의 기미는 없는 사람들이 대다수이
다. 이렇게 되는 이유는 인체의 기능이 균형을 잃은 것이기 때문이다. 이미
필자가 밝힌 바와 같이 현대의학은 인체의 질병 자체를 진단하고 판명하
고 그 병증에 대해서만 집중적으로 치료를 한다. 그러기 때문에 환자의 심
리상태를 중요시하지 않는데 문제가 있는 것이며, 핵심적인 원인은 창조주
께서 인간을 창조하실 때 전인적(육, 혼, 영)으로 인간을 창조하셨다는 것
을 중요하게 여기지 않기 때문이다.

우리 조상들이 대대로 연구하여 일러준 동양의학(한의학)이 사실은 서양
의 현대의학보다 인간 치유학적 입장에서는 더욱 타당하고 바람직하다고
주장하고 싶은 것은 동양의학에서는 질병을 치유함에 있어서 질병의 병증
만을 보는 것이 아니라 환자의 심리상태에서 병이 유발될 수 있다는 것을
인정하고(사실 병이 마음에서 오는 것들이 많다) 인간을 몸과 마음을 하나
로 보고 치유에 임한다는 사실이다. 마음을 잘 다스리면 병이 치유된다는
것을 말하기 때문이다. 물론 동양의학과 서양의학의 장단점이 있듯이 이러
한 의학이 서로 보안성의 관계에서 접목을 하면 보다 한 차원 높은 의학으
로 인류에게 공헌할 것을 미루어 짐작할 수 있다.

이러한 관점에서 본 필자가 주장하고자 하는 것은 성서적 입장에서 보는
근본적이고 본질적인 인간 치유의 "성서의학"이다. 현대의학은 병증으로
나타난 인간의 질병에 대한 관심이라고 본다면, 그리고 동양의학에서는 인
간의 몸과 마음을 하나로 보며 치료를 한다면, 성서의학은 인간의 생명을

창조하신 생명의 근본이신 하나님께서 인간을 몸과 혼(마음)과 영, 즉 전인
적으로 사람을 창조하셨다는 성서의 당위성에서 생명의 주관자이신 하나
님께서 인간의 완전한 치유자로서 그리고 의사로서 모든 질병으로부터 완
전한 치유책도 그 분에게 있는 것이다.

그러므로 "창조생기수비요법"은 성서의학이라고 해도 무방할 것이다.
지금 시작의 단계라는 시점에서 보아도 "창조생기수비요법"이 현대의학이
나 동양의학이 도저히 흉내낼 수 없는 그리고 모방할 수 없는 독특한 성서
의학으로서의 놀라운, 그리고 기적적인 치유의 역사가 현실적으로 일어나
고 있다는 것을 필자의 임상적 경험으로 통하여 체험하게 되었다. 그러므
로 성서의학이 계속적인 연구를 통하여 감히 현대의학이나 동양의학이 모
방할 수 없는 더 높은 경지에 도달해야 하겠고 아울러 성서의학과 현대의
학과 동양의학의 접목으로 보다 차원 높은 치유가 되도록 노력해야 할 것
이다.

중요한 것은 교회가 치유의 행위를 성령의 은사로서 고립시키지 말아야
한다. 그 이유는 신학이 이론과 체계를 세워서 학문이 되듯이, 모든 교회
속에 있는 신학적인 도구들이 나름대로 확실한 이론의 조직을 세워서 말
하고 있듯이 성령의 치유의 은사 역시 끊임없이 개발되어야 한다.[148] 만약
에 치유를 은사로서만이 고립을 시키면 모든 것이 추상적이고 관념적이며
상식에서 벗어나게 될 것이며, 이론에만 관심을 가지고 그곳에서 거치게
된다면 하나님의 은사를 거시적이고 보다 나은 활용을 제한시키는 무책임
한 것이 되고 말 것이다.[149] 그리고 하나님의 구원사역을 역행하는 행위라
고 할 수밖에 없을 것이다.[150] 그리고 주님의 목회형태를 부인하는 오류를
범하는 자 일 수밖에 없으며, 이로 인하여 교회는 교회로서의 본연의 사명

---

148) Eddie Gibbs., *I Believe in Church Growth*, 송용조 역, 『나는 교회성장을 믿는다』,
　　(성경학교출판부, 1990), p.275.
149) Harvie M. Conn., *Theological Perspectives on Church Growth*, 김남식 역, 『교회성장의
　　신학』, (성광문화사, 1990), p.169.
150) 고전 8:9, 10:32.

을 잃어버리고 박물관과 같은 교회가 될 것이며, 신학 역시 사물화된 신학이 되고 말 것이다.151)

신유의 은사는 육체적인 질병에만 국한되는 것이 아니고 심적인 병, 정서적인 병, 영적인 병, 넓은 의미에서는 사회적인 병까지 포함되어 있다는 것을 본 논문 제3장에서 이미 말했다. 그러므로 여기에서는 현대 병으로 알려진 여러 질병증세에 대하여 어떻게 "창조생기수비요법"으로서 치유가 가능한지를 포괄적이고 간략하게 소개하고자 한다.

현대인들이 주로 앓고 있는 현대병 즉, 성인병의 대부분이 비만증, 고혈압, 신경통, 당뇨병, 척추디스크, 견비통, 간질환, 심장질환, 소화기계통의 질환 등임을 알 수 있다. 이러한 성인병들의 원인은 음식의 과다섭취와 운동부족과 스트레스가 그 주원인이다. 그러면 각종 질병증세에 대한 수비요법의 제언(提言)을 소개하기로 하겠다.

◆ 비만증 질환

비만은 현대병에 주원인이다. 비만에서 벗어날 수만 있다면 성인병의 공포에서 해방될 수 있다고 볼 수 있다. 그래서 단식을 하고, 에어로빅을 하고, 건강식품을 찾고, 헬스나 사우나탕을 찾아서 땀을 흘리고 갖은 방법을 동원하여 비만과의 전쟁을 하지만 그렇다할 성과를 얻지 못하고 포기하고 만다. 이미 본 논문 제6장 제6절 제2항 근육을 자극하라 에서 말했듯이 비만이 생기는 원인을 3가지로 분석했는데, 일차적으로 기름진 음식에 때문에 생긴 것이며 또 하나는 스트레스 때문에 생긴 것이며 마지막으로는 장기간의 잘못된 약 복용 때문이라고 상세한 설명을 했다.

그런데 이러한 비만증은 간단한 수비요법으로 신기하게 해결이 된다. 먼저 전신을 수비하여 창조항체를 원활하게 소통이 되도록 하고, 다음에는 복부를 수비해 주면 신기하게 비만이 해결된다. 물론 가벼운 운동과 소식

---

151) Hiley H. Ward., *Religion 2101 A.D.*, 『A.D. 2101의 종교』, (보이스사, 1985), pp34-36.

(小食)은 더욱 도움이 되는데, 비만증을 가지고 있는 사람이 소식을 한다해도 수비를 받으면 창조항체의 활성화를 통하여 배고픔을 느끼지 않고 오히려 생기가 넘치는 것이 특징이다.

◆ 고혈압과 저혈압 그리고 빈혈

우리 나라 국민의 주요 사망원인 중 하나가 뇌혈관 질환으로 인한 사망인데 뇌혈관 질환의 대부분이 고혈압이나 당뇨병의 합병증으로 발생하는 경우가 많다는 것은 상식적인 것이다. 특히 고혈압은 본인도 모르는 사이에 갑자기 의식을 잃고 사망하는 경우가 있다. 이러한 고혈압이 현대의학에 있어서 난치병이라는 것에 주목해야 되므로 관심을 가지고 관리해야할 질환이다.

고혈압은 본태성 고혈압과 이차성 고혈압으로 분류되는데, 고혈압의 약 90%는 현대의학으로서는 원인을 알 수 없는 본태성 고혈압이라는 것이다. 나머지는 신장(콩팥) 또는 내분비장애로 생기는 이차성 고혈압이다. 세계보건기구(WHO)의 기준에 의하면 최고혈압(수축기)160, 최저혈압(이완기) 95mmHg 이상은 고혈압이고, 최고 혈압 140 최저혈압 90mmHg 이하를 정상이라 하며 그 중간을 경계형 고혈압이라 한다. 악성 고혈압은 혈압강하제를 먹어도 좀처럼 차도가 없는데, 약 복용으로 인하여 위장이나 순환계에 더욱 치명적인 원인을 제공하기도 한다. 그래서 더욱 비만을 부추기고 목뒤덜미는 점점 두껍게 올라오고 눈도 앞으로 튀어나오는 경우도 있다. 그래서 고혈압으로 인한 합병증으로 만성두통이나 비출혈, 시력장애, 어지러움, 이명, 기억력장애, 전신쇠약, 사지마비, 의식상실 등이 나타날 수 있고 심장혈관 질환과 관련된 협심증 및 심근경색으로 인한 흉통과 심부전으로 인한 호흡 곤란 등이 올 수 있다. 그래서 현대인들이 가장 두려워하는 성인병 중의 하나이다.

그러나 필자의 임상경험으로 보아 고혈압의 원인은 혈관에 이물질(콜레스테롤)이 많이 끼어 있고 과다한 약 복용으로 의한 지방독들이 순환계를 막고 있기 때문인 것을 알게 되었다. 그러므로 혈압강하제를 복용하는데 몸이 점점 비대해지면 잘못된 것임을 알아야 한다. 필자를 찾아오는 사람들이 주로 자신의 체질을 모르고 오히려 약이 독이 되게 했던 것이다. 그러나 전신을 수비로서 창조생기를 극대화시키면 상쾌함은 물론 혈압의 수치가 즉석에서 떨어짐을 알 수 있다. 유의해야 할 것은 비만과 독성들이 몸에서 다 빠져나갈 때까지 수비를 생활화하고 격렬한 운동과 알콜이나 육류를 가급적 피하면 공포의 고혈압은 창조항체의 활성화를 통하여 거짓말같이 낫는 질병이다.

저혈압은 말 그대로 혈압이 저하되어 인체의 에너지가 되는 혈액공급이 원활하게 작용하지 못하는 현대의학에서는 고혈압보다 더욱 난치병으로 취급하는 질병인데, 치료방법은 간단하다. 전신을 수비요법으로 창조항체를 활성화시키면 힘이 솟구치는 것을 바로 느끼는데, 빈혈까지 함께 낫게 된다.

◆ **신경통**(모든 신경성 질환과 좌골신경통, 요추, 경추신경통 <일명;디스크> 포함)

병원에 가면 보통 '신경성'이라는 말을 많이 듣게 되는데, 어떤 분들은 '나는 신경을 쓰지 않는데 왜 이런 병이 생기는가?'하고 의문을 가지는 사람들이 많이 있다. 신경이라는 말은 생각하는 기능으로서의 신경뿐만 아니라 신체적으로 균형이 깨짐으로서 어떤 신경계에 자극이나 압박을 받아서 생기는 생리적인 현상이 발생되는 것으로 이해하면 될 것이다. 수비요법은 이러한 신경성 질환은 병으로 취급하지 않을 정도로 우습게 여기는 질환이다. 수비로서 신경계를 자극해 줌으로써 잠자는 창조항체를 깨워줌으로서 보통 그 자리에서 낫는 질환이다.

좌골신경통은 말총신경병인데 증상에 따라서 좌골신경통과 요골신경통으로 나눌 수 있다. 보통 좌골신경통은 왼쪽 하지가 압통을 느끼는 병으로 오해를 하는데 좌골신경통은 하지 전체를 말한다. 그리고 요골신경통은 보통 허리디스크로 이해하면 쉽겠다. 좌골신경통은 증후성이고, 그 중에서 요골척추간판 돌출증은 신경통전체의 90%라고 말할 수 있는데, 돌출증이라고 하는 신경통을 척추디스크라고 현대의학에서 말한다. 그러나 좌골신경통의 주원인은 방광이 약해서 오고 신장도 그 영향이 크다. 부인들이 어린아이를 낳고 안정을 잘못해서 오는 수가 많고 남자는 신장에서 많이 오기도 한다. 그리고 허리를 무리하게 쓰거나 타박상으로 이하여 후유증으로 올 수도 있다. 바로 척추골의 이상과 신경계의 이상으로 오는 것이다.

좌골신경통의 통증은 둔부에서부터 대퇴부와 하퇴부, 장단지 뒷면까지 땡기고 아프며 심할 때는 발목에서 복사뼈까지 잡아당기는 듯하며 쑤시고 아픈 통증이 심하다. 좌골신경통이 심할 때 운동을 하면 더욱 아픈데 누워 있을 때에는 아픈 쪽의 다리를 들거나 무릎을 펴면 더욱 아프고 아랫배에 힘을 주어도 통증을 느끼게 된다. 그러기 때문에 남녀간에 이성관계는 금해야 하며 아주 심하면 발기조차도 안 된다. 현대치료법으로 수술을 하는데 수술해서 성공하는 수도 있으나 수술로 인하여 완전히 불구가 되는 수도 많다. 수술로 성공을 했다고 해도 남녀간의 이성은 불행하게 됨으로 되도록 수술은 않는 것이 좋다.

좌골신경통은 주로 엉치신경이 있는 부분이 우묵하게 올라와 있든지 골반이 삐뚤어져 있다. 그러기 때문에 엉치신경 부분을 가볍게 수비로서 풀어주고 골반이 바로 되도록 교정을 해주고 둔부가 유달리 긴장되어 딱딱하다. 만지면 통증을 느끼는데 바로 그곳이 치료점이므로 수비로서 풀어주고 극혈과 적혈을 풀어주면 신기하게 치료가 된다. 물론 전신 수비는 모든 질병에 기초적으로 실시해야 한다는 것은 기본적이다. 그래야 창조생기가 극대화되고 활성화되기 때문이다. 요골척추간판 돌출증(요추 디스크)은 전신 수비와 함께 요추를 교정해주면 되는데 유의해야 할 것은 90%가 복부의 비만으로 인하여 전면 돌출이 되어 있기 때문에 복부의 비만을 수비로서 제거를 해주어야 완치된다. 이러한 환자는 필자에게 수없이 많이 찾아오는 평범한 질환으로 간주한다.

경추신경통이라는 목신경 이상으로서 경강증이 있는데 목이 뻣뻣해서 안 돌아가고 손가락 끝까지 저리고 아프며 어깨가 몹시 아프며 팔이 뒤로 안 돌아가는 것이 보통이다. 이런 경우를 경추신경통 이라고 하는데 역시 일반적으로 목 디스크라고 한다. 그런데 목은 수술해서 크게 성공하는 예가 드물다. 경강증이 심한 경우는 목 고개가 45도 이상으로 돌아가고 옆걸음으로 걷는 것과 같을 경우가 있고, 세수를 할 때도 목을 숙일 수 없기 때문에 기립해서 물을 흘리며 세수를 하는 것을 보는데 어디 가든지 치료가 불가능해서 불치병으로 진단을 내리기 때문에 좌절하고 만다. 그리고 심한 통증은 말로 표현할 수 없을 정도이기 때문에 고통 없이 잠자다가 바로 죽었으면 한다. 그러나 이와 같은 불치병도 수비로서 가능하다. 필자의 임상경험으로 수년 전에 울산에 사는 L 집사와 경주에 사는 C 집사의 경우가 아직도 기억되고 있다. 창조생기수비요법은 하나님의 기적의 선물이라고 필자는 말한다. 그러기 때문에 절대 포기해서는 안 된다.

◆ 당뇨병

당뇨병 역시 현대의학으로는 불치병이다. 그래서 인슐린을 맞고 식이요법을 병행한다. 당뇨병의 원인은 인체의 당과 염분의 균형이 깨져서 췌장의 기능이 문제가 되어 인슐린이라는 호르몬이 제대로 분비하지 않아서 생기는 질환이다. 당은 우리 인체의 에너지로서 절대 필요한 물질인데 그것이 소변으로 나오는 병이다. 그러나 창조항체를 극대화시키는 수비요법을 실시하면 혈당의 수치가 떨어지는 것을 알 수 있다. 우리 인체에는 염분이 없으면 화학반응을 일으킬 수 없는데 병원에서는 당뇨환자에게 짜게 먹지 못하도록 한다. 그러면서도 나트륨이라는 주사를 주입하는데 곧 순수한 소금인 것이다.

일반적으로 가정에서 식염으로 사용되는 소금은 중금속으로 오염이 되어 있기 때문에 몸이 붓고 이것이 인체에 해로운 것이다. 필자는 오히려 수비를 실시하고 허준샘 식품에서 나오는 지리산 순소금[152]으로 장을 세

---

152) 지리산 순소금은 오성은 목사가 천일염으로 제련한 것으로 순수한 소금만을

척하게 하고 아주 연하게 마시게 한다. 간질환 환자에게도 복용하게 하는데 순수한 소금은 인체의 해독을 하는 작용을 하기 때문이다. 물론 소금을 복용하지 않아도 수비요법만으로도 된다.

당뇨는 합병증이 오면 환자에게 시력이 감퇴되고 간이나 다른 여러 장기까지 치명적인 상해를 입히고 생명까지 앗아가는 병이다. 수비를 할 때 특히 위경과 비경과 소장경과 복강부분을 빠짐없이 수비를 해 주면 신비하고 놀라운 경험을 하게 되는 질병이다. 필자의 기억에 수년 전에 악성 당뇨병으로 앓는 L 이라는 성씨를 가진 처녀를 기도원에서 그녀의 어머니와 함께 만난 적이 있는데 뼈만 앙상하게 남아 거동도 자유롭지 못해서 화장실도 부축을 받아야 할 실정이었다. 한마디로 딸의 죽음만을 바라보는 어머니의 눈물을 보고 기도원에서 내려오기를 권하고 필자와 6개월 동안 만나 수비를 실시했다. 그 결과 놀랍게도 끊어진 생리가 회복되고 정상적인 생활을 하게 되었다. 모든 것이 하나님의 사랑과 은혜이지만 생명의 소생함을 바라보는 필자에게는 그 이상의 것이었다고 해도 표현이 부족하다.

◈ 소화기 계통의 질환(만성위장병, 변비)

위장병 왕국이 바로 우리 한국이다. 신경성위염, 위궤양, 위산과다, 위하수, 위산결핍증, 위무기력증, 변비(배설계 계통이지만) 등 소화기 계통의 질환은 수비요법에서 있어서는 손만 가면 낫는 병으로 본다. 소화만 잘되면 모든 병은 문제가 없다. 소화계 계통의 질환은 수비의 기본실시만 해도 치유되는 병들인데, 주로 위에 문제가 있는 것보다 소장에 문제가 있다는 것을 알게 되었다. 소장에 창조생기수비요법을 수비해 주면 위는 편안해진다. 그러므로 생기를 잃은 장기들이 창조생기의 힘을 받아서 왕성하게 움직이게 되고 만성적으로 앓던 변비까지 해결이 된다. 중요한 것은 음식을 천천히 오래 씹는 습관을 가져야 하는데 오래 씹을수록 비만의 위험이 없고 과식을 막을 수 있다. 그리고 식후에 바로 눕는 습관은 생명을 단축하는

축출한 것이다.

것임을 알고 삼가야 한다.

◈ 견비통(오십견, 테니스병)

　견비통은 일종의 신경통이다. 견비통이 심하면 경강증으로 오인하기 쉬운 데, 견비통을 오십견이라고 하는데 일반적으로 이해하기를 나이가 오십 전후가 되어오는 갱년기 병으로 오는 어깨통증으로 말하지만, 요즘은 식생활 문화 때문에 젊은 층에서도 이러한 병증을 앓는 사람들이 많이 늘어나고 있어서 테니스 병이라고도 하는데 이점을 잘 진단해서 치료해야 한다. 이 병은 팔을 올리거나 움직일 수 없을 정도로 통증이 심하다. 현대의학으로서는 약물요법이나 물리치료요법을 많이 쓰지만 치료를 받을 때 그때 잠시 혈액순환을 시킴으로 시원하고 효과가 있는 듯하지만 그때 뿐이다.

　이유는 혈관에 이물질이 끼어 있고, 이로 인하여 근육이 수축됨으로 신경이 압박을 받고 있기 때문인데 수비로서 어혈들을 제거하고 소장경에 보면 천종이라는 경혈자리를 중심으로 해서 창조생기를 수비로서 활성화시키면 그렇게 아프던 팔이 시원해지고 움직일 수 있게 된다.

◈ 관절염(류머티스 관절염)

　관절염 또한 현대의학으로서는 불치병이다. 그리고 종류도 수백 가지가 된다. 그러나 수비요법으로는 치유가 가능하며 골격이 변형된 것도 거의 바로 되는 신기함이 있다. 우리 몸은 복원력이 뛰어나게 창조되어 있다. 관절염은 말 그대로 관절부위에 염증이 있어서 혈관과 인대와 연골과 신경을 자극하기 때문이다. 그러므로 관절의 극혈 부위를 수비해 주고, 어혈을 수비로서 제거해주고 굴신법으로 관절을 운동시켜주면 꿈같이 뒤틀린 골격이 바로 돌아오게 되는데, 유의할 점은 관절이 어떻게 아프냐가 중요하다. 그리고 비만을 정리해 주는 것이 급선무이다. 관절염에는 수영이 좋다는 이야기가 상식처럼 알고 있는데 수중(水中)에서는 부력에 인하여 체중 무게가 가벼워지기 때문이다. 그러나 관절염은 낫지 않는다. 수영장에 가는 관절염 환자들은 대부분이 비만증이 있고 또 혈관계통에 탁혈(콜레스테롤)이 끼어 있는 삼중의 환자들임을 알아야 한다. 그러므로 먼저 비만을 치료해야 하며, 그 다음으로 혈관절 질환이기 때문에 수비로서 탁혈들을 제거하고 관절근과 인대를 원활하게 해줌으로써 치유가 되는 것이다.

◈ 간질환

수비요법에 있어서 간질환의 치유는 환자의 신체기능이 완전히 바닥이 아닌 이상 완치를 시키는 별로 문제시되지 않는 질병이다. 이유는 간 질환을 앓고 있는 환자들을 보면 그 특징이 피로인데, 간이 피로함을 느끼는 것은 그만큼 해독작용이나 영양관리에 문제가 있기 때문이다. 창조생기수비요법으로 수비를 실시하면 창조항체의 활성화를 촉진시켜서 간의 부담을 덜어주기 때문에 전신 수비를 실시하고 경락에 있어서 유혈과 간경과 담경을 수비해주고 복강을 수비해 주면 그렇게 피곤하던 것이 날아갈 듯 가볍고 머리까지 시원해진다.

◈ 호흡기 질환(기관지 천식, 비염, 축농증)

호흡기 질환은 인체의 면역계통이 문제가 있을 때 발생이 된다. 폐렴이나 기관지염, 비염, 축농증 등 만성적인 호흡기 질환에 있어서의 창조생기수비요법은 대단한 효과를 즉석에서 느낄 수 있다. 그러나 대다수의 호흡기 질환자들은 흉추 부분이 정상적인 사람들보다 만곡을 이루고 있다는 것을 발견할 수 있는데 이곳을 수비해 주고 교정을 시켜주어야 한다. 그리고 호흡기와 관계되는 경락(폐경과 대장경)을 수비해주면 몸이 가벼워지고 산뜻함을 느끼게 되는데, 이어서 안면 수비를 해줌으로서 만성적인 비염과 축농증도 가시게 된다.

◈ 심장 질환

심장 질환을 앓고 있는 환자들은 대부분 불안해한다는 것을 알 수 있다.

이유는 심장이 약하기 때문이다. 그리고 맥도 일정치 않다. 그리고 가슴이 항상 불쾌하고 뻐근하고 압박을 느낀다. 심경과 소장경을 수비해 주고 유혈을 수비해주면 수술을 받아야 하는 판막증세가 아닌 이상 창조생기수비요법보다 더 나은 치료법은 없다. 보통 수비를 받고 그 즉시 마음이 안정이 되고 얼굴에 생기가 돈다.

◆ 골다골증

골다공증은 뼈에서 칼슘이 빠져나가서 골이 바람이 든 무처럼 된 상태인데, 원인은 골격의 연결부위가 위치를 이탈해서 생긴 것이기 때문에 전신을 수비해주고 교정을 해주면 창조생기가 활성화되어 아주 쉽게 복원이 되는 질병이다. 그리고 피부도 맑아지게 된다. 식이요법으로 어린 멸치종류와 우유를 마시면 칼슘은 금방 보충이 된다.

◆ 무좀과 습진

무좀과 습진은 전신 수비와 함께 무좀은 적혈을 수비해주면 2-3회에 낫는다. 그리고 습진은 곰팡이 균이라고 생각하면 되는데 좋다는 연고를 다 발라 보아도 낫지 않던 고질적인 습진이 창조생기가 들어가면 금방 낫게 되는 질병이다.

◆ 갑상선 질환

갑상선 호르몬 분비의 이상으로 생긴 갑상선 질환은 매우 까다롭고 골치아픈 질병으로 이해하고 있지만, 그 특징을 보면 만성적 피곤함을 느끼는 것이 특징이다. 갑상선이 심하면 목 주위가 부풀어오르고 눈이 이상하게 전방으로 나온다. 그러나 수비요법을 실시하면 분비 기능이 정상화되고 창조생기가 원활해짐으로 해서 인체의 생리적 리듬이 균형을 잡게되어 만성적인 피로가 사라지고 갑상선의 부위가 점점 사라지게 된다. 전신 수비와 함께 갑상선 부위를 수비해 주면 된다.

◈ 신경마비 질환

신경마비 질환은 뇌성마비, 소아마비, 중풍으로 인한 마비 등으로 근육이 서서히 수축되어 마비되는 증세인데, 감각신경과 자율신경이 살아있는 한 잠자는 창조항체를 깨워서 극대화시키는 수비를 실시하면 걷지 못하던 환자가 걷게 된다. 필자의 경험으로는 울산의 P 교회의 L 군과 강원도 원주의 H 교회의 S 군이 있는데, L 군은 중학교 때 우연히 병을 앓게 되어 필자를 만날 때에는 등까지 곱추처럼 굽어 있어서 혼자서는 보행은 물론 점점 수축되어 가고 있는 실정이었다. 필자가 치유를 위한 기도회를 인도하다가 L 군을 데리고 왔기에 수비를 실시하고 창조항체를 극대화시키자 굽어졌던 등이 즉석에서 거짓말처럼 들어가게 되어 혼자서 걷게되는 놀라운 일이 있었다.

강원도 원주의 S군은 태어날 때부터 뇌성마비 증세로 보호대를 하고 겨우 거동을 하는 10살 짜리 아이였는데 낮 집회 시간에 치유를 실시했는데 흉추가 이미 굽어 있었고 바른쪽 다리는 무려 7㎝ 정도나 짧았고 다리의 근육은 수축이 되어 전형적으로 기형적이었다. 그래서 전신을 수비해 주고 교정을 하고 창조생기수비요법을 실시하자 그 자리에서 서서 걸음으로서 하나님께 영광을 돌리게 되었다. 그 후 필자는 한번 더 원주에 들리게 되어 수비를 해주었는데 신기할 정도로 좋아져 있었다. 이처럼 하나님의 창조생기는 근본적으로 새롭게 하고 회생케 하는 신비로운 힘의 원천인 것이다. 이러한 환자들은 계속적인 굴신운동이 필요하다.

◈ 안면신경마비 질환

안면신경마비 질환은 심하면 얼굴 전체가 돌아가는데 하악골이 돌아가기 때문에 눈도 돌아가게 되는 정상을 보인다. 진행이 오래되면 음식을 씹을 수 없을 정도가 된다. 그리고 머리에는 29개의 뼈로 구성되어 있으면서 12개의 신경이 모여 있는 곳이기 때문에 안면신경마비는 현대의학에서는 고칠 수 없는 질환이다.

수비요법은 이러한 질환은 즉석에서 효력을 볼 수 있으며 몇 번의 안면 수비로서 완전히 고쳐진다. 그리고 얼굴의 혈색까지 환하게 만들어 준다. 전신 수비를 하고 온 몸에 잠재된 창조항체를 소통시키고 안면을 수비해 주면 되는 것이다.

◆ 부인병 질환(생리통과 산후냉증)과 산후관리

부인병으로서는 생리통과 산후냉증을 들 수 있는데, 생리통이 있는 사람은 대체로 엉치신경이 있는 부분이 우묵하게 올라와 있든지, 아니면 서경부(사타구니)쪽으로 우묵하게 올라와 있는 것을 볼 수 있는데, 이미 통증이 있다는 것은 빨리 치료하라는 신호임을 알아야 한다. 이러한 통증이 있음에도 불구하고 진통제만 복용하면 나중에는 자궁에 이상이 오게 된다. 이유는 통증이 심하면 자연적으로 근육이 위축되고 근육이 위축되면 혈관과 신경이 자연적으로 압박을 받기 때문에 원활한 혈액이 소통이 안되면 분명하게 상해를 입게 되어 있다는 것은 상식이다.

생리통은 전신을 수비를 해주고, 특히 엉치신경 부분에 빠짐없이 가볍게 수비를 해주어서 오목하게 삼각을 이루도록 만들어 줌으로써 혈관이나 신경에 자극이 되지 않도록 해주어야 한다.

산후냉증도 바로 신경계와 순환계 계통이 이상으로 생긴 질환인데, 수비는 그렇게 시리고 차서 여름에도 버선을 신어도 고통스럽던 통증을 창조생기를 소통시킴으로서 신기하게 치유를 한다. 물론 전신을 수비해주고 발이 냉증을 느끼면 극혈과 적혈을 수비하면서 용천 부분을 수비해 주면 치료가 된다. 덧붙여 산후병을 예방하려면 체온을 유지하게 하고, 골반이 제위치로 돌아갈 수 있도록 산모를 옆으로 해서 골반에 장압(掌壓)으로 수비를 해주어야 하고 아울러서 복부를 수비해 주어야 한다.

무엇보다도 중요한 것은 정상적인 식사를 해야 하는데 과식하지 않도록 해야 한다. 미역국은 필수적인데 미역은 영양식이기도 하지만 해독 작용한다. 옛날에는 먹을 것이 부족하고 농경사회라서 일을 많이 해야 하지만 요즘은 그렇지 않기 때문에 빈속을 채워야 한다는 옛 사람의 말에 과식하게 되면 임신으로 갈라진 복강 부위에 음식이 전부 지방이 되어 달라붙게 된다. 늘어진 피하에는 분명하게 지방이 쌓이게 되기 때문이다. 이것이 여성들의 비만의 원인인 것이다. 산후에는 가볍게 복대를 하고 평상시처럼 식사하면 된다.

◆ 기타 제언(提言)

어린이에게도 수비를 생활화하라. 예로부터 엄마 손은 약손이라는 말이 있다. 그리고 근간에 한방의학에서 경락과 경혈 위주로「엄마손 약손」이라는 책도 있다.[153] 어머니가 자녀에게 수비치유요법을 기본으로 가볍게 수비를 해 주면 어린이의 건강은 물론이거니와 항상 어머니의 사랑의 손길을 느끼고 자라기 때문에 심적으로나 정서적으로도 건강한 어린이가 된다.

수비요법은 어린이의 탈장이나 감기나 기가 약한 것이나 위장장애나 그 어떤 질병에서도 가장 빠르게 치유되는 장점이 있다.

• 수비요법은 강력한 성형의 효과가 있다.

수비요법은 얼굴의 주름이나 여성의 산후를 통하여 복강이나 대퇴부에 갈라진 현상이 나타나는 피부를 깨끗하게 복원해서 없애준다. 이로서 피하에 여유를 주지 않음으로 해서 비만을 방지하고 항상 탄력 있는 피부와 근육을 유지하게 하여 상해를 미리 방지한다. 필자는 항상 환자들에게 안면을 수비해서 주름을 제거해줌으로서 삶에 아름다움과 생동감을 가질 수 있도록 봉사해 준다.

• 수비요법을 실시하면 강력한 명현(瞑眩) 효과가 나타난다.

명현효과란 수비를 받고 나면 몸살을 앓는 것과 같은 반응이 일어나는데

---

153) 최현,『엄마손 약손』, (도서출판 열린책들), 1992.

이것을 명현효과라고 말한다. 한방에서 침이나 보약을 먹어도 일시적으로 일어나는 현상이 곧 명현현상이다. 이러한 현상은 몸의 병을 없애주는 징조로서 오는 신기한 현상인데 나타나지 않는 사람도 있다.

• 수비요법은 완전히 치유가 될 때까지 받아야 한다.

환자들을 대하다가 보면 여러 사람들을 만날 수 있는데, 어떤 사람은 현대의학으로서도 고칠 수 없는 고질병을 치유 받으면서도 완전히 체질적으로 바르게 되려면 시간이 좀더 필요한데 불구하고 전에 비하여 건강이 완전히 회복되고 생활에 지장이 없다고 해서 중단하는 사람들을 볼 수 있는데, 완전한 몸이 될 때까지 꾸준하게 수비를 받아야 한다.

우리의 몸은 자동차의 부속같이 고장이 나면 그 부분을 교체하면 되는 것이 아니라 이미 앓고 있는 질병으로 인하여 신체 각 부분에 이미 균형을 잃었기 때문에 전신의 모든 기능이 바르게 균형이 잡힐 때까지 수비를 받아야 한다는 것이 본 필자의 주장이다. 그래서 다시는 앓았던 질병으로 인하여 상해를 입지 않도록 하는 것이 수비치유요법의 목적 중에 하나이다.

2. 창조생기 활성화를 위한 운동요법

현대인들은 생활은 옛 보다는 훨씬 더 질 좋은 문화수준을 누리고 있다. 이러한 문화수준에 걸맞은 자신의 행복을 추구하려는 것이 인간욕구의 본능이다. 그 행복의 첫 번째가 무의식 속에서 자신에 대한 관심인데 곧 건강이다. 그러나 현대인들은 자신의 건강을 위해 많은 신경을 쓰고 있는 것은 사실이지만 보편적으로 자신의 몸 관리를 위한 상식에서는 올바른 지식을 가지고 있지 못하다.

이를 반영하는 것이 현대인들이 앓고 있는 현대병 즉, 성인병의 대부분이 고혈압, 신경통, 당뇨병, 비만증, 척추디스크, 견비통, 간질환, 심장질환,

소화기계통의 질환 등임을 알 수 있다. 이러한 성인병들의 원인은 음식의 과다섭취와 운동부족과 스트레스가 그 주원인임을 알 수 있다. 그러기 때문에 현대인들의 건강을 위해서는 운동이 필수적인데 보다 합리적이고 효율적인 운동이 바로 필자가 창안한 창조생기 활성화를 위한 운동요법이다.

창조생기 활성화를 위한 운동요법은 일반적으로 생각하는 운동과는 다른 전인건강이라는 전제하에서 생각해야 하는데, 먼저 자신에 대한 긍정적인 감정을 풍요롭게 하는 창조적인 사고를[154] 가지게 함으로서 자존감(自存感)을 높여 사랑의 삶으로 창조적인 생활로 전향하게 하는 운동이다.

1) 단독(單獨) 운동

창조항체의 활성화를 위하여 단독운동요법은 자기 혼자서 맨손으로 쉽게 할 수 있는 운동이다. 단독운동요법은 마음을 편안하게 만들고 생활에 활력을 주며 몸을 유연하게 함으로서 상해를 방지하는 것은 물론 미리 병균체를 가진 바이러스들이 침범할 수 없도록 인체에 창조항체를 활성화시켜주는 운동이다.

① 편안한 마음으로 자세를 바로 세운다.
② 두 손을 얼굴 앞에 모은다.
③ 두 손을 힘있게 양옆으로 벌리며 가슴을 여는 동작과 같이 20-30회 정도 힘차게 한다.
④ 두 손을 깎지를 끼고 엄지를 세워 후두골 밑에 위치한 천주(天柱)혈에 약간 아프면서 시원할 정도로 누르면서 경추부분을 풀어준다. 그리고 아문(후두골 밑 오목하게 들어간 곳)을 장지 끝으로 누르며 경추 아래를 수비하여 풀어준다.
⑤ 우측 손을 사용하여 경추부분을 수비해주고 흉쇄유돌근과 승모근의

---

154) Edward de Bono, *Teach Your Child How to Think*, 이삼출 역, 『성공하는 사람들의 생각하는 방법』, (중앙일보사, 1995), p.34.

긴장을 풀어 준다.

⑥ 왼팔부터 어깨쭉지 즉 쇄골에서부터 손가락 끝까지 빠짐없이 유념법을 사용하여 훑듯이 주무르며 수비를 해주고 이어서 오른 팔까지 수비를 해준다(팔에는 6개의 경락이 흐르고 있다).

⑦ 양 손가락을 적당히 벌려 늑골에서 대흉근(가슴까지)까지 긁듯이 수비하여 풀어주고 복부를 가볍게 위에서 아래로 그리고 시계방향으로 수비해 준다.

⑧ 장요근과 치골근 사이(서경부:사타구니)를 가볍게 누르며 비비고 손가락을 세워 가볍게 긁는 것과 같이 하여 수비로서 풀어준다. 그리고 다리를 수비해 준다(다리에도 6개의 경락이 흐르고 있다).

⑨ 발다닥 중앙부분(용천혈)을 엄지로 두르고 주먹으로 두들겨서 수비를 해주는데 시원할 때까지 하고 발가락을 전부 잡고 발바닥 쪽으로 굽혔다 폈다 한다. 그 다음 발가락을 하나씩 검지와 엄지로 가볍게 만지며 수비를 해주는데 이때 발가락 사이에 아픔을 느끼는 부분이 있으면 그곳은 바로 치료점인 줄 알아야 하고 시원할 때까지 한다.

⑩ 얼굴 안면 부위를 손가락을 펴서 이마에서 백회(머리중앙)혈쪽으로 그리고 후두골 쪽으로 감싸며 긁듯이 수비를 해준다. 얼굴에 혈기를 느껴질 때까지 한다.

⑪ 하악골에서 귀와 귀 주위를 수비하는데, 귀 역시 우리 인체의 모든 경락과 경혈의 집합소이다. 귀는 엄지와 검지로 집듯이 만지고 위로 당기는데 이 때 아픔을 느끼는 곳 역시 치료점으로 알고 시원할 때까지 하면 된다. 귀의 모양은 어린 태아가 어머니의 뱃속에서 거꾸로 있는 모습 그대로 귓밥이 머리로 알면 쉽게 이해할 수 있을 것이다.

⑫ 이제 지금까지 우리 인체에 자극반응을 받은 창조생기를 계속적으로 유지하기 위하여 생기 고르기를 해야 하는데, 손가락을 펴 세워서 인명에서 후두골까지 고르게 문지르듯 자극을 주고, 손바닥으로 얼굴을 수비하고 발끝에서부터 시작하여 서서히 만지고 주무르며 심장 쪽으

로 올라와서 대흉근을 감싸고 주물어 수비해 준다. 그리고 그 동안 수고한 손바닥을 비비고 손가락을 만지고 손을 흔들어 풀어주고 다리를 약간 벌리고 손가락을 힘있게 쫙 벌려 두 손을 하늘을 향해 쭉 뻗으며 숨을 깊게 들이키며 서서히 숨을 내놓는 동작으로 7회 정도 하면 신기하게도 우리 체내에 활성화된 창조생기의 힘을 느끼게 되고 상쾌함을 느끼게 되는데 다른 운동은 운동 후에는 피곤해서 쉬고 싶은 생각이 들지만 이 창조생기운동은 오히려 전신이 시원함을 느끼고 신비함을 느낀다.

이 운동은 10분에서 15분 정도이면 적당하다. 어떻게 이렇게 쉬운 것이 있느냐 하겠지만 사실은 우리 인체에 있는 모든 경락과 경혈에 수비로서 모두 자극을 주어 활성화시켰기 때문이다.

2) 호흡운동

창조생기 활성화를 위한 운동요법 중에 또 하나의 중요한 운동은 바로 호흡운동이다. 물론 전신의 수비로서 창조생기를 활성화시켜서 창조항체 에너지를 극대화시켰기 때문에 몸의 질병과 건강의 회복은 대단하지만, 더 큰 효과를 기대하며 몸의 건강을 지속적으로 유지하기 위하여 우주에 충만한 창조생기를 받아들이는 호흡운동은 신기할 정도의 효력이 있으며 정신적 평안함도 얻게 된다.

창조생기는 우리의 몸 속에도 존재하지만 역시 하나님의 생기는 우주에 충만하다. 구약성경 에스겔 37:3~10절을 보면 바로 하나님께서 우주의 생기를 주장하시고 계심을 알 수 있다.

「3)그가 내게 이르시되 인자야 이 뼈들이 능히 살겠느냐 하시기로 내가 대답하되 주 여호와여 주께서 아시나이다 4) 또 내게 이르시되 너는 이 모든 뼈에게 대언하여 이르기를 너희 마른 뼈들아 여호와의 말씀을 들을 지어다 5) 주 여호와께서 이 뼈들에게 말씀하시기를 내가 생기로 너희에

게 들어가게 하리니 너희가 살리라 6) 너희 위에 힘줄을 두고 살을 입히
고 가죽으로 덮고 너희 속에 생기를 두리니 너희가 살리라 또 나를 여호
와인 줄 알리라 하셨다 하라 7) 이에 내가 명을 좇아 대언하니 대언할 때
에 소리가 나고 움직이더니 이 뼈, 저 뼈가 들어 맞아서 뼈들이 서로 연
락하더라 8) 내가 또 보니 그 뼈에 힘줄이 생기고 살이 오르며 그 위에
가죽이 덮이나 그 속에 생기는 없더라 9) 또 내게 이르시되 인자야 너는
생기를 향하여 대언하라 생기에게 대언하여 이르기를 주 여호와의 말씀에
생기야 사방에서부터 와서 이 사망을 당한 자에게 불어서 살게 하라 하셨
다 하라 10) 이에 내가 그 명대로 대언하였더니 생기가 그들에게 들어가
매 그들이 곧 살아 일어나서 서는데 극히 큰 군대더라(에스겔 37:3~10).」

　　이 하나님의 생기는 생명의 근원이며 힘의 근원임을 알 수 있다. 이러한
기운을 사람이 **호흡**을 **통하여** 받아들이기 때문에 생명이 유지되며 노쇠한
인체의 세포들이 활력을 입게되고 새롭게 태어나게 되는 것이다. 그러므로
생각에 거치지 말고 우주가 신비로운 우주법칙에 의해서 움직여지듯이 우
리의 몸도 마찬가지임을 알고 구체적으로 호흡운동을 실시를 해보면 신기
함을 발견할 것이다.
　　질병이란 인체 내의 오장(五臟)의 기(氣)가 서로 균형과 조화를 이루지
못할 때 생기는 것이기 때문에,[155] 불균형과 부조화로 심화된 억압된 장기
가 창조생기수비요법의 호흡운동으로 오장의 기의 균형과 조화를 통하여
병을 낫게 하고 전인건강을 회복할 수 있는 것이다. 호흡운동은 다음과 같
이 실시하면 된다.

　• 먼저 하나님의 창조생기의 존재를 인정하라
　　이 말은 보지 못하는 하나님을 믿는 것과 같은 것인데, 곧 하나님의
　신앙을 인정하는 것과 같은 것이다. 하나님은 존재하신다.[156] 그리고
　만물의 주관자이시다.[157] 생명의 주관자이시다.[158] 그러므로 하나님

---

155) 황민, 『하늘 건강법』, (도서출판 넥서스, 1998), p.89.
156) 출 3:14.
157) 창 1:16-18.

께서 실존적 존재이신 것과 같이 하나님의 창조생기도 보여지고 만져지지는 않지만 실체적인 것이다.[159] 다시 말해서 아구스티누스의 인식설(認識設)처럼 창조생기의 존재를 인식하는 것이다.[160]

• 긴장을 풀고 평온한 마음의 환경을 조성하라.
• 창조생기의 힘을 입기를 원하라.
• 천천히 깊은 호흡을 들이키는데 폐와 복부와 머리까지 가득 채워지는 것이 느껴지도록 하라.
• 완전히 들이켰으면 5-7초간 정지 상태를 가지고 있으면서 창조생기가 몸 속에 퍼져나가는 기운을 감지하도록 하라.
• 정지된 공기를 천천히 빼면서 몸 속에 있는 찌꺼기 공기까지 완전히 배출하라. 주의할 점은 흡입된 공기를 배출할 때에 푸~우 하고 빠르게 내 쉬면 오히려 기가 빠져서 맥이 떨어진다.
• 이러한 창조생기 활성화를 위한 호흡운동을 10~20회 정도를 며칠간 하면 심폐기능이 좋아지고 생기가 넘치는 것을 자각할 수 있다.

3) 일반운동

운동은 인체 생리학적으로나 구조학적으로 매우 중요하다. 인체는 운동을 통하여 관절과 골격과 근육이 서로 균형과 조화를 이루어서 긴장된 육체를 풀어주고 모든 인체의 순환계 계통을 원활하게 할 뿐만 아니라 억압된 스트레스를 해소해서 정신적으로도 평온함을 제공해주기 때문이다.

일반 대중운동은 즐거움을 촉진시키고 심리적으로 행복감을 북돋아 준다. 그러나 무엇보다도 중요한 것은 자신의 건강상태와 체질을 고려하여

---

158) 시 36:9, 요 1:4, 5:26, 6:48, 11:25, 14:6, 행 17:25.
159) 윤명식, *The Great Thoughts of Philosophy*, 『哲學思相大系 II』, (한국이데아, 1992), p.1782.
160) *Ibid.*, p.1787.

자신에게 알맞고 자신이 즐기는 운동을 선택하는 것이 더욱 중요하다. 중년의 나이로 격렬한 운동을 한다는 것은 오히려 몸을 망치는 것이라는 것을 알아야 한다. 그리고 운동을 할 때에는 그 운동 기호에 맞는 복장이나 도구를 갖추는 것이 운동 못지 않게 중요하다. 예를 들어 등산을 하는데 슬리퍼를 신고 간다든지, 축구를 하는데 고무신을 신고 한다든지, 조깅을 하는데 군화를 신고 달린다면 그만큼 운동의 효율성이나 운동을 통하여 자신이 기대하는 효과는 거둘 수 없을 것이다.

필자가 말하고자 하는 일반운동은 창조생기 활성화를 위한 운동을 말하는데, 25세가 지나면 격렬한 운동은 피해야 한다. 그 대신 창조생기를 활성화시키기 위하여 창조적인 생각과 긍정적인 사고를 가질 수 있도록 자기를 훈련하는 것이 중요한데, 그것은 내면이 바뀌면 외부도 개선되기 때문이다.[161] 그러므로 자신의 생각과 육체가 서로 조화를 이룰 수 있도록 과로를 피해야 한다. 그 이유는 창조생기는 뇌 세포에서 원천적으로 생성하여 분비하기 때문에 격렬한 육체운동을 하지 않아도 되는 것이다. 오히려 창조항체 극대화를 위해 1항에서 소개한 단독운동으로 수비(手秘)를 생활화하고 육체적인 운동은 땀이 약간 비칠 정도로 하는 것이 좋다. 건강을 위해서는 하루 5,000~10,000보 정도 걷는 것이 좋고, 맨손체조로서 몸을 유연하게 하는 것이 최고로 좋다는 것을 알아야 한다.

근력(筋力)을 강화하기 위한 운동이 필요하면 전문가를 찾아서 지도를 받는 것이 우선적이다. 그리고 누차 강조하지만 운동을 할 때 제일 중요하게 여겨야 할 것은 자세이다. 필자를 찾아오는 많은 환자들을 관찰해 보면 대다수가 척추가 바르지 못한 것을 발견할 수 있었다. 그러므로 잘못된 자세로 운동을 한다는 것은 곧 질병을 얻게 되고 고질화시키는 원인이 되기 때문이다.

---

161) Stephen R, Covey, *The Seven Habits of Highly Effective People*, 김경섭 · 김원석 공역, 『성공하는 사람들의 7가지 습관』, (김영사, 1995), p.432.

4) 상대(相對)운동

창조생기 활성화를 위한 상대(相對)운동은 문자 그대로 서로서로 수비
(手秘)를 해주는 운동을 말한다. 단독(單獨)운동으로 미치지 못한 부분을
서로서로 수비를 해줌으로서 창조생기를 극대화시켜 주는 것을 그 장점으
로 말할 수 있다. 예를 들어 독맥(督脈)과 유혈(流穴)이라는 경락이 위치하
고 있는 부분은 등 부분이라서 단독으로서는 미치지 않는 곳이다. 뿐만 아
니라 단독운동을 실시할 때에는 이미 자신이 수비를 해야하겠다는 것을
암시하고 실시하기 때문에, 다시 말해서 뇌의 지령을 받고 그 부분을 수비
하는 것이기 때문에 상대가 수비를 해주는 것보다 시원하지 못하다는 것
을 느낄 수 있을 것이다.

이처럼 창조생기 활성화를 위한 수비로서 상대운동은 수비를 받는 상대
에게도 상쾌함을 주며 치료의 효과를 극대화할 수 있다. 그리고 부부일 경
우에는 서로의 Skin - Ship을 통하여 자유로운 의사소통으로 아내는 내적인
고독감이 없어지고[162] 서로를 발견할 수 있는 시간이 되며 이해와 수용으
로 서로를 소중히 여기는 품위 있고 차원 있는 삶,[163] 즉 아름다운 애정생
활로 변화되는 시간이 될 수 있다.[164] 자녀인 경우에는 부모의 애정을 마
음껏 느낄 수 있는 절호의 기회가 되어 부모에 대한 애정과 신뢰로 질병의
치유나 예방하는 것 이상으로 정서적으로 평안함을 제공해 주는 놀라운
운동인 것이다.

이 상대운동은 전신을 수비와 함께 굴근운동을 시켜주고, 서로 스트레치
를 함으로서 질병치료는 물론 창조생기를 극대화시킬 수 있는 장점이 있
다.

---

162) 반피득, 『목회상담개론』,(대한기독교출판사, 1992), p.206.
163) Jill Renich., *To Have and To Hold*, 안혜정 역, 『멋진 아내, 행복한 남편』, (도서
    출판 신앙계, 1988), p.25.
164) Tim LaHaye., *The Act of Marriage*, 권명달 역, 『아름다운 애정생활』, (보이스사,
    1991), p.355.

3. 창조생기 극대화를 위한 식이 요법

필자는 본 논문에서 이미 현대의 성인병의 대부분이 음식과 관계가 있음을 지적한 바 있다. 그러면 창조생기 극대화를 위한 식이 요법은 어떻게 해야 되는지를 소개할 차례라고 본다.

◆ 몸에 이로운 음식
· 잡곡으로 균형 잡힌 혼식을 하라.
· 규칙적인 식사를 하고 간식을 줄이라.
· 된장이 최고의 해독제이다.
· 김치는 풍부한 섬유질이 있고, 동치미가 좋은데 역시 해독작용도 한다.
· 미역국이 좋다. 혈액을 맑게 한다.
· 어린 어류를 많이 섭취하라. 칼슘의 주성분이다.
· 비빔밥이 최고의 영양식이다.
· 유기농법으로 재배한 과일이나 채소를 많이 섭취하라.
· 가급적 생수를 마시되, 수돗물이면 정수해서 마셔라.

◆ 몸에 해로운 음식
· 중독성이 있는 음식을 과감하게 삼가라.
· 위에 부담이 되는 짜고 매운 음식을 피하라.
· 인스턴트(가공)식품과 기호식품을 피하라.
· 동물성 지방을 과감하게 줄이라.
· 인위적인 당분은 피하라.
· 기름에 튀긴 음식은 탁혈의 주원인이므로 무조건 먹지 말라.
· 기름이 들어간 음식은 가능한 피하라.

· 우리 천연 밀로 가공되지 않은 수입된 밀가루는 방부제 덩어리다.
· 천연 조미료가 아닌 가공된 조미료는 피하라.
스낵 종류의 과자는 기름에 튀긴 것이니 멀리하라.

　창조생기 극대화를 위한 식이요법은 소식(小食)을 주장하며 균형 잡힌 식사생활을 권장한다. 그리고 여유 있게 천천히 식사시간을 즐기며 들 수 있어야 한다. 급하게 먹는 사람들 중에 비만이 아닌 사람이 없다. 그리고 식후에는 바로 눕지 않도록 하고 산책을 할 수 있으면 매우 좋다. 그리고 일정한 체중을 유지하기 위해서는 본인에게 알맞은 운동을 개발해 놓는 것이 좋다.
　수비를 생활화하는 사람은 비만이 오지 않는다. 이유는 창조생기 활성화를 통하여 노폐물이나 이물질이 곧바로 배출되기 때문이다. 그리고 사람이 섭취한 음식물이 인체에 들어가면 곧바로 음식물은 인체의 화학적 반응을 통하여 인체에 필요한 에너지원으로 전환되어 인체의 각 부분으로 공급되는데 여기서 또 치유할 수 있는 효소들이 함유되어 있다는 것을 잊어서는 안될 것이다.

제 Ⅶ 장 복음치유사로서의 자격요건

신유의 은사는 어떤 특정 사람에게 병을 고치는 초자연적인 능력을 준 것이 아니라, 신유의 은사를 나타내고자 하는 사람을 하나님께서 사용하셔서 당신의 의도대로 당신의 백성들을 고치시기를 원하셔서 사용하시는 도구에 불과하다.[1] 그러기 때문에 복음치유목회자는 인간 생명을 위해 부름받은 하나님의 영적인 지도자이기 때문에 은사에 대한 지적인 훈련을 쌓아야 하며 거룩한 욕망과 거룩한 헌신의 열정이 있어야 한다.[2] 그러므로 본 장에서는 복음치유목회자로서의 자격요건과 복음치유선교사로서의 자격요건을 간략하게 소개하고자 한다.

제1절 복음치유 목회자로서 자격요건

1. 목회자로서 교단이 인정하는 전문적인 신학교육을 필한 자여야 한다

복음치유목회자는 전인성을 다루는 전문직이며 성직이기 때문에 교단이

---

1) 전가화, 『성령신학』, (도서출판 은혜사, 1990), p.179.
2) 전가화, 『하나님이 세우는 지도자』, (도서출판 은혜사, 1989), p.35.

인정하는 정규신학교육을 필한 자여야 한다. 일반 의사들도 사람의 질병을 치료하기 위하여 많은 기초적인 학문을 배우고 치료에 대한 수련을 쌓는다. 더욱이 전인성을 치유해야 하는 목회자는 당연히 정규적인 신학교육을 필한 자라야 할 것이다.

2. 복음치유목회자는 복음치유학적으로 인체 구조를 배우고 익힌 자여야 한다

복음치유목회자는 인간의 질병을 전인적으로 다루는 치유사이기 때문에 당연하게 하나님께서 만물의 영장으로 창조하신 인간의 인체구조를 깊이 알수록 도움이 된다. 그래야 육체적인 질병을 그 원인부터 알게 되기 때문이다. 그러므로 복음치유목회자는 인체의 구조를 배우고 익혀 두어야 한다.

3. 복음치유목회자는 소정의 인정을 받을 수 있는 자격증을 갖춘 자이면 더욱 좋다

복음치유목회자는 전인성의 다루는 치유사로서 신뢰할만한 자격증을 갖추면 더욱 좋다. 그 이유는 환자에게도 신뢰를 줄 뿐 아니라 본인에게도 복음치유사로서 계속 연구할 수 있는 치유의 상식을 갖출 수 있기 때문이다.

4. 복음치유목회자로서의 임상적 경험을 갖춘 자로 숙련된 자여야 한다

복음치유목회자는 전인성을 다루는 치유사로서 임상적인 경험을 갖춘 자라야 한다. 일반 의사들도 인턴과정을 가지듯이 환자들을 통한 임상적 경험을 쌓아야 한다. 복음치유는 절대 가볍게 여길 수 없는 것이기 때문이다.

제2절 복음치유 선교사로서의 자격요건

1. 사랑과 신앙이 돈독하고 지교회 목회자로부터 추천을 받은 자여야 한다

2. 소정의 기초신학교육을 반드시 받은 자여야 한다

복음치유 선교사는 지역 복음선교사로 파송받거나 혹은 지교회 복음치유 선교원을 개설하여 헌신해야 하는 전인성을 다루는 복음치유사이기 때문에 기본적인 소정의 기초신학교육을 반드시 받은 자여야 한다(조직신학을 비롯한 상담학, 인간심리학 등).

3. 복음치유학적으로 인체구조를 알고 있는 자여야 한다

4. 전문적인 복음치유사로부터 소정의 임상적 교육을 받은 자여야 한다

5. 소정의 인정을 받을 수 있는 증서를 갖춘 자여야 한다

제 Ⅷ 장 결 론(結論)

이제 대망의 2000년대를 바라보며 새로운 시작이라는 엄숙한 현실의 역사 앞에 필자는 주님의 종으로서 떨리는 마음으로 본 논문을 마무리하고자 한다. 필자는 학문이라는 것이 이론에만 치우치면 추상적인 것이 되고 만다는 것을 생각해왔다. 학문은 합리적인 이론과 함께 구체적이고 실제적인 행동의 결실로 입증될 때 비로소 완전하고 확실한 학문이라고 생각해왔다. 더욱이 치유의 복음목회는 전인건강을 말하는 것이기 때문에 더욱 그렇다. 그러므로 치유의 복음목회가 이론에만 그치는 것이 아니라 입증시켜야 하는 당위성 때문에 본 논문을 지도하는 손병호 학장은 물론 필자는 많은 고심을 했다.

비유컨대, 모든 신학의 재료들이 피조물의 입장에서 창조주의 의도를 사고하는 것들이기 때문에 바닷물을 조개껍질로 쉴새없이 퍼담는 것과 같은 모순되고 우습고 불가능한 일임에도 불구하고 몸부림치며 노력한 것은 인간의 위대한 업적이라 아니할 수 없다. 이러한 맥락에서 본 논문 역시 조개껍질로 바닷물을 퍼담는 심정으로 조심스럽게 결론까지 오게된 것이다. 그리고 필자는 목회라는 거룩한 사명을 감당하기 위하여 목회 현장에서 전인적인 건강을 위하여 복음치유의 실제적인 문제를 다룬 논문을 사실 기다려 왔다. 그러기에 필자의 논문은 하나님께서 의도하시는 뜻과 많은 목회자들에게 있어서 조금이나마 도움이 되기를 간절히 바라면서 지금까지 연구 검토한 것을 총정리하면서 결론을 내리고자 한다.

I. 서론(序論)

마태복음 16:26에 예수께서 말씀하시기를 "사람이 만일 온 천하를 얻고도 제 목숨을 잃으면 무엇이 유익하리요 사람이 무엇을 주고 제 목숨을 바꾸겠느냐" 라고 하셨다. 실지로 예수께서는 복음전파와 함께 병고침의 활동과 가르치는 사역을 동일하게 어느 쪽도 기울여짐이 없이 열심히 하셨다. 이것이 예수께서 활동하시던 원초적인 목회활동이었음을 부인할 수 없는 사실로 복음서들이 증명해 주고 있다. 그러나 현대교회에서 이러한 목회사역의 활동을 찾기란 매우 어려우며 오히려 교회 속에서도 냉소적이다. 그렇다면 예수의 목회사역을 모범으로 본다면 치유목회가 없는 목회사역이 진정한 목회인가 하는 문제를 제기할 수 있다.

목회가 무엇인가? 라고 할 때 목회는 예수 그리스도의 복음으로 하나님의 주권을 세우는 것이며 아울러 생명을 살리는 운동이라고 말할 수 있다. 그렇다면 천하보다 귀한 인간생명의 존엄에 엄숙히 다가가는 것이 목회자의 소명에 응답하는 행위임을 부인할 수 없을 것이다. 만약 현대교회가 병들어 고통 하는 자들에게는 관심을 주지 않고 강단의 설교만을 고집한다면 이 또한 예수 당시의 거룩만을 외치다 주님으로부터 외식하는 자들이라고 경책받은 율법주의자들일 수밖에 없을 것이다. 예수 당시의 사람들은 '병은 죄로 말미암아 하나님으로부터 저주받은 것'으로 간주했다. 그러나 예수께서는 오히려 그들의 고통에 참여하시고 그들을 위로하시며 그들에게 손을 얻어 기도하시고 치유해 주셨다. 그래서 주님은 죄인의 친구가 되셨고 고통 당하는 자에게는 위로자가 되셨고 병든 자에게 치유자가 되셨다.

주님은 마태복음 10:5~8절을 보면 분명 열두 제자들에게 전도하려 보내실 때 주님의 이름으로 병을 고칠 것을 명하셨다. 뿐만 아니라 누가복음 10:9에는 예수께서 70명의 제자들을 파송하시면서 병자들을 고치고 하나님의 나라를 선포하실 것을 당부하셨다. 이것은 이방세계에 대한 선교를 위한 복음치유를 명한 것이다. 이처럼 하나님 나라의 선포와 복음의 치유는 예수 그리스도의 목회사역의 양 축이었으며 이것이 행동하는 예수 그리스도의 복음인 것이다.

본 논문의 연구 목적은 바로 현대교회에서 상실되고 있는 치유적 목회사역을 회복함에 있으며 수적인 교회성장이라는 강박관념에서 벗어나 진정한 복음목회인 사람을 위한 전인목회에 정열을 쏟아 복음목회에 새로운 활력을 얻게 하는 동시에 성도들이 복음치유(전인건강)를 통하여 강건함으로 매사에 하나님의 사랑의 힘으로 도전하여 행복한 삶을 영위할 수 있도록 하는데 목적이 있다.

본 논문의 연구의 동기는 어느 목회현장이든 마찬가지지만 지병을 갖고 고통하는 환자를 대할 때마다 "나는 아무것도 할 수 없다" 는 무기력과 허탈감을 갖던 목회현실에 조금이나마 도움을 주고자 한 것이다. 그리고 아직까지 치유에 대한 실제적인 사실이나 기술적인 것들을 논리적으로, 그리고 체계적으로 소개한 책이나 논문이 없었다. 그러므로 필자는 본인이 지금까지 치유목회를 통하여 임상경험으로 축적한 것들을 전인건강이라는 차원에서 복음신학을 바탕으로 소개하고자 한다.

본 논문의 연구 범위와 연구방법은, 우리 주변에는 많은 민간요법이 있고 고도로 발달된 첨단과학의술이 도입되어 의료장비나 의료술이 최고의 수준에 와있음에도 불구하고 병명도 찾아내지 못하는 병들이 얼마나 많은가. 그러므로 본 논문은 지금까지 목회상담학적 측면에서만 시도된 내적인 치유를 넘어서 예수 그리스도께서 몸으로 보여주시고, 사랑의 행동으로 표현된 외적인 치유까지를 본 논문 부록에서 접목한다는 의미에서 필자의 임상적 경험을 실제적인 근거로 하여 외적인 치유까지를 다루는 그야말로 전인적인 치유목회를 본 논문에서 다루고자 한다.

Ⅱ. 치유의 본질적 개념

치유의 본질적 개념은 영적, 심적, 육체적으로 상처 입은 자들이 치유사(목회자)를 통하여 복음으로 전인건강(Well Being = 사랑을 중심으로 영성을 개발하는 힘)을 입고 전인성(삶 속에서 사랑과 건강한 영성의 힘)을 가지고 행복과 가치 있는 삶을 위하여 스스로 움직여 계속 나아가는 과정을 말한다.

1. 치유의 일반적 개념

일반적으로 치유를 "치료를 받고 병이 낫는 것" 그리고 치료를 "병이나 상처를 잘 다스려 낫게 하는 것"을 말한다. 이 말은 "온전하게 한다"는 말이다. 그러므로 치유는 손상된 어떤 기능이 완전히 작용하도록 원상 회복시켜 주는 것을 말한다.

2. 치유의 성서학적 개념

하나님은 당신의 백성을 치료하시는 하나님이시다. 그 하나님의 이름은 "여호와 라파" 이었다. 구약 성서를 보면 하나님께서는 당신의 선지자나 제사장을 통하여 치유사역을 행하셨으며, 질병의 예방도 가르치셨다. 하나님은 치유사역을 통하여 하나님의 임재와 권능을 표현하셨다. 또한 치유는 당신의 종들과 함께하신다는 임마누엘의 표적이었다.

신약 성경은 치유의 복음이라고 해도 될 정도로 광범위하다. 예수께서 행하신 치유의 복음사역은 복음서에 다 기록할 수 없을 정도로 많았다. 예수의 제자들인 사도들도 예수의 분부대로 치유의 복음사역을 감당했다. 우리는 지금까지 예수가 입으로 선포한 말씀만 복음인 것으로 착각하고 예수의 복음의 행위인 치유의 행위를 복음과 달리 생각해온 오류를 범했다. 주님의 치유의 행위는 선포된 복음과 동일한 것이다. 아무리 찬란한 어휘력을 구사하고 감언이설로 설득을 해도 행동으로 보여주는 것보다 약하다.

그래서 백문이 불여일견이라 하지 않았던가! 그러므로 예수의 치유사역은 말 보다 강한 행위의 복음인 것이었다. 복음(εὐαγγελιον)이란 무엇인가? 기쁜 소식이 아닌가? 그렇다면 소경에게 복음은 보는 것이며, 절름발이에게 있어서의 복음은 제대로 걷는 것이며, 나병 환자에게 복음은 깨끗해지는 것이다. 그리고 귀머거리에게 복음은 소리를 듣는 것이다. 죽은 사람에게의 복음은 살아나는 것일 것이며 가난한 사람들에게 복음은 천국(하나님 나라)을 소유하는 전인적으로 거부라는 확신적 체험일 것이다.

예수 그리스도께서 선포하신 복음의 핵심이 하나님의 나라(ἡ βασιλεια τοῦ θεοῦ)에 있다면, 주님은 "내가 하나님의 성령을 힘입어 귀신을 쫓아내는 것이면 하나님의 나라가 이미 너희에게 임하였느니라"고 말씀하셨다. 예수는 이처럼 당신의 말씀과 치유사역을 이분법적으로 구분하여 복음이라고 하시지 않으셨다. 이러한 예를 보아도 예수의 치유는 그 자체가 사랑인 동시에 복음인 것이다. 예수의 치유의 복음사역은 하나님의 나라에서는 필연적으로 회복될 수밖에 없는 온전함, 깨끗함, 기쁨과 환희 그리고 사랑 자체인 하나님 나라를 행동으로 보여주신 가장 강력한 메시야적 복음의 행위인 것이다. 그러기에 예수께서는 사도들에게도 치유를 명하셨고, 사도들도 복음치유사역을 통하여 복음선교에 최선을 다했다. 그러므로 현대교회는 치유의 복음사역을 회복해야 한다.

3. 복음신학적 치유의 개념

인류에게 가장 기쁜 소식이 무엇인가? 그것은 하나님께서 이 땅에 오신 것이다. 즉 예수 그리스도의 성육신사건이다. 그리고 죄악 된 세상에 하나님 나라의 도래(구원)에 대한 예수 그리스도의 복음선포이다.

복음의 본질은 예수 그리스도의 말씀과 삶의 행적까지 총체적으로 보아야 한다. 지금까지 예수 그리스도의 복음은 예수께서 전하신 말씀만으로 국한되어졌다. 이제는 예수의 삶에서 원초적인 복음을 발견해야 한다. 예수의 삶은 행동하는 사랑의 복음이었다. 그래서 예수께서는 당신의 삶의 자리를 천상에서 지상으로 내려오신 것이다. 모든 것을 함께하고자 오신 것이다. 그러므로 복음적 치유의 개념은 복음의 본질에서 찾아야 하는데 복음의 본체이신 예수 그리스도의 이름에서 찾아야 한다. 그 이름 속에는 그 분의 메시야적 존재의 의미와 사역의 목적이 들어 있기 때문이다. "예수(Ιησους)" 라는 이름의 뜻은 '여호와는 구원이시다' 혹은 '여호와의 구원' 이라는 뜻을 지니고 있는 예수아 혹은 여호수아란 히브리어의 헬라어형 명칭이며 참 구원자라는 뜻을 가지고 있다. 그리고 "그리스도(Χριστος)" 라는 뜻은 '기름부음을 받은 자' 또는 '보내심을 받은 자'라는 의미를 가지고 있다. 이를 종합해 보면 구원을 위하여 보냄을 받은 자 곧, 인류의 구원자이신 메시아라는 것이다. 예수 그리스도는 우리의 영혼뿐만 아니라 정신적, 환경적, 육체적 다시 말해서 전인적 구원자이시며 치유자이심을 알 수 있다.

복음적 치유의 개념은 정신적인 것뿐만 아니라 육체적, 영적인 모든 면에서의 완전성을 의미하지만 인간을 모든 질병으로부터의 완치를 목적으로 하지는 않는다. 오직 인간이 하나님의 형상대로 회복되도록 병든 인간을 사랑으로 돌봄으로서 아픔의 고통이 감소되고 상처받은 마음이 아물어지고 예수 그리스도의 충만하신 위로로 희망과 행복한 창조적인 헌신의 생활로 나아가게 하는 것이다.

Ⅲ. 질병과 치유의 성서적 고찰

질병은 "심신의 전체 또는 일부가 일차적 또는 계속적으로 장애를 일으켜서 정상적인 기능을 할 수 없는 상태"를 말한다. 질병의 의미를 영어로서 본다면 'dis'와 'ease'의 합성어임을 알 수 있는데 이를 종합해 보면 '평안하지 않는 상태' 라는 것을 알 수 있다.

그런데 우리가 어떻게 건강을 유지하고 살 수 있을까! 그것은 신비하게도 하나님께서는 우리 인간을 창조하실 때 건강을 유지할 수 있도록 만들었는데 바이러스가 침입하면 우리 몸 속에서는 「인터페론」 이라는 항(抗)

바이러스 물질이 나와서 자연적으로 방위력을 가지게 되는데 이를 흔히 '몸의 저항력'이라 말한다.

필자는 아직도 현대의학으로 발견하지 못한 항체(抗體)들이 우리 인체 속에는 건강을 유지하기 위하여 신비한 작용을 하고 있다는 것을 임상실험(병명도 없는 환자들)을 통하여 확신을 갖게 되었다. 물론 이 항체는 볼 수는 없지만 하나님께서 인간을 창조하실 때 그 코에 생기를 불어넣어 생령이 되게 하셨다는 데 근거하여 이를 "창조생기항체" 혹은 "창조항체" 라고 명명한다. 창조생기항체에 대해서는 본 논문 부록 복음치유의 실제에서 다루기로 하겠다. 어쨌든 인간의 질병은 오염된 환경에 의해서 감염으로 오는 것도 있고 잘못된 습관과 상처 입은 마음과 선천적으로 오는 것도 있다.

성경이 말하는 질병을 간략하게 보면 인간의 범죄로 말미암은 질병과 염려와 불안에서 오는 질병, 마귀의 시험으로 인한 질병, 하나님의 영광을 들어내기 위한 질병도 있다. 그리고 하나님의 징계로 인한 질병도 있으며, 하나님께서 인간의 교만을 꺾으시기 위한 질병도 있으며, 과로 때문에 오는 질병도 있다. 질병을 한마디로 정의를 내린다면, "전인적으로 저항력이 결여되어 균형과 조화를 잃고 고통 하는 상태"라고 말할 수 있다.

1. 질병의 어의

구약성서에서 질병으로 표기되는 단어는 '마할라(מַחֲלָה)'와 홀리(חֳלִי)가 나오는데 이 단어들은 할라(חָלָה)에서 파생된 말이다. '할라'라는 동사의 의미는 병들거나 혹은 병들게 되다, 약해지다, 병에 걸리다, 슬픔에 젖다, 슬프다, 등의 의미를 가지고 있다. 홀리(חֳלִי)라는 동사 '할라'에서 유래된 명사로서 병, 질병, 일반적인 병 등의 의미를 가지고 있다. 신약성서에서 질병으로 표기되는 단어로는 기본어 '노소스(νόσος)가 있는 데 아픔, 병, 질병 보편적으로 병 걸림의 의미가 있다. 이 '노소스'에 유래 된 '노소이스(νόσοις)'가 있는데 일반적인 몸의 병을 뜻한다.

2. 질병의 성서적 고찰

질병은 언제, 어떻게 해서 생기게 되었을까! 에 대해서는 일반 의학자들은 분명하게 그 답변을 주지 못하는데 비해 성경은 명확하게 질병의 기원과 발병의 원인을 제시해주고 있다. 그러나 성경 전체를 논하기는 너무 광범위하게 때문에 본 논문에서는 인간의 타락을 기술한 창세기 3장을 중심으로 해서 질병의 발단과 전이과정을 살펴보며 이어서 치유의 기원과 과정을 살펴보고자 한다. 요약하면 다음과 같다. 1) 질병의 발단 1 단계 - 영적인 질병. 2) 질병의 전이(轉移) 2 단계 - 심적인 질병. 3) 질병의 전이 3 단계 - 생활의 질병. 4) 질병의 전이 4 단계 - 육체적 질병. 5) 질병의 전이 5 단계 - 육체적 죽음.

3. 치유의 성서적 고찰

하나님은 인간을 하나님의 형상대로 만물의 으뜸으로 창조하셨다. 그리고 참 행복을 주셨다. 그런데 인류의 시조인 아담이 타락함으로서 하나님의 형상도, 행복도, 모든 것이 파괴되고 말았다. 이 파괴된 질병들을 하나님은 어떻게 치유하시고 계시는가! 하나님과 깨어진 영적인 단절과 이로 인한 심리적인 두려움의 질병과 생활의 질병 그리고 신체적인 질병과 궁극적으로 인간의 죽음을 어떻게 치유하시고 계시는가! 치유의 기원은 언제이며 그 과정은 어떻게 전개되고 있는가를 창세기 3장을 중심으로 여기서 고찰해 보고자 한다. 요약하면 다음과 같다. 1). 치유의 1 단계 - 영적인 질병에서의 치유. 2). 치유의 2 단계 - 심적인 질병에서의 치유. 3). 치유의 3 단계 - 생활의 질병에서의 치유. 4). 치유의 4 단계 - 육체적 질병에서의 치유. 5). 치유의 5 단계-육체적 죽음에서의 치유.

Ⅳ. 예수 그리스도의 치유 사역

예수 그리스도의 치유사역은 이미 하나님의 예언으로 명시된 사역이었다. 예수 그리스도의 공생애의 시작을 자세하게 기록하고 있는 마가복음 1장을 보면, "하나님의 아들 예수 그리스도 복음의 시작이라" 고 1절로 밝히면서 선지자 이사야의 예언을 배경으로 하여 세례요한의 등장과 예수의 메시야성(性)을 밝힌다. 그리고 "가라사대 때가 찼고 하나님 나라가 가까왔으니 회개하고 복음을 믿으라" 는 지상에서의 예수의 위대한 첫 메시지로 예수의 복음의 세계를 개관(槪觀)한다. 이어서 갈릴리를 지나가시다가 시몬 베드로와 안드레와 야고보와 요한을 제자로 부르시고, 안식일 날 가버나움 회당에 들어가셔서 말씀을 가르치셨는데 거기에는 더러운 귀신 들린 사람이 있었으며 예수께서는 그를 치유하셨다.

행동은 말보다 강한 것이며 인격의 실체(失體)이며 삶의 근본(根本)인 것이다. 예수의 치유의 복음활동은 공생애 시작에서부터 십자가를 지고서도 계속되었는데, 누가복음 23장에 보면 십자가 위에서 자신의 죄악된 삶을 뉘우치는 강도에게 낙원을 허락하신 것이다. 부활하신 후에도 그의 치유사역은 여전하셨다. 불안과 두려움에 떨고 있던 자들을 찾아 주시며 확신을 주셨다. 이처럼 예수의 복음치유는 예수의 삶이었고, 처음과 나중이었으며, 하나님의 일인 동시에 구속사적인 복음목회였다. 그리고 예수의 치유사역은 영적, 심적, 육체적, 생활 환경까지 어디까지나 전인적인 치유사역이었다.

예수의 치유사역의 범위는 인종과 국적과 성별(性別)과 신분을 초월하셨다. 그리고 예수의 치유방법에 있어서 순서를 보면 일반적으로 만남과 대화와 그들에게 손을 대시는 것과 치유의 선언으로 행해졌다. 무엇보다도 치유를 원하는 자(본인이든 제삼자이든지 간에)들은 믿음이 전제되어야 했다. 그러기 때문에 예수께서는 자기 고향인 나사렛에서는 많은 능력을 행치 않았다. 예수의 복음치유의 목적은 구속사적인 하나님 나라의 실현임을 명확하게 복음서들이 제시하고 있다. 예수 그리스도의 구속사적인 복음치유는 전적으로 하나님의 은혜로서 행해지는 것이다.

1. 복음서에 나타난 예수 그리스도의 치유사역

복음서에 나타난 예수 그리스도의 치유사역은 이미 밝힌 바와 같이 전인적(全人的)인 치유였다는 것을 전제로 하고 접근해야 한다. 전인적이라는 것은 인간을 영혼과 정신과 육체, 그리고 사회생활 현장까지를 통합하여 총체적으로 말하는 것이다. 복음서에 나타난 예수 그리스도의 치유사역은 구체적으로 다음과 같다.

1. 마귀 들린 병 - 1) 회당의 귀신들린 자(막1:23-28, 눅4:31-36). 2) 거라 사지방의 귀신들린 자(마8:28-34). 3) 벙어리 된 자(마9:32-33). 4) 눈멀고 벙어리 된 자(마12:22,눅11:14). 5) 수로보니게 여인의 딸(마15:21-28,막7:24-30). 6) 간질에 걸린 소년(마17:14-20,막:9:14-29). 7) 18년 동안 척추장애 여인(눅13:10-17). 8) 막달라 마리아(막16:9,눅8:1-3)

2. 나병 환자 - 1) 한 문둥병자(눅5:12-16). 2) 열 명의 문둥병자(눅17:11-19)

3. 중풍 환자 - 1) 한 중풍병자(마4:23-25). 2) 백부장의 하인 중풍병자(마8:5-13). 3) 들것에 실려온 중풍병자(마9:1-8,막2:1-12,눅5:18-25).

4. 소경 - 1) 두 소경(마9:27-31). 2) 소경 바디매오(마20:29-34 막10:46-52 눅18:35-43). 3) 벳새다의 소경(막8:22-26). 4) 날 때부터 소경(요9:1-7). 5) 데가볼리의 소경(마15:30-31).

5. 죽음에서 살리심 - 1) 나인성 과부의 아들(눅7:11-17). 2) 야이로의 딸(마9:23-26 막5:35-43 눅8:49-56). 3) 나사로(요11:17-44).

6. 상한 심령의 치유 - 1) 니고데모(Νικόδημος). 2) 사마리아 수가성 여인. 3) 베데스다 못가의 병자. 4) 간음한 여인. 5) 세리장 삭개오(Ζακχαῖος). 6) 십자가상의 도적의 회개(눅23:39-43).

7. 기타 질병의 치유 - 1) 베드로의 장모 열병에서 치유(마8:14). 2) 많은 병든 자들을 고치심(마8:16). 3) 귀신들린 병자들(막1:39). 4) 한편 손 마른 사람을 고치심(마12:9). 5) 병에 고생하는 많은 자들(막3:10). 6) 열두 해를 혈루증으로 앓던 여인(마9:20). 7) 소수의 병인들을 치유하

심(마13:58). 8) 침상 채로 메고 온 많은 병자(마14:34). 9) 각색 병든 자들을 고치심(눅6:17). 10) 갈릴리 회당에서 모든 병든 자 치유(마9:35). 11) 벳새다 들판에서 많은 병자 치유(요6:2). 12) 앉은뱅이, 소경, 벙어리를 고치심(마15:30). 13) 요단 건너 유대지경에서 치유(마19:2). 14) 예루살렘 성전에서 소경, 저는 자(마21:14). 15) 고창병 환자를 고치심(눅14:2-6). 16) 대제사장의 종 말고의 귀를 고침(눅22:51). 17) 왕의 신하의 아들을 고치심(요4:50).

2. 예수 그리스도의 치유사역의 복음성

예수 그리스도의 전반적인 치유의 사역은 하나님께서 창세기 3:15에 이미 예언된 말씀의 응답으로 인류에게 응답되는 복음의 핵심이다. 선포된 예수의 복음이 예언의 응답으로 기록된 말씀으로서의 확실한 진리의 이론이라면, 예수 그리스도의 치유는 행동실천으로 나타난 복음의 핵심인 것이다. 예를 들어 요한복음 3:17과 10:9와 12:47에 기록된 말씀은 예수께서 선포하신 진리의 복음이다.

예수 복음의 치유는 하나님의 대속적 구원의 은총과 사랑과 은혜와 계시와 악한 세력으로부터 승리의 결정체로 나타나며, 복음의 핵심으로 나타난다. 예수 그리스도의 전인치유는 완전한 개인의 구원뿐 아니라 삶의 현장에서 행복의 풍성함과 인간이 잃어버린 하나님의 형상을 회복시키는 생명운동이었다. 그리고 하나님의 나라(η βασιλεια του θεου)의 실현을 보여주신 것이며, 죄인이 하나님의 자녀로서 의로운 자가 되었다는 증거를 구체적으로 나타내 보인 것이다. 복음(εuαγγελιον)의 뜻이 말해주듯이 그 기쁨과 감격의 삶을 제공한 것이다. 그러므로 간혹 예수의 치유를 복음선교를 위한 하나의 도구로 오해를 하고 격하시키는 엄청난 과오를 범하는 자들이 있는데 그것은 매우 잘못된 판단이며 예수의 복음 자체를 오도하는 행위이다. 예수의 치유는 결코 복음선교의 도구가 아니다. 예수께서 구세주이심을 보여주시는 결정적 계시이며, 하나님의 거룩하신 사랑의 행위이며 임마누엘의 표현이시다. 그리고 그 능력을 통해서 하나님의 나라의 현존을 공포하는 것이다. 다시 말해서 내세의 권능을 맛보게 하는 것이다. 그래서 예수께서는 분명 그 일을 위하여 오셨다고 하셨다. 즉 갇힌 자를 구원하시기 위하여 오신 것이다(사 61:1, 눅 4:18).

예수의 치유는 예수께서 몸으로 보여주신 전인 치유의 대의사(Total Healer)로서 보여주신 복음의 핵심이며, 하나님의 대속적 구원(σοτἠρια)의 완성을 보여주신 예수의 구속의 의미가 함축된 사랑의 본질인 동시에, 하나님의 진리와 뜻을 그의 몸으로 세상에 밝혀 보여 주시는 특별 계시로서 눈으로 확인된 복음이다.

3. 복음치유를 사도들에게 명하신 주님

예수 그리스도의 치유사역의 중요한 특징 중 하나는 그의 제자들을 통하여 지속적이고 영구적으로 계승해 이어져 나갈 것을 명령하신 것이다(마 10:5~8, 눅 10:1~9). 그리고 당신의 종들을 통하여 그의 백성들에게 끊임없는 사랑과 대속의 은혜를 '엘 샤다이(אֵל שַׁדַּי :전능하신 하나님)'의 하나님으로서 그리고 '엘 올람(אֵל עוֹלָם :영원하신 하나님)'의 하나님으로서 현실적이고 실제적으로 자신을 증거하시고자 하시는 것이다.

4. 사도들의 치유와 함께 역사하시는 예수

예수께서는 부활 승천하시면서 제자들에게 실제적으로 두 가지 일을 당부하셨다. 한 가지는 복음을 전파하는 일이요, 또 하나는 제자들에게 권능을 주시고 복음치유를 명하신 것이다. 그리고 예수께서는 제자들의 치유현장에 영적인 권능으로 함께 하셨다(행3:6-7). 사도들은 예수 그리스도의 이름으로 치유의 사역을 행했으며, 이 광경을 목격한 자들은 모두가 하나님이 살아 계심을 귀하게 여기며 하나님께 영광을 돌렸다.

5. 교회의 치유와 함께 역사 하시는 예수

하나님은 예수를 통하여 이 땅에 하나님의 나라를 건설하기 위하여 백성들의 고난에 함께 동참하셨을 뿐만 아니라 마음과 몸이 병든 자들의 아픔을 치유해 주셨다. 예수께서는 하나님의 나라를 위하여 교회(εκκλησια)를 세우리라, 고 하셨다. 물론 예수께서 말씀하신 교회나 사도들이 조직한 교회는 성전 종교와 회당 종교와는 달랐다. 성전 종교와 회당 종교의 목적은 유대와 이스라엘 왕국인데 비하여 주님과 사도들의 목적은 "하나님의 나라"였다. 그리고 사도들은 교회 안에서 치유의 사역을 행했음을 알 수 있다(고전12:8, 28, 30).

이러한 치유사역을 잘 이행함으로서 주의 말씀이 힘이 있어 흥왕하여 세력을 얻게 되었다(행9:31, 19:20). 이러한 복음치유의 사역은 교회사 전체를 통해서 언제든지 나타난 현상이었다. 제1세기 고대교부시대에 저스틴 말터(100~165 A.D.)는 강조하기를 치유의 은사가 사도시대 뿐 아니라 교부들에게도 주어진 영적인 은사임을 말했다. 이와 같은 사건은 제2세기에 들어와서도 마찬가지였다. 초기 교회의 교부인 리옹의 이레네우스(140~203.6.28 A.D.) 당시 성령의 은사에 충만하여 귀신 쫓아내는 일과 예언과 환상 보는 것과 치유 사건에 대해서 말하고 있다. 오리게네스(185?~254?), 터툴리아누스, 키프리아누스(200 ?~258.9.14)등도 치유에 대해서 말하고 있으며, 그레고리(Saint Gregorius)라는 오리게네스의 제자는 이적을 행하는 자로 알려져 있었다.

예수 그리스도의 치유는 교회와 함께 하고 있다. 이것은 누구도 훼방할 수 없는 성령의 강권적인 사역이다. 그런데 이러한 복음적인 치유목회와 또한 치유의 실제를 다룬 신학서적이 없는데 그 맹점이 있다. 그래서 교회마다 도피적이고 이단시하며 성령의 사역을 제한하는 교회도 없지 않다. 이제 교회가 하나님께서 창조하신 사람을 선교하기 위하여 존재한다면 사람에 대해서 좀 더 깊은 신학적 연구가 필요하며, 세상에서 상한 심신을 가지고 왔을 때 그들의 상함을 전인적으로 치유할 수 있도록 교회는 현대의학이 아니라 성서의학이라는 차원에서 노력해야할 의무가 있는 것이다.

그러면 예수께서는 사랑의 치유자로 영원히 교회와 함께 하실 것이다.

V. 복음치유와 교회와의 연관성

1. 복음치유와 신학과의 관계

신학은 체계적인 논리와 이론만으로 완성되는 것이 아니다. 그것은 철학에 불과한 것이며, 또한 학문적 지식에 불과한 것이다. 신학은 체계적이고 논리적인 이론만으로 완성되는 것이 아니라 신학을 완성시키는 실천적 목적이 반드시 있어야 한다. 그래야 진리가 완성되는 것이다. 그러므로 복음치유와의 신학적 관계는 신학을 완성케 하는 양 축이다. 치유와 신학과의 관계를 간략하게 요약한다면 다음과 같다.

◆ 기독론적으로는 구약성서의 예언된 메시야적인 치유로서 예언의 완성은 물론, 계시된 하나님의 사랑의 표현이며 예수 그리스도의 복음의 실체이다. 예수의 십자가의 죽으심과 부활은 우리를 구속하시는 결정적인 사건일 뿐 아니라, 과거의 우리의 질고를 친히 담당하신 것이며, 또한 부활의 승리는 우리의 영혼과 육체적 구속까지를 포함하는 전인적인 구속과 치유를 증명하는 것이다.

◆ 성령론적으로는 하나님께서 인간을 창조하실 때에 흙과 생기(רוּחַ.루아흐)라는 성령으로 창조하셨다. 에밀 부르너(E. Brunner)의 말을 인용하면 신은 성령을 통하여 우리 안에서 사역하며 결정적인 중요한 일은 그리스도를 우리에게 존재케 하는 일이라는 것이다. 그리고 사람이 사람이 되려면 성령의 사역을 통하여 가능하며, 성령은 새로운 삶을 창조하고 새로운 심리적 힘과 심지어 육체적 힘을 창조해 주는 데 있다. 성령은 죽은 것에 생명을 불어넣는 기운이며 하나님의 힘이다. 그래서 성령이 흙을 사람으로 변화시킨 것이며, 질병은 인간의 육신 속에서 생명을 빼앗아가지만 성령은 새 생명을 주시고 치유의 능력을 주시고 문제를 해결하는데 도와주시는 것이다. 그러므로 치유는 성령의 사역인 것이다. 주님은 바로 이러한 성령의 권능을 입으시고 메시

야의 사명을 감당하신 것이다.

◆ 구원론적으로는 구원이라는 단어를 헬라에서 찾아보면 '소조(σώζω)'와 '흐루오마이(ρύομαι)'가 있는데 그 어의를 보면 '소조'는 구원하다, 안전하고 건강하게 지키다, 위험과 죽음에서 구하다 라는 뜻이 있고, '흐루오마이'는 구출하다, 구해내다, 보존하다, 보호하다 라는 뜻이 있다. 구원론 자체가 파괴된 인간의 전인구원에 있기 때문에 치유는 곧 하나님의 은혜와 사랑을 전제로 한 구원론적 배경을 가지고 있다.

2. 복음치유와 목회와의 관계

목회란, "목자가 양을 치는 것같이 영혼의 목자인 목사가 신자들을 진리로 가르치며 기르는 것"이라고 정의를 할 수 있는데 좀더 살을 붙인다면 목회는 목자가 양이 건강하도록 돌보는 하나님으로부터 사명을 받은 특수한 기능이라고 하겠다. 이 기능을 주님께서 아름다운 표현으로 소개한 곳이 있는데 바로 그곳이 요한복음 10장에 나타나 있다. 목회는 하나님의 백성을 전인적으로 건강하게 돌보는 거룩한 사역이기 때문에 목회사명에 대한 투철한 소명의식과 사랑의 열심과 아울러 양들의 전인적이고 근본적인 체질을 깊이 연구하는 탐구력과 실천적인 목적이 분명해야 한다. 그러므로 목회자로 사명을 받은 사람은 무엇보다도 하나님께서 맡겨 주신 양들의 내면적인 것과 외면적인 것, 즉 전인적인 연구에 열심을 가지고 끊임없이 목회현장에서 최선을 다해야 한다.

히포크라테스가 "병을 낫게 하는 것은 자연이다" 라고 자신의 의학의 한계점을 밝혔듯이 이제 치유는 현대의학의 몫이 아니라 교회의 몫임을 알아야 하고 그 다음이 현대의학이라는 점이다. 현대의학이나 철학은 복음신학의 시녀에 불과한 것이다. 그러므로 복음치유에 대한 신학적 연구도 없고 노력도 하지 않으면서 부정적인 견해만을 가지고 있는 혹자들을 위해서 한의학(韓醫學)의 대부(代父)에 자리에서 의성(醫聖)으로 추앙 받는 걸출한 한 사람을 소개하고자 한다. 그 사람은 바로 이제마(1838~1900 A.D)

선생이다. 이제마는 원래가 의학자가 아닌 철학자였지만 모든 사회 현상과 우주의 운행 이치를 그의 독특한 철학 방법인 사원구조론으로 설명하고 사람의 인체구조와 체질도 네 가지로 분류하는 사상체질의학의 위대한 발전을 가지고 오게 되었다.

우리의 목회현장은 환자들 투성이다. 필자가 감히 밝히지만 교인의 60%를 능가할 정도로 환자들이다. 아니 이것도 능가한다고 본다. 그리고 앞으로 점점 더 많아질 수밖에 없다는 진단을 내릴 수 있다. 그렇기 때문에 이렇게 중요한 복음치유분야에 대한 새로운 인식과 함께 전인건강을 위한 목회적 대안을 찾아야 한다.

현대는 전문화 시대이다. 역시 복음치유목회도 예수 그리스도의 복음 신학적 입장에서 전문적인 교육 프로그램이 필요하다. 그래서 목회적으로 미래지향적인 대안이 절실히 필요하다 하겠다.

3. 복음치유와 선교와의 관계

복음치유와 선교와의 관계는 주님의 목회사역을 보면 이해하기가 쉽다. 주님께 있어서는 복음치유가 곧 선교였고, 선교가 곧 복음전파와 함께 병행된 치유의 사역이었다. 이처럼 복음치유목회의 선교적 전망은 너무 광활하며 밝다. 인간의 질병은 의료과학기술이 아무리 발달되어도 퇴치되지 않는 영역이므로 하나님의 신앙과 사랑의 영역 속에서 끊임없이 도전해 나가야 할 과제임에 틀림없는 사실임에 분명하다.

Ⅵ. 복음치유의 실제

1. 복음치유 상담 기법

복음치유목회자가 환자를 치유함에 있어서 먼저 인식해야 할 것은 전인건강이다. 그러기 때문에 내담자로 방문한 환자의 영적 환경과 심리적 환경, 그리고 생활환경 상태를 파악하는 것이 우선적인데, 환자가 자신도 모르게 자신의 속마음을 토해낼 수 있도록 하는 것이 치유사의 기술이라고 하겠다. 치유 상담에 있어서는 상담자가 주의해야 할 것은 지시적이고 권위적인 태도를 버려야 한다. 복음치유목회자는 내담자와 사랑을 나누는 관계이어야 한다. 위로의 언어는 치유하는 능력을 가지고 있는데 어떨 때는 상상을 초월한 임상 경험을 할 때가 있다. 치유상담의 실제는 다음과 같다. 1)주님의 마음으로 위로하라(사40:1,살전4:18 빌2:5). 2)환자들의 고통에 깊이 동참하라(출2:14,행2:24,욥7:11,30:17, 렘6:24). 3)질병으로 인한 주님의 채찍 맞음을 인식케 하라(사53:5,벧전2:24). 4)과거의 허물들에 대한 하나님의 사랑의 용서를 인식하게 하여 사로잡힌 죄의식에서 놓임을 받게 하라(마1:21). 5)자신의 존재가치와 삶의 의미를 상담해 주라(마16:26). 6)하나님의 자녀로서 행복하게 살아야 할 당위성을 상담하라(시23:5,삼하7:9 히2:7). 7)환자의 질병의 상태와 치유될 수 있음을 성서를 바탕으로 한 생명과학적인 입장에서 구체적으로 쉽게 설명을 해 주라. 8)모든 이웃과 사물을 사랑의 관점에서 볼 수 있도록 상담하라. 9)항상 기쁨과 즐거움이 있는 여유 있는 삶을 살도록 상담하라(사65:18, 마5:12, 살전 5:16). 10)내담자 자신이 소원하는 일에 불을 붙여라(렘 20:9).

2. 복음치유 기도법

기도는 환자들을 치유함에 있어서 놀라운 능력을 가지고 있다. 그러므로 기도는 환자를 치유함에 있어서 필수적인 것이다(약5:13-16). 필자가 말하고자하는 것은 병원에서 의사가 고칠 수 없다고 포기한 환자들을 어떻게 전인적으로 치유하느냐는 것에 대하여 기도법을 말하고자 하는 것이다. 필자의 방법을 구체적으로 열거를 하면 다음과 같다. 1)성령의 교통하심과 치유하심을 굳게 믿고 구체적으로 기도하라. 2)내담자의 입장(심정)에서 중보의 기도하라. 3)내담자가 하나님의 임재의 확신을 갖도록 하라. 4)하나님께서 내담자에게 지대한 관심을 가지고 있음을 느끼게 하라. 5)내담자가 하나님과 인격적인 관계를 직접 맺을 수 있도록 제공하라. 6)기도를 통하여 내담자를 많이 울게 하라. 7)내담자가 성령의 위로를 느낄 수 있도록 기도하라. 8)내담자가 믿음으로 도전할 수 있도록 확실하게 기도하라. 9)내담자가 사랑과 행복에의 삶으로 전환하도록 기도하라.

3. 창조생기 극대화를 위한 신앙요법

전인적인 치유의 극대화를 위한 수단은 하나님을 향한 신앙요법이다. 그 이유는 무소부재(無所不在)하신 하나님을 절대의존 하는 신앙행위인데 절대적인 본질과 절대적인 활력으로서의 하나님을 믿는 것이라 하겠다. 그 신앙의 형태는 바로 하나님을 향한 전인적(全人的)으로 드림의 예배라고 볼 수 있는데 하나님과의 인격적인 커뮤니케이션이라고 할 수 있다.

4. 복음치유를 위한 인체의 상관관계 이해

하나님께서 인간을 창조하실 때 참으로 자기의 형상 곧 하나님의 형상대로 인간의 구조를 신비롭게 창조하셨다. 그 재료는 흙이었고, 사람으로 완성시키는데는 하나님의 기운이신 '생기(רוח.루아흐)'를 그 코에 불어넣으심으로 생령(Living soul)이 되었다. 이것이 사람인 것이다. 인간을 복음치유학적으로 볼 때에 인간이 어디까지나 하나님의 피조물로서 '생령(Living soul)'이라는 점을 꼭 짚고 넘어가야 한다. 그리고 인간이 어떻게 치유학적인 구조를 가지고 있는지 명확히 알아야 한다. 이유는 하나님께서 인간의 신체구조를 과학적이고 신비롭게 창조하셨기 때문이다. 그렇기 때문에 사람을 치유함에 있어서 이점을 고려하지 않고 무턱대고 손을 얹고 기도한다는 것은 무모한 발상이며 하나님의 신비로운 자연질서를 무시하는 처사이다. 혹자들은 사람의 인체를 우주에 비교하기도 하며 가장 복잡한 과학적인 기계에도 비교를 한다. 그러기에 일반 의사들도 사람의 신체의 구조를 알고 환자들을 진료를 하는데, 목회자들도 상식적으로 사람의 기본적인 인체구조는 알아야 한다. 그래야 환자들의 질병의 원인을 알 수 있고, 그 질병에 대해서 환자에게 설명할 수 있기 때문에 치료의 효과도 눈으로 확인할 수 있을 정도로 매우 빠르게 치유됨을 알 수 있었다.

무엇보다도 사람의 인체는 그 기능 면에서는 독창성을 가지고 있으나 서로 보안성을 가지고 있으면서 연관성을 지니고 있기 때문에, 사도 바울은 고린도 교회에게 하나님께서 주신 은사들을 그리스도와 비교하여 우리의 인체구조를 예를 들어 심도 있게 교훈하였다(고전 12:12-27). 이처럼 복음치유는 하나님의 피조물인 인간의 신체구조를 기본적으로 알아야 하기에 본 장에서는 인체의 치유학적 구조를 골격계, 근육계, 순환계(혈관계와 림프계), 신경계, 림프계, 소화계, 배설계, 호흡계, 생식기계, 내분비계 등, 10개 계통을 살펴보는 것이다.

그리고 복음치유를 위한 인체의 상관관계 이해라는 의미는 종래의 일반적인 의학적 용어로서 역학의 기초가 되는 의학이나 생물학, 그리고 이에 연관된 경제학이나 사회학 등에 응용되는 질병의 예방이나 유행병학 또는 의학적 생태학을 말하고자 하는 것이 아니다. 환자의 질병을 치유하기 위하여 환자의 영적, 심적, 사회적, 육체적으로 서로 복합적인 관계를 가지고 일어나는 현상으로 변화되어 가는 형태의 관계를 말하고자 하는 것이다. 이미 살펴 본바와 같이 인체는 각 지체로서 독창성을 가지고 있으면서도 서로 긴밀한 협조체를 이루며, 직접 또는 간접적으로 연관성을 가지고 있음이 밝혀졌다. 그러기 때문에 인체 치유적 상관관계성을 살펴보는 것이 환자의 치유를 위하여 매우 중요하기 때문에 다음과 같이 인체의 상관관계의 이해를 돕기 위하여 다음과 같이 살펴보았다.

1) 인체 치유학적 구조의 연관성

2) 인체 구조적 자세의 중요성

3) 인체 구조적 생활자세의 중요성에서는 현대인들의 질병의 원인이 주로 섭취하는 각종 음식물과 합성화학물질과 대기오염 등을 통한 공해물질, 그리고 정신적 스트레스 등에서 기인하는 것으로 알려져 있는데, 이것들은 인체의 면역체계에 혼란을 가져옴으로써 각종 합병증을 야기하기도 한다. 그러므로 자신의 생리를 알아서 스스로 자신의 정서와 생활에 활력을 가질 수 있는 지혜가 필요한데 요약하면 다음과

같다. 첫째, 스트레스를 해소할 수 있는 방법을 찾아야 한다. 둘째, 욕심을 버리는 일이다. 셋째, 건강을 위해서는 긍정적인 사고를 갖는 생활자세이다. 넷째로 웃음과 유머가 있는 생활을 해야 한다. 다섯째, 평범하고 수수하라. 여섯째, 보다 나은 내일을 위하여 휴식으로 재충전을 하라.

4) 인체 구조적 심적 안정의 중요성에서는 인간은 심적 두려움을 해결할 수 있는 방법은 하나님과의 확실한 대화의 보증으로 가능하다. 하나님을 만남에 있어서 어떠한 모습이라도 상관없다. 탕자의 모습처럼 꾸밈이 없는 실존 그대로의 모습이면 된다. 그래서 예수는 평강의 왕으로 오셨으며, 평안을 주시려고 오셨다고 제시했다(요14:27). 요한복음은 바로 이러한 하나님의 사랑을 우리 인간과 상대적으로 묘사하기를 부자간(父子間)의 사랑으로 묘사했던 것이다. 어느 아버지가 자녀가 불행하기를 바라겠는가! 그러므로 심적인 안정을 하나님 안에서 회복되어야 한다. 심적 안정을 도모하기 위해서는 첫째로, 불안과 초조와 두려움과 염려와 걱정과 근심을 버려야 한다. 둘째로, 마음으로 아름다운 희망의 그림을 계속 그려라. 셋째로, 좋은 음악을 즐기라. 넷째로, '사랑'이라는 도배지로 마음의 벽을 도배하라. 다섯째, '믿음'이라는 무기를 사용하라는 것이다.

5) 인체 구조적 먹거리의 중요성에서는 필자를 찾아오는 많은 환자들을 중심으로 해서 볼 때, 우리가 섭취하는 음식에서 질병의 원인이 있다는 것을 알 수 있었다. 그러므로 인체가 산성체질이 되지 않도록 노력해야 하는데 첫째로, 올바른 식생활 습관을 갖도록 해야 하고, 둘째로는 약 복용에 대한 올바른 인식을 가져야 한다.

6) 인체구조적 운동의 중요성에서는 인체 근육의 수축과 이완에서 일어나는 골격근 운동을 말하는 것이다. 인체의 운동은 운동기관을 통하여 운동기능이 활성화되고 이로 인하여 운동기능이 향상됨으로서 일상생활을 영위해 나가는 데 자율성을 가지게 하는 것이다.

5. 복음치유를 위한 일반요법에 대한 이해

일반적으로 현대의학이나 동양의학이나 민간요법이나 이에 종사하는 시술자들은 환자들의 영적 상태나 심리적 상태는 고려하지 않고 환자의 병증에만 관심을 가지고 병을 다스리려고 한다. 이로 인하여 많은 환자들이 병증이 더 악화되고 다른 장기로 전이(轉移)되어 고질적으로 손을 쓸 수 없을 정도가 되어버리는 경우를 많이 보게된다. 무엇보다도 시술자들은 사람을 전인적으로 보아 치유를 해야한다는 것이 본 필자의 임상경험에서 얻은 지론이다. 그러기 때문에 시술자들은 환자의 영적 상태와 심리적 상태 그리고 환자가 처해있는 환경적 요소들을 먼저 정확하게 파악하는 것이 우선적이다. 일반적으로 환자들에게 행해지고 있는 의료요법들은 전인치유에 있어서 많은 문제점들과 한계를 가지고 있다. 일반치유요법을 요약하면 다음과 같다. 1, 운동 요법 2, 식이 요법 3, 기구를 사용하는 요법(침. 부항. 뜸) 4, 마사지 요법 5, 현대의학(서구의학)등.

6. 복음치유를 위한 창조생기요법

창조생기요법은 필자가 그 동안 수천명의 많은 환자들을 치유하면서 얻은 임상 결과를 토대로 하여 독창적으로 창안한 것이다. 이 복음치유의 근거는 하나님께서 인간을 창조하실 때에 흙으로 사람을 지으시고 생기(루아흐(ם רי)를 그 코에 불어넣으심으로 생령이 된 사실에 근거를 두고 있다. 이 하나님의 신비로운 창조생기는 인간에게 근본적인 생명을 주입시킨 것으로서 살아있는 모든 사람들에게는 이 신비로운 생기가 있다. 이 신비로운 생기는 곧 사람의 생명의 힘인 동시에 영혼의 힘인 것이다. 이 생명의 힘인 성령의 생기가 무(無)생명체인 흙을 하나님의 형상을 닮게 하여 진정한 생명의 기운인 생기를 그 코에 주입시킴으로서 생명체인 사람으로 창조하신 것이다. 질병은 인간의 육체 속에서 생명을 빼앗아가지만 하나님의 생명인 생기는 인간에게 새 생명을 제공한다. 이 생명의 생기를 주장하시는 분은 오직 하나님뿐이시다(전8:8 사40:7). 이 신비한 생기는 인간에게 근본적인 치유의 능력을 제공하고, 삶의 근본적인 거룩한 힘으로도 작용한다. 주님께서 부활하셔서 제자들을 찾으시고 그들을 향하여 "숨을 내쉬며 가라사대 성령을 받으라"고 하셨다(요20:22). 이처럼 하나님의 기운을 받지 않고는 인간은 살 수 없다. 그러므로 필자는 사람을 영과 마음과 육체를 분리할 수 없는 하나로 보며 이러한 전인적인 사람이 생명을 유지하고 건강하기 위해서는 체내에 잠자고 있는 하나님의 창조생기를 체내에 활성화시킴으로써 질병에 대한 면역은 물론 질병으로부터 치유가 된다는 것을 깨닫게 되었고 수 천명을 치유(모든 것이 하나님의 치유하심의 은혜이지만)하게 되었다.

이 신비한 복음치유를 위한 창조생기, 즉 창조주 하나님의 기운은 과거와 현재와 미래까지 우주만물을 운행하시는 '신비로운 힘'으로 온 우주에도 충만하다(창1:2). 그리고 하나님의 신비한 이 기운은 하나님께서 천지를 창조하실 때나 지금도 계속적으로 우주만물을 주관하고 있는 확실한 실체로서의 '하나님의 창조력'이라고 하겠다. 필자는 이 치유요법을 '창조생기요법'이라고 말한다. 이 창조생기요법은 치유사가 내담자(환자)를 상담과 기도와 맨손(手)으로 치료하는 기법이다. 그리고 맨손으로 창조항체를 극대화시켜서 치유하는 방법을 "수비(手秘)요법"이라고 명한다.

복음치유를 위한 창조생기요법은 일반의료요법에서 사용하는 약물치료요법이나 의료장비를 사용한 수술요법과는 전혀 다르며 부작용이 전혀 없다는 것이 특징이다. 그리고 지금까지 전통적으로 전수된 현대의학이나 사상의학이나 동양의학이나 민간요법과도 근본적으로 다르다. 필자의 창조생기요법은 인체 내에 잠자는(침체되고 정체된) 창조생기(창조항체)를 깨워서 활성화시킴으로서 치유하는 성서적인 인체생명과학적 치유방법이라고 하겠다. 다시 말해서 시술자가 어떠한 의료기구를 사용하지 않고 오직 맨손(手)으로 피시술자에게 창조생기를 활성화시키며 극대화시켜줌으로서 불편하던 몸을 회복시키고 치료하는 방법인데 그 효과는 매우 뛰어나며 복음치유현장에서 많은 효과를 경험하게 되므로 환자들의 마음도 활력이 넘치는 것을 볼 수 있다. 그래서 필자는 이 요법을 수비(手秘)요법이라고도 명명한다.

복음치유의 실제는 병증을 가지고 있는 사람을 예수복음의 말씀으로 상담과 기도와 함께 시술자가 맨손으로 하나님의 신비로운 생기를 활성화시켜줌으로써 건강회복은 물론 행복에로의 창조적 생활을 할 수 있도록 영적, 심적, 육체적으로 희락을 주는 아주 쉽지만 신비로운 복음치유법이다. 그런데 왜 창조생기를 '창조항체'라고 명하느냐? 고 반문할 수 있는데, 이유는 1988년도에 KBS - TV를 통하여 전국에 폭발적인 화제를 일으켰던 이상구 박사가 의학적으로 말하기를 사람이 질병이 걸리는 이유는 티임파구가 약해져서 '임파독소' 생산이 안 되는 원인이라고 했다. 그리고 사람이 웃을 때 '엔돌핀'이라는 호르몬이 나오는데 이 호르몬이 사람의 질병을 퇴치한다고 했다. 그리고 일본의 하루야마 시게오 박사는 이를 '뇌내 모르핀'이라고 명명했다. 이처럼 학자들마다 각기 다르게 주장하는 것을 볼 수 있는데, 본 필자는 그 본질적인 것을 성서에서 찾아야 한다는 원칙에 입각하여 이를 '창조항체'라 명명하는 것이다.

◆ 복음치유를 위한 수비(手秘)요법

수비요법에는 경락과 경혈에 자극과 근육과 피부를 자극해 줌으로써 창조생기를 극대화시킬 수 있음을 실제적으로 소개했다. 그리고 수비요법의 기본동작을 소개했는데 이유는 시술자의 손놀림에 따라 그 치유효과는 크게 달라지기 때문이다. 그러므로 무엇보다도 수비요법의 기본동작인 손놀림에 대해서 알아야 하고 그 기본동작이 숙달되도록 계속적인 반복훈련을 통하여 기민하게 움직일 수 있어야 한다. 수비요법의 기본동작으로·경찰법·유념법·강찰법·고타법·진동법·압박법·굴신법 등이 있다.

그리고 각종 질병증세에 대한 수비요법의 제언(提言) 에서는 수비로서 치유할 수 있는 각종질병들을 제언(提言)한 것인데 대략 다음과 같은 질병이다. ·비만증 질환·고혈압과 저혈압 그리고 빈혈·신경통(모든 신경성 질환과 좌골신경통, 요추, 경추신경통 <일명;디스크> 포함)·당뇨병·소화기 계통의 질환(만성위장병, 변비)·견비통(오십견, 테니스병)·관절염(류머티즘)·간 질환·호흡기 질환(기관지 천식, 비염, 축농증)·심장 질환·골다골증·무좀과 습진·갑상선 질환·신경마비 질환·안면신경마비 질환·부인병 질환(생리통과 산후냉증)과 산후관리·어린이에게도 수비를 생활화하라·수비요법은 강력한 성형의 효과가 있다. ·수비요법을 실시하면 강력한 명현(瞑眩) 효과가 나타난다.

◆ 창조생기 활성화를 위한 운동요법

창조생기 활성화를 위한 운동요법으로는 단독(單獨)운동과 호흡운동, 일반운동과 상대(相對)운동이 있음을 소개했다.

◆ 창조생기 극대화를 위한 식이요법

몸에 이로운 음식—잡곡으로 균형 잡힌 혼식을 하라. 규칙적인 식사를 하고 간식을 줄이라. 된장이 최고의 해독제이다. 김치는 풍부한 섬유질이 있고, 동치미가 좋은데 역시 해독작용도 한다. 미역국이 좋다. 혈액을 맑게 한다. 어린 어류를 많이 섭취하라. 칼슘의 주성분이다. 비빔밥이 최고의 영양식이다. 유기농법으로 재배한 과일이나 채소를 많이 섭취하라. 가급적 생수를 마시되, 수돗물이면 정수해서 마셔라. 몸에 해로운 음식 - 중독성이 있는 음식을 과감하게 삼가라. 위에 부담이 되는 짜고 매운 음식을 피하라. 인스턴트(가공)식품과 기호식품을 피하라. 동물성 지방을 과감하게 줄이라. 인위적인 당분은 피하라. 기름에 튀긴 음식은 탁혈의 주원인이므로 무조건 먹지 말라. 기름이 들어간 음식은 가능한 피하라. 우리 천연 밀로 가공되지 않은 수입된 밀가루는 방부제의 덩어리다. 천연 조미료가 아닌 가공된 조미료는 피하라. 스넥 종류의 과자는 기름에 튀긴 것이니 멀리하라.

Ⅶ. 복음치유사로서의 자격요건

치유의 은사는 어떤 특정 사람에게 병을 고치는 초자연적인 능력을 준 것이 아니라, 치유의 은사를 나타내고자 하는 사람을 하나님께서 사용하셔서 당신의 의도대로 당신의 백성들을 고치시기를 원하셔서 사용하시는 도구에 불과하다는 것이다. 그러기 때문에 복음치유 목회자는 인간 생명을 위해 부름 받은 하나님의 영적인 지도자이기 때문에 은사에 대한 지적인 훈련을 쌓아야 하며 거룩한 욕망과 거룩한 헌신의 열정이 있어야 한다.

1. 복음치유 목회자로서 자격요건

1) 목회자로서 교단이 인정하는 전문적인 신학교육을 필한 자여야 한다.

2) 인체 치유학적 구조를 전문적으로 알고 있는 자여야 한다.

3) 복음치유목회자로서 소정의 인정을 받을 수 있는 자격증을 갖춘 자여야 한다.

4) 복음치유목회자로서의 임상적 경험을 갖춘 자로 숙련된 자여야 한다.

2. 복음치유 선교사로서의 자격요건

1) 사랑과 신앙이 돈독하고 지교회 목회자로부터 추천을 받은 자여야 한다.

2) 소정의 기초신학교육을 반드시 받은 자여야 한다.

3) 복음치유를 위하여 인체구조를 학습으로 알고 있는 자여야 한다.

4) 전문적인 복음치유사로부터 소정의 임상적 교육을 받은 자여야 한다.

5) 소정의 인정을 받을 수 있는 자격증을 갖춘 자여야 한다.

제Ⅷ장 결론에서는 본 논문의 총리와 함께 예수 그리스도의 복음목회를 지향코자 하는 제언으로 끝을 맺었다.

복음적인 치유목회와 실제는 하나님께서 창세 초기부터 인류에게 사랑으로 행하시고 선언된 하나님의 구속사적 거룩한 행위이다. 예수의 복음치유와 실제는 이미 하나님으로부터 계시된 예수 그리스도의 중심사역이었으며, 하나님의 사랑의 표현인 동시에 예수 그리스도의 인격이자 목회였다. 다시 말해서 복음적인 치유목회와 실제는 예수 그리스도의 사역의 중심이었을 뿐 아니라 성령의 사역이셨다. 그리고 복음적인 치유목회와 실제는 하나님께서 예수 그리스도 안에서 성령의 역사로 말미암은 전인적인 구원이며, 예수 그리스도의 행동의 메시지였다.

복음적인 치유목회와 실제는 예수 그리스도의 행동하는 메시지였으며 예수 그리스도께서 몸으로 행하시던 원초적 교회모습임에 틀림없다. 그러므로 원초적 교회의 모습이 상실되고 사장된 오늘의 교회가 갱신되어야 당위성이 여기에 있는 것이다. 무엇보다도 복음적인 치유목회와 실제는 예수께서 교회가 무엇을 해야 하는지를 몸으로 구체적으로 보여주신 모범이기 때문에 2000년대의 교회는 전인적인 치유의 교회에로의 회복운동이 전개되어야 할 것이며 이것이 현대교회가 기필코 이행해야 할 사명인 것이다.

이 시대는 복음적인 치유목회와 그 실제를 갈망하고 요구하고 있다. 복음적인 치유목회와 실제의 핵심은 예수 그리스도의 사랑 그 자체이다. 그러므로 교회 속에서 하나님의 사랑을 활용해야 하는 것이 최고이자 최선의 은사이다.[1]

만약 복음서에서 주님의 치유사역을 삭제한다면 과연 복음서가 완성이 될까! 남는 것은 무엇일까! 사도행전에서 사도들의 치유사역을 빼면 무엇으로 주님의 살아 계심을 증거할 수 있었을까! 그러므로 교회가 선교의 사명을 위하여 나아갈 때는 용기와 꿈이 필요한 것이다.[2]

본 논문은 복음적인 치유목회와 실제라는 입장에서 전인건강을 위하여 겨우 시작에 불과한 출발점이 되고자 한다. 그리고 복음적인 치유목회와

---

1) 주계영, 『보다 나은 교회를 위해』, (베드로 서원, 1989), p.66.
2) 이광순·이용원, 『선교학 개론』, (한국장로교출판사, 1993), p.23.

실제는 교회가 이 땅위에 존속하는 동안 지금부터 영원히 연구되고 끊임
없이 발전되어야 할 과제임을 밝히는 바이다.

끝으로 미력하지만 필자가 본 논문에서 복음치유의 실제로서 밝힌 「복
음치유를 위한 창조생기수비요법」은 필자가 하나님의 위대하신 치유의 은
사를 활용함에 있어서 많은 환자들을 통하여 임상경험에서 나온 것이기
때문에, 체계적이고 논리적으로 학문과 접목시킨다는 것이 쉽지 않았다는
것을 밝히며 이 「복음치유의 실제」는 성서 의학적 차원에서, 예수 그리스
도의 복음목회를 지향하는 모든 분들과 주님의 사랑의 치유를 실제로 행
하고자 하며 주님 당시의 원초적 교회의 모습으로 갱신하고자 하는 모든
분들에게 조금이나마 도움이 되기를 앙망하며 하나님의 의도하심이 이 논
문을 대하는 모든 종을 통하여 이루어지기를 기도하며 글을 닫는다.

참고문헌Bibliography

1. 전문서적

곽안련, 『목회학』, 대한기독교서회, 1991.
권용근 외4인 저, 『기독교교육개론(상)』, 한국장로교출판사, 1998.
김춘기, 『요한복음연구』, 도서출판 한들, 1993.
목창균, 『슐라이에르마허의 신학사상』, 한국신학연구소, 1993.
반피득, 『목회상담개론』, 대한기독교출판사, 1992.
서중석, 『복음서 해석』, 대한기독교서회, 1991.
손병호, 『복음신학 원론』, 도서출판 그리인, 1992.
        『복음신학』, 도서출판 유앙겔리온, 1994.
엄세천, 『영성생활』, 기독교한국연수원출판부, 1986.
이광순·이용원, 『선교학 개론』, 한국장로교출판사, 1993.
이상구, 『복음과 건강』, 홍성사, 1988.
이영헌, 『교회의 발자취』, 대한예수교장로회총회교육부, 1987.
이종성, 『성령론』, 대한기독교출판사, 1986.
        『그리스도론』, 대한기독교출판사, 1986.
        『신학적 인간학』, 대한기독교출판사, 1986.
임택진, 『목회자가 쓴 목회학』, 대한예수교장로회 교육부, 1974.
전가화, 『성령신학』, 도서출판 은혜사, 1990.
        『기도』, 도서출판 은혜사, 1980.
        『하나님이 세우는 지도자』, 도서출판 은혜사, 1989.
정태기, 『위기목회상담』, 대한기독교서회, 1995.
주계영, 『보다나은 교회를 위해』, 베드로 서원, 1989.
최한구, 『기독교 커뮤니케이션론』, 도서출판 그리인, 1991.
최 현, 『엄마손 약손』, 도서출판 열린책들, 1992.
하해룡, 『목회현장론』, 기독교서회, 1992.
황 민, 『하늘 건강법』, 도서출판 넥서스, 1998.
황의영, 『목회상담 원리』, 생명의 말씀사, 1976.
홍태수, 『기적의 추마요법』, 청림출판, 1997.
Bade, E., Ecclesiastical History of England, Plentia: Vineyard Christian Fellowship,
    1984.

Karl Barth, The Epistle to the Romans Edwyn C. Hoskyne, London: Oxford univ. press, 1972.

2. 번역서적

Allmen J. J., Worship its Theology and Practice, 정용섭외 4인 역,『예배학 원론』, (대한기독교출판사, 1984), P.76.

Anderson R. C., The Effective Pastor, 이용원 역,『목회학』, 소망사, 1988.

Bavinck J. H., An Introduction to the Science of Missions, 전호진 역,『선교학 개론』, 성광문화사, 1985.

Berkhof L., Systematic Theology, 고영민 역,『뻘콥조직신학』, 기독교문사, 1985.

Bornkamm G., Jesus von Nazareth, 강한표 역,『나사렛 예수』, 대한기독교서회, 1986.

Bright J., The Kingdom of God, 김철손 역,『하나님의 나라』, 컨콜디아사, 1988.

Chartier E. A., Propos sur le bonheur, 박은수 역,『알랭의 행복에 관한 프로포』, 홍성사, 1980.

Clinebell H., Well Being, 이종헌 · 오성춘 공역,『전인건강』, 장로교출판사, 1997.

Collins G. R., Helping People Grow, 정석환 역,『카운셀링 가이드』, 기독지혜사, 1992.

Conn H. M., Theological Perspectives on Church Growth, 김남식 역,『교회성장의 신학』, 성광문화사, 1990.

Corey G., Theory and Practice of Counseling and Psychotherapy, 오성춘 역,『상담학 개론』, 장로회신학대학출판부, 1987.

Covey S. R., The Seven Habits of Highly Effective People, 김경섭 · 김원석 공역,『성공하는 사람들의 7가지 습관』, 김영사, 1995.

Crabb L. J. · Allender D. B., The Key to Caring, 오현미 · 이용복공역,『격려를 통한 상담』, 도서출판 나침반사, 1992.

Edward de Bono., Teach Your Child How to Think, 이삼출역,『성공하는 사람들의 생각하는 방법』, 중앙일보사,1995.

Galloway D. E., Dare to Discipline Yourself, 권명달 역,『극기』, 보이스사, 1985.

Geisler N. L., The Chrisian Ethic of Love, 이숙희 역,『크리스챤 사랑의 윤리』, 서광문화사, 1985.

Gibbs E., I Believe in Church Growth, 송용조 역,『나는 교회성장을 믿는다』, 성경학교출판부, 1990.

LaHaye T., The Act of Marriage, 권명달 역,『아름다운 애정생활』, 보이스사,

1991.

Law T., The Power of Praise and Worship, 전가화 역,『찬양과 경배의 능력』, 도서
　출판 은혜사, 1989.

Lutzer E. W., Pastor to Pastor, 유재성 역,『목사가 목사에게』, 나침반사, 1989.

Morris H. M., The Biblical Basis for Modern Science, 이현모·최치남 역,『현대과학
　의 성서적 기초』, 요단출판사, 1988.

Oden T. C., Pastoral Theology, 오성춘 역,『목회신학』, 예장총출판국, 1987.

Ogilvie L. J., Why not Accept His Healing and Wholeness?, 유재덕 역,『치유』, 도서
　출판 호산, 1997.

Perrot C., Jesus et L' Histoire, 박상래 역,『예수와 역사』, 카톨릭출판사, 1985.

Renich J., To Have and To Hold, 안혜정 역,『멋진 아내, 행복한 남편』, 도서출판
　신앙계, 1988.

Seamands D. A., Healing for Damaged Emotions, 송헌복 역,『상한감정의 치유』,
　도서출판 두란노, 1986.

Sheldon C. M., In his Steps, 조항래 역,『예수라면 어떻게 할것인가』, 도서출판
　예찬사, 1987.

Smith C., Healing and Pray, 신동철 역,『기도와 치유』, 도서출판 건생, 1997.

Stanley C., How To Listen to God, 이미정 역,『하나님의 음성을 듣는 법』, 두란도
　서원, 1988.

Stewart J. S., The Life and Teaching of Jesus Christ, 김득중 역,『예수 그리스도의
　생애와 교훈』, 도서출판 컨콜디아사, 1991.

Ward H. H., Religion 2101 A.D.,『A.D. 2101의 종교』, 보이스사, 1985.

Webber R. E., God Still Speaks, 정장복 역,『그리스도교 커뮤니케이션』, 대한기
　독교출판사, 1991.

Wyckoff D. A., The Gospel and Christian Education,『복음과 기독교 교육』, 김득렬
　역, 대한기독교교육협회, 1981.

川北義則,『인생의 즐거움을 발견하는 법』, 장경룡 역, 예영커뮤니케이션,
　1997.

하루야마 시게오, 박광식 역,『뇌내혁명(腦內革命)』, 사람과 책, 1996.

3. 사전류

고영민,『성서원어 대사전』, 서울기독교문사, 1984.

김성혜,『설교파트너 102』, 도서출판 예인, 1997.

김현식,『동아원색세계대백과사전 7, 11, 13, 16, 18, 19, 23, 25, 26, 29, 30』, 동

아출판사, 1989.

이기문, 『구약원어해설사전』, 성서연구사, 1986.

정남숙, 『家庭醫學大典』, 교육출판공사, 1979.

이병철, 『신약성서 신학사전Ⅲ』, 브니엘출판사, 1987.

　　　『국어대사전』, 금성출판사, 1993.

윤명식, The Great Thoughts of Philosophy, 『哲學思相大系Ⅱ』, 한국이데아, 1992.

4. 논문 및 미간행 자료

권도원, 『八體質 鍼法 整理集』, 동국한방병원 침구과, 1996.

김상도, 『생명의 복음신학연구』, 복음신학연구원, 1997.

백주석, 「복음적 치유목회 연구」, 복음신학연구원 박사학위논문, 1997

소정의, 『삶의 자리』, 성지출판사, 1991.

손병호, 『박사학위논문 디자인 및 작성안내』, 복음신학원구원, 1999.

염창균, 『인성심리상담』, 한국 사랑의 치유상담 협회, 1998.

오영근, 「생명운동을 위한 생명공동체의 역할에 관한 연구」, 한국기독교장로
　　　회총회 교육원, 석사학위논문,1995.

우　영, 『목사님 손은 약손 Ⅰ,Ⅱ권』, 한국 사랑의 치유상담협회, 1998.

이은모, 『經絡 및 經穴 자극 MASSAGE 學』, 한국기독경락마사지학회, 1998.

　　　『그림으로 보는 근골격 해부학』, 동국대학교 한방의학과, 1998.

치유의 복음과 치유실제

인쇄일 초판 1쇄 2001년 09월 26일
　　　　 2쇄 2015년 04월 15일
발행일 초판 1쇄 2001년 09월 30일
　　　　 2쇄 2015년 04월 25일

지은이 최 인 걸
발행인 정 진 이
발행처 국학자료원
등록일 1987.12.21, 제17-270호
서울시 강동구 성내동 447-11 현영빌딩 2층
Tel : 442-4623,4,6 Fax : 442-4625
www. kookhak.co.kr
E- mail kookhak2001@hanmail.net

ISBN 978-89-8206-633-7 *93230
가 격 13,000원